iPhone 3G et 3GS pour LES NULS

iPhone 3G et 3GS pour les Nuls

Edward C. Baig et Bob LeVitus

FIRST
Interactive

iPhone 3G et 3GS Pour les Nuls

Titre de l'édition originale : iPhone For Dummies © Wiley 2009
Pour les Nuls est une marque déposée de Wiley Publishing, Inc
For Dummies est une marque déposée de Wiley Publishing, Inc

Collection dirigée par Jean-Pierre Cano
Édition : Pierre Chauvot
Traduction : Bernard Jolivalt
Maquette : Marie Housseau

Edition française publiée en accord avec Wiley Publishing, Inc.
© 2009 par Éditions First
Éditions First
60 rue Mazarine
75006 Paris
Tél. : 01 45 49 60 00
Fax : 01 45 49 60 01
e-mail : firstinfo@efirst.com
ISBN : 978-2-7540-1534-9
Dépôt légal : 4e trimestre 2009
Imprimé en France

Sommaire

Introduction

Peu de produits ont suscité autant de battage médiatique que l'iPhone. Très attendu, son arrivée a fait la première page de nombreux journaux et a largement été évoquée aux actualités télévisées. Des gens ont fait la queue des heures durant devant les magasins, rien que pour être sûrs d'être parmi les premiers à en avoir un. Ils s'en vanteront pendant des années.

Nous présumons toutefois que vous n'avez pas acheté ce livre pour lire d'autres anecdotes sur le lancement de l'iPhone, mais pour exploiter au mieux ce remarquable appareil.

Notre but est de vous fournir ces informations techniques avec grâce et légèreté. Nous espérons bien que votre iPhone vous plaira. Nous espérons aussi que vous prendrez plaisir à nous lire.

À propos de ce livre

Commençons de suite par une petite mise au point. Nous pensons que vous avez fait preuve d'intelligence en achetant un ouvrage de la collection *Pour les Nuls*. Cela prouve que vous connaissez vos limites. La collection *Pour les Nuls* repose sur le principe que des notions peuvent manquer au lecteur lorsqu'il aborde un domaine qui lui est tout nouveau, notamment lorsqu'il s'agit de technologies.

À l'instar de nombreux produits signés Apple, l'iPhone est magnifiquement conçu et son utilisation est intuitive. Et, sans vouloir révéler des petits secrets qui n'ont pas à être divulgués en place publique, le fait est que vous n'aurez pas besoin de ce livre pour en savoir long sur les nombreuses fonctions et caractéristiques de l'iPhone.

Voici pourquoi vous ne courrez pas chez votre libraire pour lui demander le remboursement de ce livre : cet ouvrage est en effet bourré d'astuces utiles et d'autres petits trucs qui vous rendront l'iPhone encore plus sympa. C'est pourquoi vous le garderez sous la main et le consulterez fréquemment.

Les conventions utilisées dans ce livre

Revenons au sujet de ce livre : Cette troisième édition de *iPhone pour les Nuls* abonde de puces (typographiques, pas celles du chien) et d'illustrations. Les adresses Web ont droit à une typographie spéciale, `comme celle-ci`.

Nous avons aussi placé çà et là quelques encadrés, dont la lecture n'est pas indispensable – mais quel livre l'est ? – qui, nous l'espérons, vous permettront de mieux comprendre certains sujets. Surtout, nous nous sommes efforcés de recourir à un minimum de jargon technique, en partant du principe, à quelques exceptions près, qu'il n'apporterait pas grand-chose.

Comment ce livre est organisé

Voici une info inédite : la plupart des livres ont un début, un milieu et une fin, et il vaut mieux s'en tenir à cette structure. Sauf si vous faites partie de ces gens qui prennent un malin plaisir à révéler la fin d'un polar.

Il n'y a heureusement pas de chute renversante, à la fin de ce *Pour les Nuls*. Donc, et bien qu'il soit préférable de lire ce livre du début à la fin, nous ne vous en voudrons pas si vous le butinez de-ci, de-là. Cela dit, nous avons organisé *iPhone pour les Nuls* de la manière suivante, qui nous a semblé la plus pertinente :

Première partie : Faire connaissance avec l'iPhone

Dans ces premiers chapitres, vous ferez le tour de l'iPhone aussi bien à l'extérieur qu'à l'intérieur, et apprendrez à l'activer auprès de votre opérateur téléphonique. Vous apprendrez aussi à tapoter sur son écran tactile virtuel, unique en son genre.

Deuxième partie : L'iPhone mobile

S'il y a *phone* dans iPhone, c'est pour une bonne raison. Cette deuxième partie est largement consacrée à toutes les manières d'envoyer et de recevoir des appels téléphoniques. Mais vous découvrirez aussi comment échanger du texte et des messages et utiliser des applications comme le Calendrier, l'Horloge, la Calculette ou l'application Dictaphone.

Troisième partie : L'iphone multimédia

C'est là que l'on commence vraiment à s'amuser. Elle est consacrée à l'iPhone utilisé comme un iPod, et aussi comme un appareil photo et même comme un caméscope, c'est-à-dire que la musique, la vidéo, les films, photos, et autres menus plaisirs de l'existence sont à votre portée.

Quatrième partie : L'iPhone Internet

Vous apprendrez à maîtriser le navigateur Safari, le courrier électronique, la cartographie ainsi que d'autres éléments. Nous étudierons aussi les réseaux 3G de troisième génération auxquels la présente version de l'iPhone peut se connecter. Et, à propos de cartographie, vous découvrirez les capacités de géolocalisation par GPS des iPhone 3G et 3GS, et autres techniques apparentées.

Cinquième partie : L'iPhone secret

Dans cette partie, vous apprendrez à définir vos préférences, à télécharger et installer de nouvelles applications à partir d'iTunes App Store et comment dépanner l'iPhone lorsqu'il fait des siennes.

Sixième partie : Les dix commandements

Cette dernière partie contient une liste d'applications ainsi que des raccourcis et quelques suggestions pour améliorer votre joli joujou.

Les pictogrammes

De petits pictogrammes tout ronds, tout beaux apparaissent tout au long de ce livre. Au nombre de quatre, ils attirent l'attention sur des détails importants ou intéressants, ou rappellent quelques notions. Les voici :

Signale les trucs, astuces et raccourcis qui facilitent ou accélèrent une tâche.

Ce pictogramme insiste lourdement sur un point à retenir. Vous devriez même le noter dans votre iPhone.

Ça, c'est pour les fondus de technologies. Si la simple perspective de devoir changer l'ampoule d'une lampe de chevet vous épouvante, vous pouvez vous dispenser de lire cette prose.

Là, attention danger pour votre iPhone et, par voie de conséquence, pour votre portefeuille. Vous voilà prévenu.

Et ensuite ?

Eh bien, on passe au Chapitre 1.

Une dernière remarque : Au moment où ces lignes étaient écrites, les informations fournies étaient exactes pour l'iPhone, l'iPhone 3G et l'iPhone 3GS, ainsi que pour la version OS 3.0 (*NdT :* OS sont les initiales de *operating system*, « système d'exploitation » en anglais). Apple peut cependant présenter un nouveau modèle d'iPhone ou mettre son système d'exploitation à jour. Si vous venez d'acheter votre iPhone, ne manquez pas de vous informer de ses caractéristiques sur le site www.apple.com/fr/iphone/.

On peut maintenant passer au Chapitre 1.

Première partie

Faire connaissance avec l'iPhone

"À part ce petit défaut du mode Paysage, je trouve l'iPhone vraiment génial."

Dans cette partie...

Avant de pouvoir galoper, il faut mettre le pied à l'étrier. C'est ce que vous ferez tout au long de ces trois premiers chapitres.

Nous commencerons par une présentation générale. Au Chapitre 1, nous découvrirons le contenu de la boîte, évoquerons quelques fonctionnalités sympas de l'iPhone, puis finirons par un tour du propriétaire du matériel et du logiciel.

Ensuite, quand vous vous serez familiarisé avec tout cela, nous passerons aux choses sérieuses : allumer et éteindre cet engin – ce qui est très important – ainsi que le verrouiller et le déverrouiller, ce qui est tout aussi important. Le Chapitre 2 s'achève sur quelques trucs et astuces utiles qui vous aideront à manipuler efficacement le clavier tactile.

Enfin, au Chapitre 3, nous découvrirons la synchronisation et comment transférer aisément des données – contacts, rendez-vous, films, musiques, podcasts, etc. – de votre ordinateur jusque dans l'iPhone.

Crédits photos :
iStockphoto.com/iLexx (haut)
iStockphoto.com/Tina Rencelj (milieu)
iStockphoto.com/Serega (bas)

1

Découvrir l'iPhone

Dans ce chapitre :

- Le tour du propriétaire.
- La partie extérieure de l'iPhone.
- Un coup d'œil sur les applications.

Félicitations ! Vous êtes en possession de l'un des plus fabuleux appareils de poche jamais vus, qui est bien davantage qu'un excellent téléphone mobile. L'iPhone a bien sûr tout d'un téléphone mobile, avec son appareil photo numérique de 2 mégapixels (iPhone de première génération et iPhone 3G) et son appareil photo/caméscope de 3 mégapixels (iPhone 3GS). Mais c'est aussi et surtout quatre appareils portables en un seul. Car en plus d'être un téléphone mobile hors pair, l'iPhone 3GS est aussi un iPod vidéo équipé d'un somptueux écran panoramique, un appareil photo/caméscope et aussi, à ce jour, le plus compact et le plus puissant outil de communication par Internet.

Ce chapitre est une présentation de ces trois « produits » qui composent l'iPhone, à laquelle s'ajoute une vue d'ensemble de ses révolutionnaires équipements et logiciels.

Le tour d'horizon

L'iPhone est doté de fonctionnalités haut de gamme, mais sa caractéristique la plus étonnante est sans doute l'absence d'un clavier ou d'un stylet. Il offre à leur place un vaste écran tactile de 3,5 pouces (près de 9 cm de diagonale) à très haute résolution : 160 pixels par pouce, si cela vous intéresse. Vous l'utilisez avec un périphérique de pointage qui est d'autant plus familier que vous êtes né avec : le doigt.

Et quel affichage ! On peut dire que vous n'en avez sans doute jamais vu un aussi beau sur un équipement portable.

Une autre fonctionnalité qui nous a sidérés est l'ensemble de capteurs de l'iPhone. Un inclinomètre détecte la rotation de l'appareil lorsque vous le pivotez pour passer de la vision en hauteur à la vision en largeur, et règle l'affichage en conséquence. Un capteur de proximité détecte si l'iPhone est proche de votre visage ; il éteint alors l'écran pour économiser l'énergie et empêcher une action intempestive lorsqu'il est touché par votre menton. Un capteur photosensible règle la luminosité de l'écran en fonction de l'éclairage ambiant. N'en attendez pas autant d'un Palm Treo ou d'un Blackberry !

Dans cette section, nous évoquerons brièvement quelques fonctionnalités de l'iPhone, classées par catégories.

Une fonctionnalité qui nous a vraiment séduit est l'ensemble de capteurs qui se trouvent dans l'iPhone. Un accéléromètre détecte sa rotation, quand vous préférez regarder l'écran en largeur plutôt qu'en hauteur (le contenu de l'écran s'adapte au nouveau cadrage). Un capteur de proximité éteint l'écran dès que vous approchez l'iPhone de votre visage, économisant ainsi la batterie. Un autre capteur photosensible règle la luminosité de l'écran en fonction de la lumière ambiante (ce n'est pas le BlackBerry qui en ferait autant !).

Qu'y a-t-il dans la boîte ?

À priori, vous avez déjà ouvert la boîte dans laquelle l'iPhone est livré. Mais si ce n'est pas encore le cas, voici ce que vous devriez y trouver :

- **Des écouteurs stéréo :** Utiles pour écouter de la musique, mais aussi pour le téléphone. Nous y reviendrons au Chapitre 7.
- **Le câble de connexion USB :** Il sert à relier l'iPhone à un Mac ou à un PC par un port USB. L'iPhone de première génération et l'iPhone 3G étaient livrés avec une station d'accueil servant aussi de socle.
- **L'adaptateur secteur USB :** Il peut servir à brancher le câble précédemment cité directement sur une prise électrique.
- **Quelques autocollants Apple :** Évidemment…
- **Un chiffon de nettoyage** : L'iPhone étant digital, il attire les empreintes numériques (ah non, c'est le contraire : non je ne veux pas dire qu'il les repousse. Non, rien à voir avec les cheveux; si si, il les essuie aussi.) Évitez surtout les produits de nettoyage de vitres.
- **Un dépliant intitulé «Deux doigts d'astuces» :** Il contient d'utiles recommandations pour utiliser immédiatement *cet obscur objet du désir.*
- **Un guide d'informations importantes sur le produit** : Ça doit l'être puisque c'est écrit dessus. Pour le reste, ce sont d'arides normes légales, des conseils sur le nettoyage (à lire impérativement), sur l'utilisation en voiture (à condition de ne pas téléphoner) et le recyclage de l'iPhone. (Ah bon ? Parce qu'il faudra le jeter un jour ? Quelle horreur !)
- **Un éjecteur de carte SIM** : Plus classe qu'un trombone tordu, des fois qu'il faille extraire la carte SIM. Sur le rabat intérieur de l'enveloppe noire où l'outil est fixé, un petit schéma explique comment l'utiliser.
- **L'iPhone :** On allait l'oublier ! Eh oui, il y en a un dans la boîboîte noire, qu'alliez-vous croire ?

L'iPhone : un téléphone et un appareil photo/caméscope

En ce qui concerne la téléphonie, l'iPhone se synchronique avec les contacts et le calendrier de votre Mac ou de votre PC. Il comporte un clavier AZERTY virtuel complet grâce auquel la saisie est des plus faciles. Il faut un peu de temps pour s'y habituer, mais ensuite la saisie est beaucoup plus rapide qu'avec le clavier d'un téléphone mobile.

L'appareil photo de deux mégapixels (iPhone et iPhone 3G) et l'appareil-photo/caméscope de trois mégapixels de l'iPhone 3GS sont accompagnés d'un logiciel de gestion des fichiers assez correct. Prendre et classer des photos est ainsi un véritable plaisir, ce qui n'est pas le cas avec d'autres téléphones. De plus, les photos et vidéos peuvent être automatiquement synchronisées avec la bibliothèque de photos du Mac ou du PC. Bon, d'accord, nous aurions aimé que l'iPhone prenne de meilleures photos ou filme de meilleures vidéos, mais c'est quand même mieux que les images produites par la plupart des autres photophones.

Enfin, l'une des fonctionnalités que vous préférerez est sans doute la messagerie vocale visuelle. Elle affiche une liste de messages et permet de choisir ce que vous désirez écouter ou supprimer sans être obligé de le faire dans l'ordre imposé, ce qui est extrêmement commode.

Ce ne sont là que quelques-unes des excellentes fonctions de téléphonie. Comme nous y reviendrons dans les chapitres à venir, nous nous en tiendrons là.

L'iPhone en tant qu'iPod

Nous sommes d'accord sur un point avec Steve Jobs (*NdT :* le fondateur d'Apple) : l'iPhone est supérieur à tous les iPod qu'Apple a sortis jusqu'à présent (bon, d'accord, on peut chipoter sur la capacité de stockage qui pourrait être plus élevée). Vous pouvez profiter de tout ce que contient un iPod : la musique, des livres audio, des podcasts audio et vidéo, des clips de musique, des émissions de télévision et des films. Le magnifique écran en haute résolution affiche tout cela avec des couleurs plus riches et plus éclatantes que n'importe quel iPod jusqu'à présent.

Une règle de base : Si vous parvenez à importer du contenu – audio, vidéo ou ce que vous voulez… – dans votre Mac ou votre PC, vous pouvez le synchroniser et l'écouter ou le regarder sur votre iPhone.

L'iPhone pour communiquer par Internet

Ce n'est pas tout ! L'iPhone est non seulement un remarquable téléphone et un super-iPod qui plaît aux gastéropodes et aux arthropodes, mais c'est aussi un outil de communication par Internet complet avec – attention au jargon – un client de messagerie HTML enrichi compatible avec la plupart des services de messagerie POP et IMAP, qui supporte Exchange ActiveSync, de Microsoft (nous y reviendrons au Chapitre 11). L'iPhone est équipé du navigateur Web Safari qui, contrairement au navigateur d'autres téléphones, facilite considérablement le surf sur l'Internet.

Autres fonctionnalités sympas : l'application Plans, basée sur Google Maps. À l'aide de son GPS (iPhone 3G et 3GS) ou par triangulation (ancien iPhone), Plans est capable de déterminer l'endroit où vous êtes. Vous pouvez aussi visionner des plans et des photos par satellite et définir un itinéraire. Il vous aidera à trouver rapidement des stations-service, parkings, restaurants, hôpitaux ainsi que les boutiques Apple (essayez d'en faire autant avec un Nokia !).

Vous apprécierez peut-être Bourse, une application qui affiche un graphique des cours presque en temps réel, à tout moment et où que vous soyez.

Bref, l'Internet sur un iPhone est de loin supérieur à tout ce que permettent les autres appareils mobiles.

Les spécifications techniques

Un dernier point avant de continuer. Voici une liste de tout ce qui est nécessaire pour utiliser pleinement l'iPhone :

- Un iPhone 3GS, 3G ou l'iPhone de première génération.
- Un abonnement à un opérateur de téléphonie (Bouygues, Orange ou SFR, en France).
- Un accès Internet (obligatoire) à haut débit (recommandé).

Il vous faudra aussi :

- Un Mac équipé d'un port USB 2.0, de Mac OS X 10.4.11 ou ultérieur, et de iTunes 8.2 ou ultérieur.
- Ou :
- Un PC équipé d'un port USB 2.0, de Windows 7 ou Windows Vista, ou Windows XP avec le Service Pack 2 ou supérieur, et iTunes 8.2 ou ultérieur.

Un rapide tour de l'extérieur

L'iPhone étant un harmonieux ensemble de matériel et de logiciel, voyons ce qu'il en est. Dans cette section, nous examinerons brièvement l'extérieur. À la prochaine section, nous verrons ce qu'il y a dedans, c'est-à-dire les logiciels.

Au-dessus

Vous trouverez sur le dessus de l'iPhone la prise d'écouteurs, l'emplacement de la carte SIM ainsi que le bouton Marche/Veille, comme le montre la Figure 1.1.

- **Bouton Marche/Veille :** Il sert à verrouiller et déverrouiller l'iPhone, et aussi à l'allumer et à l'éteindre. Lorsque l'iPhone est verrouillé, vous pouvez recevoir des appels et des messages textuels

(SMS), mais rien ne se produit lorsque vous touchez l'écran. Quand l'iPhone est éteint, tous les messages entrants sont redirigés vers la messagerie vocale.

- **Emplacement de la carte SIM** : C'est dans ce logement que se trouve la carte SIM de l'iPhone. Elle peut être ôtée et remplacée.

  Une carte SIM (*Subscriber Identity Module*, module d'identité de l'abonné) est une carte magnétique amovible servant à identifier un téléphone mobile. Elle permet à l'utilisateur de changer de téléphone en déplaçant la carte SIM de l'un à l'autre.

- **Prise écouteurs-microphone :** Vous y branchez la paire de petits écouteurs livrés avec l'iPhone. Ils ressemblent à ceux de l'iPod, mais contrairement à ces derniers, ils sont équipés d'un petit microphone placé sur l'un des fils.

  La prise d'écouteurs du tout premier iPhone était propre à Apple. Elle nécessitait un adaptateur spécial pour brancher un casque équipé d'un jack standard. Fort heureusement, cette prise a été abandonnée sur les iPhone 3G et 3GS, qui ne nécessitent plus d'adaptateur.

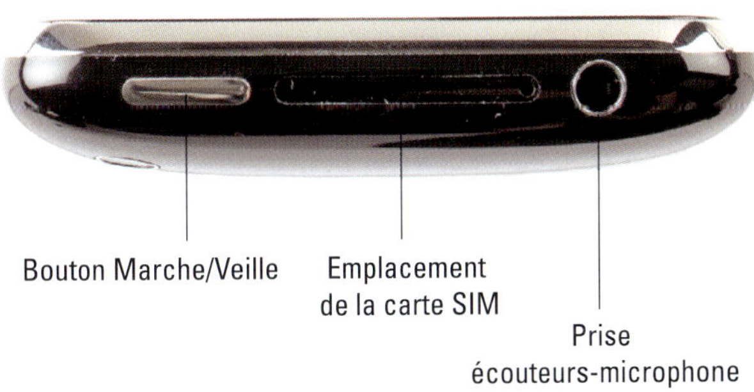

Figure 1.1 : Le dessus de l'iPhone.

En dessous

Sous l'iPhone, se trouvent le haut-parleur, le connecteur Dock et le microphone, comme le montre la Figure 1.2.

- **Haut-parleur :** C'est par lui que passent la voix d'un correspondant, la musique ou la bande-son d'une vidéo, lorsque les écouteurs ne sont pas branchés à l'iPhone. C'est lui aussi qui émet la sonnerie du téléphone lorsque vous recevez un appel. Sans lui, l'iPhone serait aPhone.
- **Connecteur Dock :** Il a deux usages. Il sert tout d'abord à recharger la batterie de l'iPhone. Pour cela, connectez une extrémité du câble connecteur Dock vers USB au connecteur de la station d'accueil, et l'autre à l'adaptateur secteur USB. Il sert aussi à rechercher l'iPhone posé sur sa station d'accueil et à le synchroniser. Pour cela, connectez l'extrémité du câble connecteur Dock vers USB à un port USB du Mac ou du PC.
- **Microphone :** Il transmet votre voix à votre correspondant lorsque vous n'utilisez pas l'ensemble écouteurs-microphone.

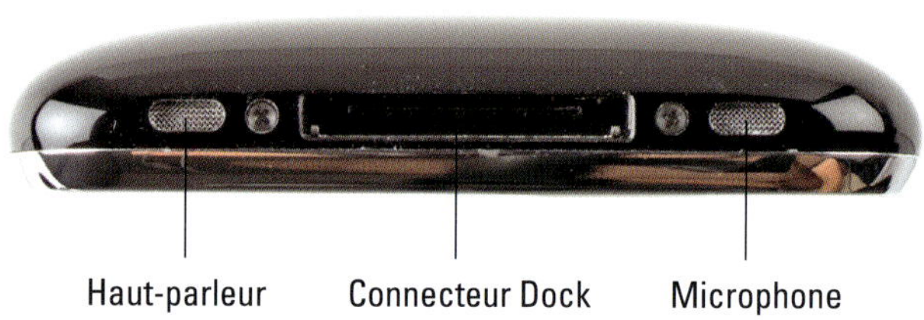

Figure 1.2 : Le dessous de l'iPhone.

En façade et sur les côtés

Vous trouverez en façade de l'iPhone les éléments montrés dans la Figure 1.3.

- **Interrupteur Sonnerie/Silencieux :** Placé à gauche de l'iPhone, cet interrupteur permet de passer rapidement du mode Sonnerie au mode Silencieux.

Lorsque le mode Sonnerie est enclenché (position haute, sans le point orange), l'iPhone émet tous les sons par le haut-parleur, en bas. Si l'interrupteur est en mode Silencieux (position basse, point orange), le téléphone ne sonne pas lorsque vous recevez un appel ou lorsqu'une alerte apparaît à l'écran.

Les seules exceptions sont les alarmes définies dans l'application Horloge, qui retentissent quel que soit l'état de l'interrupteur Sonnerie/Silencieux.

Si le téléphone est en mode Sonnerie et que vous voulez un silence immédiat, appuyez sur le bouton Marche/Veille, sur le dessus de l'iPhone, ou appuyez sur l'un des boutons de volume.

- **Boutons de volume :** Ce sont les deux boutons juste sous le commutateur Sonnerie/Silencieux. Celui du haut augmente le volume, celui du bas le diminue. Utilisez-les pour régler le volume des sonneries, alertes, effets sonores, musiques et films. Pendant un appel téléphonique, ils règlent le volume sonore du correspondant, que vous l'écoutiez par le récepteur, le haut-parleur ou l'ensemble écouteurs-microphone.
- **Récepteur :** C'est le haut-parleur que l'iPhone utilise pour les appels téléphoniques. Il se trouve tout naturellement proche de l'oreille lorsque vous tenez l'iPhone comme un combiné téléphonique.

  Le son du récepteur n'est destiné qu'à vous seul. Si le volume sonore est supérieur à environ 50 % et que vous conversez dans un environnement feutré ou peu bruyant, quelqu'un se trouvant à proximité entendra clairement lui aussi. Attention donc à la confidentialité.

  Pour préserver la confidentialité de vos conversations, utilisez l'ensemble écouteurs-microphone ou mieux, une oreillette Bluetooth, comme expliqué au Chapitre 13.
- **Écran tactile :** Vous découvrirez tout sur le somptueux écran tactile au Chapitre 2. Tout ce que nous avons à dire pour le moment est de ne pas baver dessus.

- **Bouton principal :** Quoi que vous soyez en train de faire, appuyer sur le bouton principal affiche l'écran d'accueil visible à la Figure 1.3.
- **Boutons des applications :** Chacun des 19 boutons (iPhone et iPhone 3G) ou des 20 boutons (iPhone 3GS) démarre l'une des applications livrées avec l'iPhone. Vous en apprendrez davantage plus loin dans ce chapitre et dans tout le restant de ce livre.

Figure 1.3 : La face avant de l'iPhone est d'une élégante sobriété.

À l'arrière

À l'arrière de l'iPhone, se trouve l'objectif de l'appareil photo. C'est le petit rond vitré en haut à gauche. Reportez-vous au Chapitre 9 pour en savoir plus sur l'appareil photo.

La barre d'état

Située en haut de l'écran, la barre d'état affiche de petites icônes fournissant quantité d'informations sur l'état actuel de l'iPhone :

- **Signal de cellule :** Cette icône indique si vous êtes à portée d'un émetteur de téléphonie mobile, et donc si vous pouvez recevoir et envoyer des appels. Plus le nombre de barres est élevé, plus le signal est puissant. Si vous êtes hors de portée d'un émetteur, la mention `Absence de service` est affichée.

  Si une ou deux barres seulement sont affichées, déplacez-vous un peu. Quelques pas peuvent parfois faire la différence entre une absence de service et trois ou quatre barres.

- **Mode avion :** Vous pouvez utiliser un iPhone à bord d'un avion après que le commandant de bord en a donné l'autorisation ou si l'avion est immobilisé à la porte d'embarquement. Mais il est interdit de l'utiliser au roulage et avant le décollage, ou en phase d'atterrissage. L'iPhone est heureusement équipé d'un mode Avion qui désactive toutes les fonctionnalités sans fil – le téléphone, l'accès Internet et Bluetooth –, n'autorisant que la musique et les vidéos au cours du vol.

- **3G :** Cette icône vous informe que le réseau 3G de votre opérateur de téléphonie – Bouygues, Orange ou SFR, en France – est disponible, et que l'iPhone peut se connecter à l'Internet (NdT : l'iPhone peut aussi se connecter, en France, au réseau 3G+, beaucoup plus rapide que les réseau 3G et GPRS).

- **GPRS :** Cette icône indique que le réseau GPRS (*General Packet Radio Service,* service général de radiocommunication par paquets) est disponible et que l'iPhone peut l'utiliser pour se connecter à l'Internet.

- **EDGE :** Cette icône indique que le réseau EDGE est disponible et que la connexion à l'Internet est possible.

- **Wi-Fi :** Lorsque cette icône est visible, cela signifie que l'iPhone est connecté à l'Internet par la Wi-Fi. Plus le nombre d'arcs est élevé, plus le signal Wi-Fi est fort. Si vous n'en voyez qu'un ou deux, déplacez-vous un peu. Si l'icône Wi-Fi n'est pas affichée dans la barre d'état, cela signifie que l'accès Internet n'est actuellement pas possible.

En terme de débit, le réseau 3G+ arrive en tête, suivi dans l'ordre par les réseaux 3G, EDGE et GPRS. L'iPhone tente toujours de se connecter au plus rapide des quatre. En revanche, si un réseau Wi-Fi se trouve à portée, c'est prioritairement à lui que l'iPhone se connectera, même si un réseau 3G+, 3G, EDGE ou GPRS est disponible.

Il va de soi que si aucune icône de réseau n'est affichée, l'accès à l'Internet est impossible.

- **Activité de réseau :** Cette icône indique qu'une activité de réseau est en cours, comme une synchronisation, la réception ou l'envoi de courrier électronique ou le chargement d'une page Web. Certaines applications tierces utilisent aussi cette icône pour indiquer une activité de réseau ou autre.

- **VPN :** Cette icône indique la connexion à un réseau privé virtuel (*Virtual Private Network*).

- **Verrouillage :** Indique que l'iPhone est verrouillé. Reportez-vous au Chapitre 2 pour en savoir plus sur le verrouillage et le déverrouillage.

- **Lecture :** Cette icône signale qu'un fichier audio est actuellement lu. Reportez-vous au Chapitre 7 pour en savoir plus.

- **Alarme :** Cette icône rappelle que vous avez défini une ou plusieurs alarmes dans l'application Horloge.

- **Bluetooth :** Indique l'état actuel de la connexion Bluetooth. Si elle est bleue, Bluetooth est actif et le périphérique – un casque d'écoute ou un kit d'oreillettes pour voiture – est connecté. Si l'icône est grise, Bluetooth est actif mais aucun périphérique n'est connecté. Si l'icône n'est pas visible, c'est parce que Bluetooth est inactif. Vous en apprendrez plus au Chapitre 13.

- **Batterie de l'écouteur-microphone Bluetooth :** Cette icône indique le niveau de la batterie de l'ensemble optionnel écouteurs-microphone Bluetooth d'Apple.

- **Batterie :** Cette icône montre le niveau de la batterie. L'éclair qui se trouve au milieu indique que la batterie est en train d'être chargée.

- **TTY :** Cette icône qui s'adresse aux handicapés (sourds et/ou muets) les informe que l'iPhone est configuré pour fonctionner avec un téléscripteur.

NOTE TECHNIQUE

Un adaptateur TTY spécial – en fait, un jack à quatre pôles vendu 15 euros – est indispensable pour pouvoir connecter l'iPhone à un téléscripteur.

Les 19 ou 20 bien beaux boutons

L'écran d'un iPhone tout neuf contient 19 boutons (iPhone et iPhone 3G) ou 20 boutons (iPhone 3GS). Chacun représente une fonction ou une application. Comme le restant du livre les aborde en détail, nous nous contenterons ici de les décrire succinctement.

Appuyez sur le bouton principal pour accéder à la page d'accueil. Si l'iPhone était en veille à ce moment, l'écran de déverrouillage apparaît. Après le déverrouillage, l'écran d'accueil apparaît tel qu'il était au moment de la mise en veille. Si un autre écran que l'écran apparaît, appuyez de nouveau sur le bouton principal.

TRUC

Trois étapes permettent de repositionner les icônes de votre iPhone :

1. **Maintenez le doigt sur une icône jusqu'à ce que toutes commencent à se trémousser.**
2. **Faites glisser l'icône, du bout du doigt, jusqu'à l'emplacement désiré.**

3. **Appuyez sur le bouton principal pour enregistrer la nouvelle disposition et faire cesser le trémoussement des icônes (ce ne sont quand même pas des pom-pom girls, non mais !)**

Si vous n'avez pas redisposé les icônes, elles se présentent dans cet ordre en commençant en haut à gauche :

- **SMS** : Cette application permet d'échanger des messages textuels, autrement dit des SMS, avec quasiment n'importe quel autre téléphone mobile. Nous avons utilisé quantité de téléphones mobiles ces derniers temps, et à notre avis cette application est la meilleure.
- **Calendrier :** Quel que soit le logiciel de calendrier que vous utilisez sur votre Mac ou sur votre PC – à condition que ce soit iCal, Microsoft Entourage ou Microsoft Outlook –, vous pourrez synchroniser des événements et des alertes entre l'ordinateur et l'iPhone. Créez un événement et il est automatiquement synchronisé dans l'autre appareil dès la prochaine connexion. Du bon travail.
- **Photos :** Cette application est un remarquable gestionnaire de photos de l'iPhone. Vous pouvez visionner les photos prises avec l'iPhone ou des photos transférées depuis votre ordinateur. Il est possible de zoomer, de créer des diaporamas, d'envoyer des photos par courrier électronique, etc. Les autres téléphones prennent certes des photos, mais l'iPhone permet de les visionner de diverses manières.
- **Appareil photo :** Utilisez cette application pour prendre des photos avec l'appareil intégré de 2 mégapixels (iPhone et iPhone 3G) ou des photos ou des vidéos de 3 mégapixels (iPhone 3GS).
- **YouTube** : Cette application sert à regarder les vidéos du populaire site Web YouTube. Vous pouvez rechercher une vidéo particulière ou parcourir les milliers de séquences qui s'y trouvent. C'est un bon moyen pour perdre son temps.

- **Bourse :** Si vous êtes hanté par les fluctuations du marché, cette application vous permettra de suivre les cours de la Bourse. La mise à jour des cotations s'effectue presque en temps réel.
- **Plans :** Cette application est l'une de nos préférées. Consultez des plans de villes dans le monde entier, ou informez-vous sur les conditions de circulation ou l'adresse d'un bon restaurant dans les environs. La seule fonction qui manque est un GPS.
- **Météo :** Elle affiche les prévisions pour les six jours à venir, pour bon nombre de grandes villes.
- **Dictaphone :** Cette nouveauté fort commode de l'iPhone 3GS le transforme en dictaphone pour enregistrer vos idées ou vos remarques.
- **Notes :** Utilisez cette application pour prendre des notes sur tout et n'importe quoi. Vous pourrez les envoyer par courrier électronique ou les enregistrer dans l'iPhone à toutes fins utiles.
- **Horloge :** Ce programme indique l'heure dans plusieurs villes de votre choix. Vous pouvez aussi définir des alarmes et utiliser l'iPhone comme chronomètre ou comme minuterie.
- **Calculette :** Elle effectue les quatre opérations, avec mémorisation des résultats.
- **Réglages :** Cette application sert à configurer l'iPhone. Si vous possédez un Mac, c'est un peu l'équivalent des Préférences Système. Si vous utilisez un PC sous Windows, elle évoquera le Panneau de configuration.
- **iTunes :** Cette icône permet d'accéder à l'iTunes Store, où vous pourrez écouter des extraits de musique, acheter et télécharger des chansons ou des vidéos.
- **App Store :** Cette icône permet de se connecter au site iTunes App Store afin d'y rechercher des applications gratuites ou payantes que vous pourrez télécharger par une connexion Wi-Fi ou par un réseau téléphonique, comme 3G+ ou EDGE.

- **Boussole :** Disponible sur l'iPhone 3GS seulement, elle vous permet de ne pas perdre le nord.
- **Contacts :** C'est votre carnet d'adresses. Il contient les coordonnées complètes de vos correspondants, et même leur photo.
- **Téléphone :** C'est grâce à cette application que l'iPhone est un téléphone. Il fallait y penser !
- **Mail :** Cette application permet de recevoir et d'envoyer du courrier au travers des protocoles POP3 et IMAP et, si votre entreprise vous a accordé l'autorisation, avec son compte Microsoft Exchange.
- **Safari :** C'est votre navigateur Web. Si vous utilisez un Mac, vous le connaissez déjà (il existe aussi une version pour Windows).
- **iPod :** Enfin et surtout, cette icône libère toute la puissance d'un iPod vidéo dans votre téléphone. Attention les yeux et les oreilles !

Et voilà. Maintenant que les présentations sont faites entre vous et votre iPhone, le moment est venu de l'allumer, de l'activer et de l'utiliser pour de bon.

2

Formation de base

Dans ce chapitre :

- Activer l'iPhone.
- Allumer et éteindre.
- Verrouiller l'iPhone.
- Maîtriser le multitouche.
- Couper, copier et coller.
- Donner de la voix.
- Rechercher avec Spotlight.

Vous savez à présent que l'iPhone est très différent des autres téléphones mobiles. En raison de l'extraordinaire battage médiatique qui accompagna la sortie du premier modèle, en 2007, vous avez prévu des mois à l'avance d'en acquérir un. Car l'iPhone est bel et bien « le » téléphone à la mode, l'objet chic et choc bourré de fonctions cool qui coulent de source.

Il existait aussi une autre différence dès la première version : La manière dont il était et est toujours activé. Aucun vendeur ne se chargera de le faire, que vous ayez acheté l'iPhone sur le site Apple Store, dans une boutique d'informatique ou dans une boutique de téléphonie. Vous êtes censé vous débrouiller tout seul, dans le confort douillet de votre *home sweet home*.

Fort heureusement, comme beaucoup de produits estampillés Apple, la mise en service de l'iPhone est simple et plaisante. Bien que des incidents soient possibles – les premiers acquéreurs essuyèrent les plâtres, en 2007 –, l'activation devrait se dérouler sans problème. Si vous avez besoin d'aide, ce chapitre vous en fournira une.

Activer l'iPhone

Deux prérequis sont indispensables pour profiter de l'iPhone : le premier est d'avoir souscrit un abonnement auprès d'un opérateur de téléphonie ; le second d'avoir téléchargé la dernière version d'iTunes sur votre Mac ou votre PC. Comme ce logiciel n'est pas fourni avec l'iPhone, vous devez vous connecter au site `www.apple.com/fr/itunes` pour en obtenir gratuitement un exemplaire. S'il est déjà installé dans votre ordinateur, cliquez sur iTunes/Rechercher les mises à jour (Mac) ou sur Aide/Rechercher les mises à jour (Windows).

Pour ceux qui ne le sauraient pas, iTunes est un logiciel servant à écouter de la musique. Livré avec Mac OS X, il est quasiment indispensable aux utilisateurs d'un iPod, mais aussi à tous ceux qui désirent gérer rationnellement leurs morceaux de musique, vidéos et autres sources, y compris sur un PC sous Windows, où il peut se substituer au Lecteur Windows Media. iTunes est aussi au cœur de l'iPhone, car un iPod se trouve dedans (vous iSuivez toujours ?). Vous utiliserez iTunes pour synchroniser une foultitude d'éléments aussi bien dans l'ordinateur que dans l'iPhone : vos contacts, les calendriers, les comptes de courrier, les signets, les photos et, bien sûr, la musique.

Nous reviendrons sur toutes ces salades de synchronisation au Chapitre 3.

Allumer et éteindre l'iPhone

Apple ayant eu la bonté de charger partiellement la batterie, l'iPhone est immédiatement utilisable. Après l'avoir extrait de sa boîte, maintenez le bouton Marche/Veille enfoncé, en haut à droite (reportez-vous au Chapitre 1 pour connaître l'emplacement de tous les boutons). Le célèbre logo Apple apparaît, suivi un peu plus tard d'une saisissante photo de la planète Terre.

Pas de message alambiqué : Apple a la louable ambition de s'approprier le marché mondial.

Pour éteindre complètement l'appareil, appuyez sur le bouton Marche/Veille jusqu'à ce qu'une flèche rouge apparaisse en haut de l'écran. Tirez ensuite cette flèche vers la droite avec votre doigt.

Verrouiller l'iPhone

Un téléphone mobile nu glissé dans la poche peut être une source d'ennuis. À moins qu'il soit équipé d'un dispositif de verrouillage, vous risquez de composer un numéro pas inadvertance. Essayez d'expliquer à votre directeur pourquoi il a été réveillé à 4 heures du matin par un appel intempestif de votre part. Fort heureusement, l'iPhone est doté d'un verrouillage garantissant que cette mésaventure ne saurait vous arriver.

À vrai dire, vous n'avez pas même à verrouiller l'iPhone ; le verrouillage se produit automatiquement dès lors que vous ne touchez pas à l'écran pendant une minute.

Pas le temps d'attendre ? Pour verrouiller immédiatement l'iPhone, appuyez sur le bouton Marche/Veille. Appuyez de nouveau dessus pour le déverrouiller. Ou alors appuyez sur le bouton principal, en bas de l'écran, puis du bout du doigt tirez la glissière vers la droite.

Vous avez compris le rôle important que jouent vos doigts : on peut dire que l'iPhone est véritablement digital, en plus d'être numérique. Nous reviendrons plus loin dans ce chapitre sur ces histoires de doigts.

Maîtriser l'interface multitouche

Presque tous les téléphones mobiles sont équipés d'un clavier numérique, parfois même d'un véritable petit clavier AZERTY permettant de taper le texte des SMS et des messages. L'iPhone s'en passe allègrement, car une fois de plus il applique à la lettre son vieux slogan publicitaire : « Penser différemment. »

En fait, l'iPhone remplace les minuscules boutons par un clavier virtuel appelé « affichage multitouche ». Il est au cœur de la plupart de vos activités avec l'iPhone, et les commandes varient selon la tâche en cours.

Contrairement à d'autres téléphones à écran tactile, vous n'avez que faire d'un stylet. Vos actions sont aux bouts de vos doigts.

Notez dès à présent que le clavier virtuel se présente sous six formes : un clavier alphabétique, un clavier pour les nombres et la ponctuation, et d'autres claviers truffés de symboles. La Figure 2.1 les montre tous.

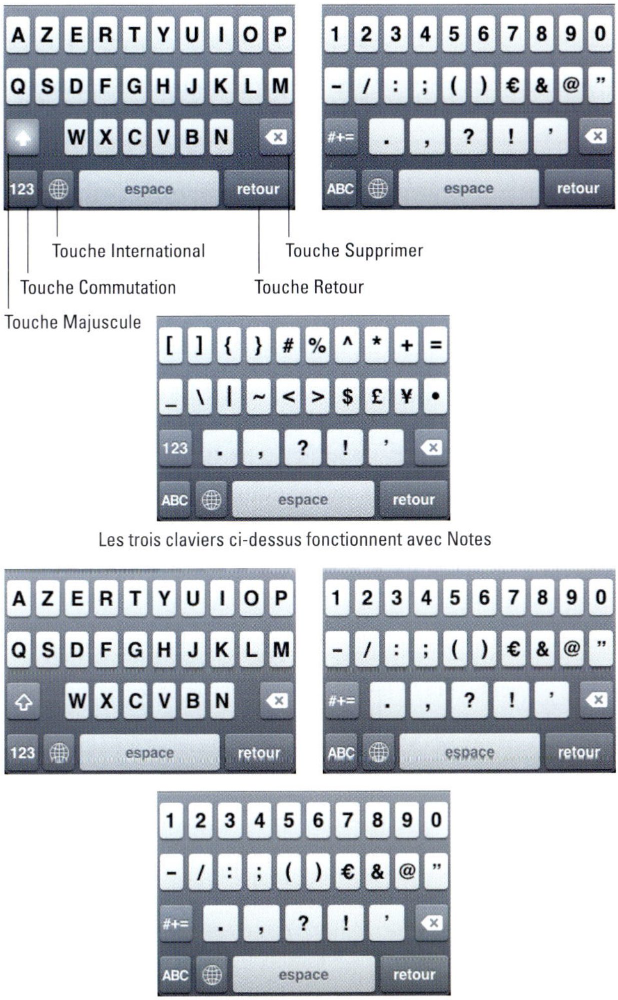

Figure 2.1 : Les six présentations du clavier virtuel.

Cinq touches n'insèrent aucun caractère. Ce sont : Majuscule, Commutation nombres/symboles, Clavier international, Supprimer et Retour :

- **Touche Majuscule :** Si vous utilisez le clavier alphabétique, saisit le caractère en majuscule, puis la saisie continue en minuscules. Avec les autres claviers, permute les claviers Nombres et Symboles.

  TRUC

  Pour verrouiller les majuscules et tout taper en majuscules, vous devez activer le verrouillage en majuscules. Pour cela, vous devez d'abord taper sur l'icône Réglages, puis sur Général et enfin sur Clavier. Tapez ensuite sur Touche Maj. verrouillée. Cette procédure achevée, double-toucher la touche Majuscule (elle devient bleue) verrouille les majuscules. Tapez de nouveau sur la touche pour déverrouiller les majuscules.

- **Touche Commutation :** Fait passer d'un clavier à un autre.
- **Touche International :** Elle n'apparaît que si l'iPhone possède un clavier international, comme l'explique l'encadré « Un clavier sans frontière ».
- **Touche Supprimer :** Cette touche efface le caractère à gauche du curseur.

  TRUC

  Appuyez sur Supprimer pendant un instant et des mots entiers – plutôt que des caractères – sont effacés.

- **Touche Retour :** Fait passer le curseur à la ligne suivante.

Clavier sans frontière

Apple continue sa conquête du monde par iPhone interposé. L'anglais n'étant pas la langue maternelle de bon nombre de clients, Apple est bien obligé d'en tenir compte. C'est pourquoi la version 2.0 de l'iPhone contient une vingtaine de types de claviers. Pour accéder au clavier AZERTY français, touchez Réglages, Général, Clavier, Claviers internationaux, puis choisissez Français, ou Français (Canada) si vous résidez dans la Belle Province. Vous trouverez dans la liste des claviers danois, allemand, anglais américain, espagnol, finnois, italien, japonais, coréen, norvégien, néerlandais, polonais, portugais, brésilien, russe, suédois et chinois.

C'est une vraie tour de Babel chez vous ? Il y a des gens de partout ? Vous pouvez sélectionner autant de claviers étrangers que vous le désirez en tirant le bouton Arrêt/marche correspondant vers la gauche, où il apparaît en bleu. Ensuite, quand vous démarrez une application exigeant des saisies de texte, touchez à plusieurs reprises le petit bouton à gauche de la barre Espace jusqu'à ce que le clavier désiré apparaisse. En continuant de le toucher, vous revenez au clavier français.

Un petit détail pour le clavier chinois : vous pouvez utiliser la reconnaissance de caractère pour le chinois simplifié et traditionnel, comme montré ici. Déplacez simplement le doigt dans le champ affiché. Nous nous excusons par avance pour ce que les idéogrammes affichés peuvent bien signifier (aucun de nous ne connaît le chinois, sauf celui du restaurant d'à côté).

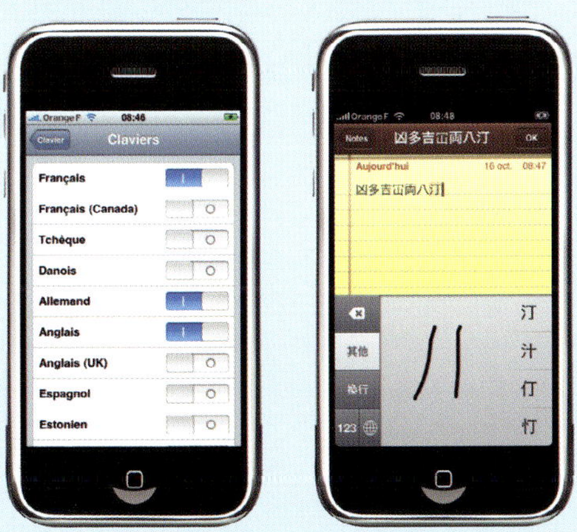

Le clavier incroyablement intelligent de l'iPhone

Avant d'utiliser le clavier, il s'agit de savoir ce que l'on entend exactement par « intelligence ». Vous en tirerez ainsi mieux parti :

- L'iPhone comporte un dictionnaire de français.
- Il ajoute automatiquement vos contacts à son dictionnaire.
- Il recourt à des algorithmes d'analyse complexes pour prédire le mot que vous êtes en train de taper.
- Il suggère des corrections au cours de la frappe. Si vous déclinez une suggestion et que le mot que vous tapez ne figure pas dans le dictionnaire de l'iPhone, ce dernier l'y ajoute et le proposera par la suite parmi ses suggestions.

  TRUC

  Décliner une suggestion pour imposer votre orthographe permet à votre clavier intelligent de l'être encore plus.
- Il réduit le risque de fautes de frappe en redimensionnant intelligemment et dynamiquement la zone d'effleurement de certaines touches. Vous ne le voyez pas, mais l'iPhone agrandit la zone d'effleurement des touches susceptibles d'être tapées ensuite, et désactive la zone de celles qui n'ont que peu de chance, voire aucune, d'être tapées.

Entraîner vos doigts

Jusqu'à présent, vous tapiez avec plus ou moins de férocité sur les touches électromécaniques d'un clavier. Avec l'iPhone, la frappe est plus nuancée.

L'iPhone introduit en effet une gestuelle spéciale qui, si elle n'est pas compliquée, exige cependant que l'on s'y habitue :

- **Toucher :** Cette action a de multiples usages, comme vous le découvrirez dans ce livre. Vous pouvez toucher une icône pour ouvrir une application à partir de l'écran d'accueil, ou pour écouter un morceau ou choisir une pellicule de photos à visionner. Il vous faudra parfois double-toucher pour zoomer en avant ou en arrière dans une page Web, sur des plans ou dans des courriers électroniques.

- **Effleurer :** Un effleurement fait défiler rapidement une liste de courriers électroniques, de morceaux de musique ou des vignettes de photos. Touchez l'écran pour arrêter le défilement ou attendez tout bonnement qu'il s'arrête de lui-même.
- **Pincer/Écarter :** Placez deux doigts, chacun au bord d'une page Web ou d'une image, puis écartez-les pour l'agrandir ou pincez-les pour la réduire. C'est un geste simple qui impressionne les âmes innocentes (l'une d'elles en pincera pour vous).

L'écran d'accueil évoqué au Chapitre 1 peut ne pas être le seul écran de votre téléphone. Après avoir téléchargé des applications – des apps, en jargon iPhonien – depuis l'App Store, que vous découvrirez au Chapitre 14, vous remarquerez peut-être deux petits points ou davantage entre les icônes Téléphone, Mail, Safari et iPod, et dans la rangée d'icônes juste au-dessus. Chacun de ces points est associé à un écran supplémentaire qui peut contenir jusqu'à 16 icônes. Pour passer d'un écran à un autre, effleurez rapidement vers la droite ou vers la gauche, ou touchez l'un des points.

TRUC

Vous devez être très précis, sinon vous ouvrirez une application au lieu de passer à un autre écran.

Le nombre de points correspond au nombre d'écrans. Celui qui est en blanc indique l'écran actuellement affiché. Les quatre icônes de la dernière rangée – Téléphone, Mail, Safari et iPod – se trouvent dans une partie spéciale de l'écran appelée « le *dock* ». Quand vous passez d'un écran à un autre, comme expliqué précédemment, ces quatre icônes restent affichées. Autrement dit, seules les seize premières icônes changent quand vous affichez un autre écran.

La dactylographie

L'interface multitouche d'Apple est vraiment un trait de génie. Mais si elle risque aussi de vous rendre dingue, du moins au début.

Les doigts ou le pouce ?

Faut-il taper avec les doigts ou avec le pouce ? Réponse : les deux. Il semble parfois plus facile de tenir l'appareil avec la main non prédominante (la main gauche pour les droitiers et la droite pour les gauchers) et toucher avec l'index de la main prédominante, notamment lorsque vous débutez avec l'iPhone.

Par la suite, quand vous vous serez habitué à taper avec un index, vous pourrez commencer à accélérer la saisie en utilisant les deux mains. Il existe deux façons de le faire :

- Placez l'iPhone sur une surface ferme – une table ou un bureau – et tapez des deux index. Certains apprécient cette technique, qui n'est toutefois pas facilement utilisable dans d'autres circonstances (au lit, par exemple).
- Placez l'iPhone entre vos deux mains en forme de conque et tapez avec les pouces. Cette technique a l'avantage d'être utilisable presque n'importe où. Mais les pouces étant plus gros que les doigts, il est plus difficile de toucher avec précision.

Quelle est la meilleure technique ? Ne comptez pas sur nous pour vous le dire. Essayez-les et voyez avec laquelle vous tapez avec le plus de précision. Mieux : maîtrisez les deux techniques et utilisez celle qui est la plus appropriée aux présentes circonstances.

Avec un peu de patience et d'acharnement exacerbé, vous devriez être à l'aise avec la dactylographie iPhonienne en une petite semaine. Vous devrez de toutes façons utiliser le clavier virtuel – qui apparaît spontanément dès que vous touchez un champ de texte – pour saisir des notes, taper un message, le nom d'un contact, etc.

Apple recommande – et nous aussi – de commencer par taper avec votre index, avant de passer peu à peu à l'utilisation de deux doigts.

Apple a introduit beaucoup d'intelligence dans le clavier virtuel afin qu'il puisse corriger les fautes de frappe à la volée et prédire ce que vous vous apprêtez à taper. Le clavier n'est pas exactement Nostradamus, mais il se débrouille assez bien pour savoir ce que vous avez en tête.

NdT : Lorsqu'un champ de saisie est déjà occupé par du texte – ce qui est fréquent – et que vous désirez l'effacer complètement, touchez le bouton rond gris, à droite : le champ est instantanément vidé. C'est plus rapide que de positionner le curseur au bout du texte et d'utiliser laborieusement la touche d'effacement.

Quand vous touchez un caractère du clavier, la touche s'agrandit, ce qui facilite la saisie (voir Figure 2.2). Si elle comporte des variantes accentuées, comme à la Figure 2.3, elles sont affichées après un bref instant. Faites glisser votre doigt jusque sur la lettre à utiliser.

Les fautes de frappe ne manqueront hélas pas au début. Supposons que dans Notes vous tapiez la phrase « Je prends des tas de nottes ». Mais, comme vous n'êtes pas encore à l'aise avec le minuscule clavier, vous avez tapé deux fois sur la touche « t ». L'iPhone n'en a pas moins déduit que vous vouliez taper le mot *note* et vous propose ce terme, comme le montre la Figure 2.4. À charge pour vous d'ajouter le *s* du pluriel (il ne faut quand même pas trop lui en demander). Mais si *notte* – « nuit », en italien – était bien ce que vous vouliez taper, touchez le mot suggéré, *note*, pour le refuser.

Plus fort : l'Iphone devine ce que vous êtes en train de faire. Par exemple, si vous saisissez une adresse Internet dans le navigateur Safari (voir Chapitre 10), le clavier affiche, à la place de l'inutile barre Espace, trois touches avec le point, la barre inclinée et .com pour accélérer la saisie. Mais dans Notes (Chapitre 5), la barre Espace est affichée. Et si vous tapez un message électronique, une touche @ est proposée.

ATTENTION

Pour taper de la ponctuation, des chiffres ou des symboles dans une note ou dans un courrier électronique, vous devez appuyer sur la touche .?123 pour accéder aux autres claviers. Tapez de nouveau sur la touche *ABC* pour revenir au clavier initial. La manipulation n'est pas compliquée, mais il y en a que cela énerve.

Figure 2.2 : La touche effleurée est agrandie pour faciliter la saisie.

Figure 2.3 : Le clavier virtuel contient tous les accents.

Corriger les erreurs

L'idéal est bien sûr de taper avec une belle assurance sans aucune erreur. Mais s'il s'en produit, le clavier autocorrectif en rectifiera beaucoup. Cela dit, les fautes de frappe seront nombreuses, surtout au début. Vous devrez alors les corriger manuellement.

TRUC

Un truc sympa pour corriger facilement consiste à laisser le doigt à proximité de la faute de frappe. Une loupe semblable à celle de la Figure 2.5 apparaît. Utilisez-la pour amener le pointeur exactement là où vous désirez corriger.

Figure 2.4 : L'application Notes propose de corriger une erreur.

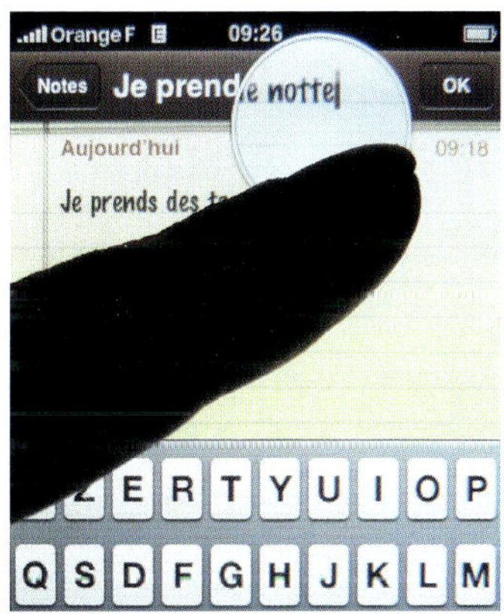

Figure 2.5 : Ne loupez pas vos erreurs.

Couper, copier, coller

Si copier ou couper du texte ou une image, et le coller ailleurs dans l'ordinateur, est devenu extrêmement banal, il a fallu attendre l'iPhone 3GS pour que cela soit possible avec un iPhone. C'est dans le système d'exploitation de cette version qu'Apple a introduit d'une manière inimitable ces fonctionnalités tant attendues.

Vous pourriez avoir envie, avec votre iPhone, de copier du texte ou une image présents sur un site Web et coller cet élément dans un courrier électronique, un SMS ou une note. Ou copier un ensemble de photos ou de vidéos dans un courrier électronique.

Voici comment exploiter cette fonctionnalité. Supposons que vous ayez couché des idées dans l'application Notes et que vous désiriez les copier dans un courrier électronique. Double-touchez un mot pour le sélectionner, comme à la Figure 2.6, puis tirez les boutons de sélection, ou poignées, pour sélectionner une plus grande partie de texte, ou rapprochez-les pour réduire la sélection existante. Le texte sélectionné, touchez Copier (pour supprimer le bloc de texte, touchez Couper).

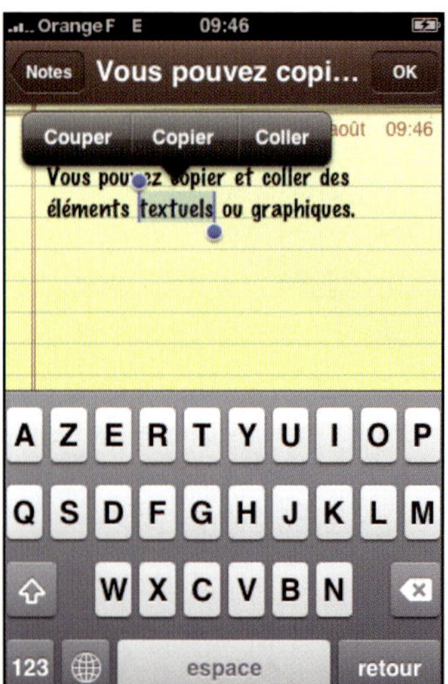

Figure 2.6 : Tirez les poignées pour sélectionner du texte.

Figure 2.7 : Touchez Coller pour insérer le texte copié.

Ouvrez à présent l'application Mail (décrite au Chapitre 11) et commencez à écrire le message. Le moment venu d'insérer le texte, touchez le curseur. Les commandes Sélectionner, Tout sélectionner et Coller apparaissent, comme à la Figure 2.7. Touchez Coller pour insérer le texte dans le message.

Et voici le plus génial, ou au moins le plus insolite : secouez l'iPhone pour annuler un couper, un coller ou une erreur de saisie.

Le contrôle vocal

Plusieurs modèles de téléphones mobiles récents permettent de composer un numéro vocalement. Dites « Appeler maman » ou « composer 0-1-4-5-4-9-6-0-0-0 » et vous obtenez votre correspondant. Bien que des applications tierces permettaient de rendre l'iPhone vocal, ce n'est qu'à partir de l'OS 3.0 qu'Apple a intégré cette fonctionnalité.

Comme vous le découvrirez au Chapitre 7, Apple est allé plus loin que la simple composition d'un numéro ou l'identification d'un contact de votre carnet d'adresses. Le contrôle vocal peut aussi commander la lecture des fichiers audio. Il peut être déclenché de deux manières :

- En maintenant le bouton principal enfoncé jusqu'à ce que l'écran Contrôle vocal apparaisse (voir Figure 2.8). Les lignes sinueuses qui s'y trouvent bougent pendant que vous parlez. Faites défiler l'écran vers le bas pour découvrir des commandes que vous pouvez prononcer à voix haute, comme « Quel groupe chante ce morceau ? » ou « Morceau suivant ». Un double bip indique que l'iPhone ne comprend pas votre ordre. Cessez de mâchouiller votre cheming-gum (« morcheau chuivant »…) et répétez la commande.
- Maintenez enfoncé le bouton du milieu de l'ensemble écouteurs-microphone vendu avec l'iPhone. Attendez qu'un bip indique que l'iPhone est prêt à recevoir votre ordre, puis dites la commande.

Le contrôle vocal fonctionne plutôt bien avec l'ensemble écouteurs-microphone de l'iPhone, mais il ne fonctionne pas avec un casque Bluetooth. Autrement dit, vous devez parler directement à l'iPhone.

Vous devez impérativement attendre la confirmation par un bip avant de commencer à parler. Le contrôle vocal n'est pas infaillible, notamment dans un environnement bruyant. C'est pourquoi, lorsque vous composez un numéro de téléphone, assurez-vous que l'iPhone appelle réellement le correspondant en question. Inutile de s'appesantir sur les inconvénients d'un numéro erroné (*« Raccrochez, c'est une horreur »*, comme le chantait Jane Birkin).

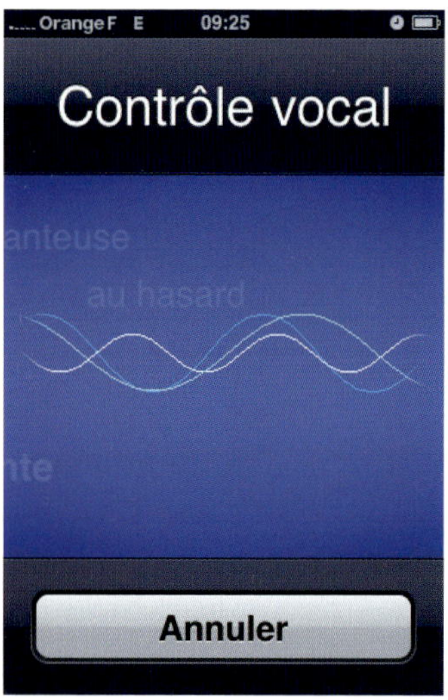

Figure 2.8 : Demandez à l'iPhone de composer un numéro ou de lire un morceau.

Figure 2.9 : Une recherche effectuée par Spotlight.

Rechercher

Le navigateur Safari décrit au Chapitre 10 permet d'effectuer des recherches avec Google ou tout autre moteur. Mais une fonctionnalité nouvelle de l'OS 3.0 permet de rechercher des personnes et des programmes dans votre iPhone et dans des applications spécifiques. Nous vous expliquerons comment, dans les différents chapitres consacrés aux applications Mail, Contacts, Calendrier, Notes et iPod.

La recherche dans l'iPhone est fondée sur la fonction Spotlight familière aux utilisateurs de Mac. Pour accéder à Spotlight, effleurez à gauche de l'écran d'accueil (appuyez sur le bouton principal s'il n'est pas affiché).

Saisissez le critère de recherche dans la barre qui apparaît tout en haut de l'écran (Figure 2.9). L'iPhone fournit des résultats dès la saisie de la première lettre, puis les réduit peu à peu. Toutes les occurrences des lettres « belle » dans le nom d'un contact (Isabelle…), d'une chanson (« Qu'elle est belle ») ou d'un interprète (« Marie Paule Belle ») seront affichées.

Touchez le nom d'un contact pour accéder à sa fiche, ou d'une application pour la démarrer.

Nous en avons terminé avec les bases. Le vrai plaisir peut commencer.

3

Synchronisation : vers et de l'iPhone

Dans ce chapitre :

- Votre première synchronisation.
- La déconnexion pendant une synchronisation.
- Synchroniser manuellement les contacts, les calendriers, les comptes de messagerie et les signets.
- Synchroniser les sonneries, la musique, les podcasts, la vidéo, les photos et les applications.

Après avoir activé l'iPhone et vous être initié à son fonctionnement (au Chapitre 2), il s'agit à présent d'y introduire tout ou partie de vos contacts, rendez-vous, événements, paramètres de messagerie, signets, sonneries, musiques, vidéos, podcasts, photos et applications.

Nous avons une bonne nouvelle à vous communiquer et… une meilleure. La bonne nouvelle est qu'il est très facile de copier tous ces éléments de votre ordinateur dans l'iPhone. La meilleure nouvelle est que la copie une fois réalisée vous pourrez synchroniser vos contacts, rendez-vous et événements afin qu'ils soient automatiquement mis à jour aux deux endroits – dans l'ordinateur et dans l'iPhone – chaque fois que l'un d'eux sera modifié. Les informations sont ainsi toujours concordantes.

C'est ce procédé qui porte le doux nom de « synchronisation ». Il n'est pas bien compliqué et vous découvrirez l'ensemble de la manipulation dans ce chapitre.

Mais il y a d'autres bonnes nouvelles. Les éléments que vous gérez dans votre ordinateur, comme les paramètres de messagerie, photos, musiques, films et podcasts, ne sont synchronisés que dans un seul sens : de votre ordinateur vers l'iPhone, car c'est ainsi que cela doit l'être.

Démarrer la synchronisation

La synchronisation de l'iPhone avec votre ordinateur ressemble beaucoup à celle d'iPod avec l'ordinateur. Si vous possédez un iPod, le processus sera des plus simples. Mais il n'est pas plus compliqué pour quelqu'un qui n'a jamais touché à un iPod :

1. **Connectez l'iPhone à l'ordinateur à l'aide du câble USB fourni avec l'iPhone.**

   Connecter l'iPhone à l'ordinateur démarre aussitôt iTunes. Si cela ne se produit pas, c'est peut-être parce que vous avez branché le câble au port USB du clavier, du moniteur ou d'un répartiteur. Essayez plutôt de brancher le câble à un port USB de l'ordinateur. Pourquoi ? Parce qu'il fournit une meilleure alimentation électrique sur les ports USB déportés.

   Et si iTunes persiste à ne pas vouloir démarrer, lancez-le manuellement (non mais !).

   Un dernier détail : si vous avez pris des photos avec l'iPhone depuis la dernière synchronisation, le gestionnaire de photos – iPhoto sur le Mac, Adobe

Photoshop Album ou Photoshop Elements sur un PC – démarrera et demandera si vous désirez importer les photos présentes dans l'iPhone. Nous y reviendrons plus loin dans ce chapitre.

2. **Sélectionnez l'iPhone dans le volet de gauche d'iTunes.**

   Le panneau de configuration de l'iPhone apparaît. Si l'iPhone a déjà été configuré et nommé, le panneau de la Figure 3.1 est affiché ; sautez les Étapes 3 et 4a et passez directement à l'Étape 4a.

iPhone connecté à iTunes

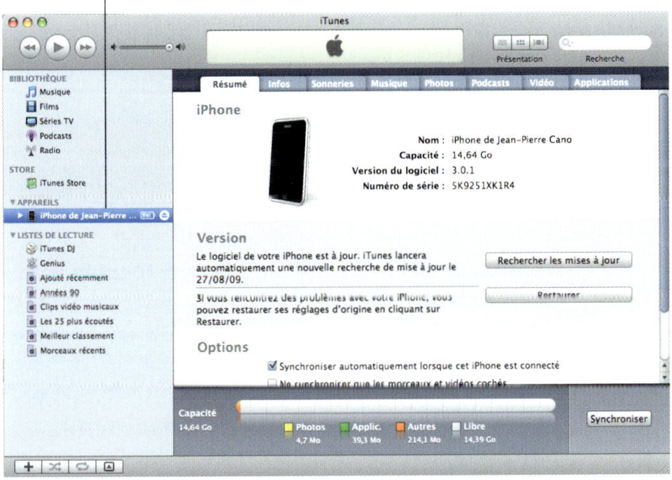

Figure 3.1 : Le premier panneau auquel vous accédez dans iTunes.

TRUC

Si l'iPhone n'apparaît pas dans iTunes, assurez-vous qu'il est bien connecté à un port USB de l'ordinateur et non à celui du clavier, du moniteur ou d'un répartiteur. Redémarrez l'ordinateur.

La première fois que vous le connectez, iTunes vous demande de nommer votre iPhone.

3. **Tapez un nom pour iPhone.**

Vous êtes libre de votre choix : téliPhone, iPhonousrappeler, Gargamelle, tout est bon…

4a. Choisissez de synchroniser ou non les contacts du Carnet d'adresses, les calendriers, les signets, les notes, les comptes de messagerie et les applications.

- Pour synchroniser tous ces éléments, cochez leur case, cliquez sur Terminé, puis continuez à la section « Synchroniser vos médias », plus loin dans ce chapitre.

- Si vous préférez synchroniser manuellement, assurez-vous qu'aucune des cases n'est cochée, puis cliquez sur Terminé. La section « Synchroniser vos données » vous dit tout sur la configuration manuelle des contacts, calendriers, signets, notes, comptes de messagerie et applications.

Nous avons choisi de ne pas cocher la case parce que l'ordinateur contient quatre comptes de messagerie, et nous ne voulons pas que tous se synchronisent avec l'iPhone.

4b. Après avoir cliqué sur le bouton Terminé (ceci ne s'applique qu'à ceux qui ont effectué les étapes 3 et 4), le panneau Résumé apparaît. Si ce n'est pas le cas, assurez-vous que l'iPhone est sélectionné dans le volet de gauche, et cliquez sur l'onglet Résumé, pour accéder au panneau de la Figure 3.2.

5. Pour qu'iTunes synchronise automatiquement l'iPhone chaque fois que vous le connectez à l'ordinateur, cochez la case Synchroniser automatiquement lorsque cet iPhone est connecté. Elle se trouve dans la zone Options.

Ne la cochez pas si vous préférez synchroniser manuellement en cliquant sur le bouton Synchroniser, en bas à droite d'iTunes.

Votre choix à l'Étape 5 n'est pas irrévocable. Si vous avez coché la case Synchroniser automatiquement lorsque cet iPhone est connecté, plusieurs moyens permettent d'empêcher la synchronisation automatique de l'iPhone :

- **Premier moyen :** Après avoir connecté l'iPhone à l'ordinateur, cliquez sur l'onglet Résumé puis décochez la case Synchroniser automatiquement lorsque cet iPhone est connecté. Ceci empêche iTunes de démarrer automatiquement lorsque l'iPhone est connecté à l'ordinateur. Vous pourrez cependant synchroniser manuellement.
- **Second moyen :** Démarrez iTunes. Ensuite, avant de connecter l'iPhone à l'ordinateur, maintenez les touches ⌘+Alt (Mac) ou Maj+Ctrl (PC) enfoncées jusqu'à ce que l'iPhone apparaisse dans le volet de gauche. Cette méthode empêche la synchronisation automatique pour cette fois seulement, sans modifier aucune option.

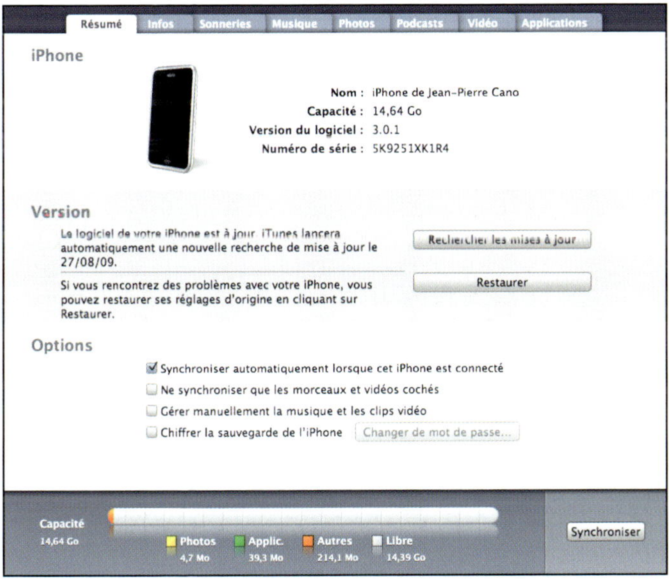

Figure 3.2 : Le panneau Résumé de iTunes.

6. **Si vous ne voulez synchroniser que les éléments sélectionnés dans la bibliothèque iTunes, cochez la case Ne synchroniser que les morceaux et vidéos cochés.**

7. **Pour désactiver la synchronisation automatique dans les panneaux Musique et Vidéo, cochez les cases Gérer manuellement la musique et les clips vidéo.**

8. **Pour protéger les sauvegardes de votre iPhone par un mot de passe – une sauvegarde du contenu de l'iPhone est effectuée à chaque synchronisation –, cochez la case Chiffrer la sauvegarde de l'iPhone.**

Et, bien sûr, si vous décochez la case Synchroniser automatiquement lorsque cet iPhone est connecté, il vous reste la possibilité de synchroniser manuellement à partir de l'onglet Résumé, en cliquant sur le bouton Synchroniser, en bas à droite d'iTunes.

Soit dit en passant, si vous avez modifié des options de synchronisation depuis la dernière synchronisation, le bouton Synchroniser est remplacé par un bouton Appliquer.

Déconnecter l'iPhone

Lors de l'échange des données, l'écran de l'iPhone affiche un message « Synchronisation en cours ». Lorsqu'elle est terminée, il affiche le message « La synchronisation de l'iPhone est terminée ». L'iPhone peut alors être déconnecté.

Si vous déconnectez l'iPhone avant la fin de la synchronisation, les données ou une partie d'entre elles risquent de ne pas être transférées.

Pour écourter une synchronisation et déconnecter l'iPhone en toute sécurité, tirez la glissière sur laquelle figure le mot Annuler.

La synchronisation est automatiquement annulée lorsque vous recevez un appel afin que vous puissiez déconnecter l'iPhone en toute sécurité, décrocher et répondre. La conversation terminée, reconnectez l'iPhone pour recommencer la synchronisation.

Synchroniser des données

Avez-vous opté pour la synchronisation manuelle des données en ne sélectionnant pas la case Synchronisation automatique des contacts, calendriers, signets, notes et comptes Mail, ou la case Synchroniser automatiquement des applications, dans le panneau de la Figure 3.1 ? Si oui, vous devez à présent indiquer à iTunes les types de données que vous désirez synchroniser. Pour cela, cliquez sur l'onglet Infos, juste à côté de l'onglet Résumé.

Le panneau Infos est divisé en sept parties : MobileMe, Contacts, Calendriers, Navigateur web, Notes, Comptes Mail, et Avancé. Examinons chacun d'eux.

MobileMe

MobileMe est un service payant d'Apple, par abonnement annuel (79 euros), qui permet entre autres de synchroniser les Mac, iPhone et iPod Touch. C'est le dernier avatar de ce qui était auparavant le service.mac (point.mac). L'énorme avantage de MobileMe est que la synchronisation est assurée en permanence, sans fil et sans intervention humaine.

Pour que vos courriers électroniques, contacts et signets soient synchronisés automatiquement et sans fil, cliquez sur le bouton Configurer maintenant. Le navigateur Web est démarré et, si vous n'êtes pas encore abonné, les instructions permettant de souscrire au service MobileMe sont affichées. Dans le cas contraire, les instructions pour le paramétrage de vos appareils sont fournies.

Si vous comptez utiliser le service MobileMe pour synchroniser vos courriers électroniques, calendriers, contacts et signets, vous pouvez sauter les sections « Contacts », « Calendriers », «Navigateur Web » et « Avancé », ci-dessous, car vous n'en aurez pas besoin. En revanche, les deux dernières sections, « Comptes Mail » et « Notes », contiennent des informations que même un abonné à MobileMe se doit de connaître.

Contacts

La rubrique Contacts du panneau Infos règle la manière dont les contacts sont pris en charge par la synchronisation. Une technique consiste à les synchroniser tous, comme le montre la Figure 3.3. Ou alors vous pouvez synchroniser des groupes de contacts préalablement créés dans le programme Carnet d'adresses de votre ordinateur. Cochez les cases des groupes à synchroniser, dans la fenêtre, et eux seuls le seront.

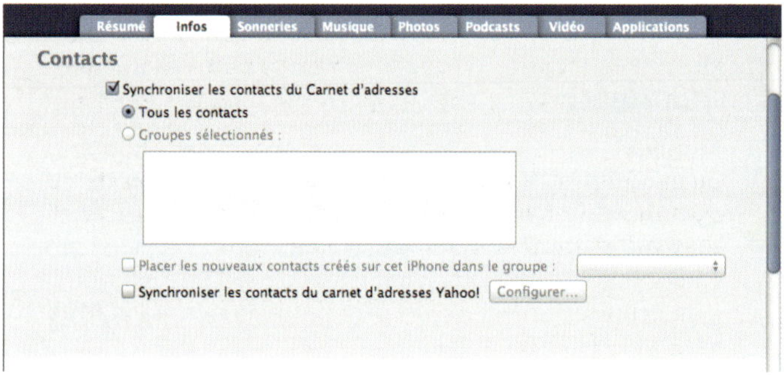

Figure 3.3 : Synchronisez les contacts de votre carnet d'adresses.

La synchronisation de l'iPhone est possible avec les carnets d'adresses suivants :

- **Mac :** Carnet d'adresses ainsi que les logiciels capables de se synchroniser avec lui comme Microsoft Entourage et le carnet d'adresses Yahoo!.

- **Windows :** Windows Mail, Outlook Express, Outlook (celui d'Office) et le carnet d'adresses Yahoo!.
- **Mac et Windows :** Carnet d'adresses Yahoo! et contacts Google.

Sur un Mac, la synchronisation des contacts est possible avec de multiples applications à la fois. Sur un PC, la synchronisation n'est possible qu'avec une seule application à la fois.

Si vous utilisez le carnet d'adresses Yahoo!, cochez la case correspondante puis cliquez sur le bouton Configurer afin d'entrer vos identifiant et mot de passe. Si vous avez des contacts Google, cochez la case correspondante puis cliquez sur le bouton Configurer afin d'entrer vos identifiant et mot de passe.

La synchronisation ne supprimera jamais un contact du carnet d'adresses Yahoo! s'il possède un identifiant Messenger, même si vous supprimez ce contact dans l'iPhone ou dans votre ordinateur.

Pour supprimer un contact comportant un identifiant Messenger, connectez-vous à votre compte Yahoo! avec un navigateur Web, puis supprimez le contact dans le carnet d'adresses Yahoo!.

Quand vous synchronisez l'iPhone avec les contacts et calendrier de Microsoft Exchange, tous vos contacts et calendriers personnels sont effacés.

Calendriers

La rubrique Calendriers du panneau Infos règle la manière dont les calendriers sont gérés par la synchronisation. Vous pouvez synchroniser tous les calendriers ou seulement certains d'entre eux, comme à la Figure 3.4. Il suffit de cocher les cases appropriées

L'iPhone se synchronise avec les programmes de calendrier suivants :

- **Mac** : iCal ainsi que les événements capables d'être synchronisés avec ce programme, comme les événements et tâches dans Microsoft Entourage.
- **Windows :** Microsoft Outlook (le programme livré avec Office).

Figure 3.4 : Synchronisez ici les événements enregistrés dans vos calendriers.

Sur un Mac, la synchronisation des calendriers est possible avec de multiples applications à la fois. Sur un PC, la synchronisation n'est possible qu'avec une seule application à la fois.

N'OUBLIEZ PAS

Un détail sympa, à propos de la synchronisation des calendriers, est que si vous créez des rappels, des alertes ou des alarmes dans le calendrier qui se trouve dans votre ordinateur, ils apparaissent ou retentissent au jour et à l'heure dits dans l'iPhone.

Navigateur web

La rubrique Navigateur web ne comporte qu'une seule case, pour la synchronisation des signets. À vous de décider si vous la cochez ou non.

L'iPhone se synchronise avec les signets et favoris des navigateurs Web suivants :

- **Mac :** Safari.
- **Windows** : Internet Explorer et Safari.

Comptes Mail

Les paramètres de vos comptes de messagerie peuvent être synchronisés dans la rubrique Comptes Mail du panneau Infos (Figure 3.5). Vous pouvez les synchroniser tous – si plusieurs ont été définis dans l'ordinateur – ou seulement certains d'entre eux en cochant leur case.

Figure 3.5 : Transférez les paramètres de votre compte de messagerie.

L'iPhone se synchronise avec les programmes de messagerie suivants :

- **Mac :** Mail et Microsoft Entourage.
- **Windows :** Microsoft Outlook 2003 ou 2007 et Outlook Express.

TRUC

Les paramètres de comptes de messagerie ne sont synchronisés que dans un seul sens : de l'ordinateur vers l'iPhone. Si vous modifiez un compte dans l'iPhone, ce changement ne sera pas du tout répercuté dans l'ordinateur. Croyez-nous, c'est très bien ainsi, et nous en savons gré à Apple d'y avoir pensé.

Soit dit en passant, le mot de passe de votre compte n'est ou n'est peut-être pas enregistré dans votre ordinateur. Appliquez la manipulation qui suit si vous synchronisez un compte de messagerie et que l'iPhone demande un mot de passe lorsque vous recevez du courrier : dans l'écran d'accueil, touchez l'icône Réglages, l'icône Courrier, le nom du compte de messagerie, puis tapez le mot de passe dans le champ approprié.

Avancé

Il arrive de temps en temps que les contacts, calendriers, comptes de messagerie et signets soient à ce point nombreux que le seul moyen de mettre de l'ordre dans ce fouillis est de tout effacer dans l'iPhone et de remplacer tout ou partie de ces informations par celles provenant de l'ordinateur.

Si vous êtes confronté à une telle situation, cochez la ou les cases de ou des éléments à effacer (Figure 3.6). Dès la prochaine synchronisation, ces éléments seront remplacés par ceux provenant de l'ordinateur.

Figure 3.6 : Cochez les rubriques dans lesquelles un ménage par le vide s'impose.

N'OUBLIEZ PAS

Comme la rubrique Avancé se trouve tout en bas du panneau, et qu'il faut donc le faire défiler pour y accéder, on finit par l'oublier. Ce serait dommage, car même si vous n'utilisez que rarement ses fonctions, il est bon de savoir qu'elles existent.

Synchroniser les médias

Par un abus de langage, les médias sont ici tout ce qui ressemble à de la musique, à des images ou à de la vidéo – des œuvres, en quelque sorte – et non leurs supports (disques, magazines, radio ou télévision). Nous verrons ici comment transférer toutes ces œuvres – vos morceaux de musique, podcasts, vidéo et photos – de l'ordinateur jusque dans l'iPhone.

N'OUBLIEZ PAS

Sonneries, morceaux de musique, podcasts et clips vidéo – mais pas les photos – ne sont synchronisés que dans un seul sens : de l'ordinateur vers l'iPhone. Supprimer un de ces éléments de l'iPhone ne les supprime pas de l'ordinateur au moment de la synchronisation. Les seules exceptions sont les morceaux, sonneries, podcasts, clips vidéo et applications achetés sur iTunes Store ou App Store et téléchargés dans votre iPhone. Comme vous vous y attendez, ces éléments sont automatiquement copiés dans l'ordinateur lors de la synchronisation.

Sonneries, musique, podcasts et clips vidéo

Utilisez les panneaux Sonneries, Musique, Podcasts et Vidéo pour spécifier ce que vous désirez transférer de l'ordinateur vers l'iPhone. Pour que ces panneaux soient affichés, assurez-vous que l'iPhone est bel et bien sélectionné dans le volet de gauche d'iTunes. Cliquez ensuite sur l'onglet qui vous intéresse.

Sonneries

Si des sonneries se trouvent dans la bibliothèque iTunes, cochez la case Synchroniser les sonneries. Vous pourrez ensuite transférer, soit toutes les sonneries, soit une sélection de ces sonneries en cochant leurs cases.

Musique, clips vidéo et mémos vocaux

Pour transférer de la musique vers l'iPhone, cochez la case Synchroniser la musique (Figure 3.7). Vous pourrez ensuite choisir entre Tous les morceaux et listes de lecture, ou les Listes de lecture sélectionnées. Si vous avez opté pour cette dernière, cochez les listes que vous désirez transférer. Vous pouvez aussi choisir d'inclure les clips vidéo et/ou des mémos vocaux, en cochant les cases appropriées.

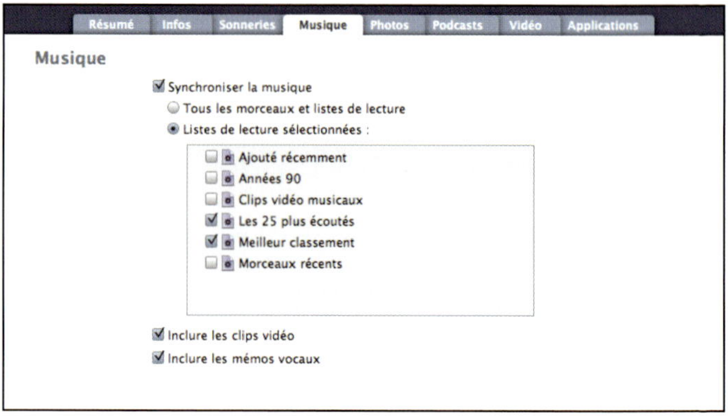

Figure 3.7 : Sélectionnez les listes de lecture, clips vidéo et mémos vocaux à transférer dans l'iPhone.

ATTENTION

Si vous sélectionnez Tous les morceaux et listes de lecture, et que l'ensemble est plus volumineux que ce que peut stocker un iPhone (environ 7 Go sur un modèle à 8 Go ou 14,5 sur un iPhone à 16 Go), un message signale que la synchronisation est impossible à cause de l'espace insuffisant.

ATTENTION

Les morceaux de musique, les podcasts et les vidéos sont notoirement connus pour accaparer énormément d'espace de stockage. Si vous tentez de synchroniser trop de ces éléments, vous aurez droit à de nombreux messages vous informant de la saturation de votre iPhone. Pour les éviter, sélectionnez des listes de lecture inférieures à 7, 15 ou 31 Go selon votre appareil.

Podcasts

Pour transférer des podcasts dans l'iPhone, cochez la case Synchroniser, dans le panneau Podcasts. Vous pourrez ensuite choisir entre tous les podcasts ou seulement ceux sélectionnés, comme le montre la Figure 3.8.

Figure 3.8 : Sélectionnez les podcasts à transférer dans l'iPhone.

Que vous ayez choisi de transférer tous les podcasts ou seulement certains d'entre eux, un menu permet de spécifier les épisodes à synchroniser (Figure 3.9).

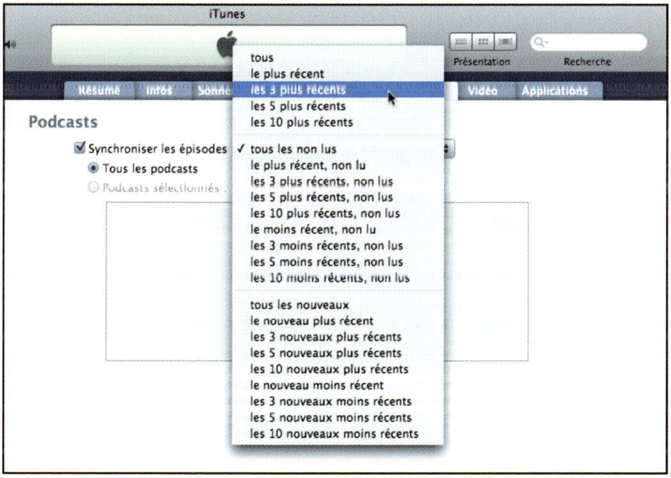

Figure 3.9 : Indiquez comment les podcasts seront synchronisés avec l'iPhone.

Vidéo

Pour transférer des films et des émissions de télévision dans votre iPhone, cochez les cases correspondantes dans le panneau Vidéo que montre la Figure 3.10.

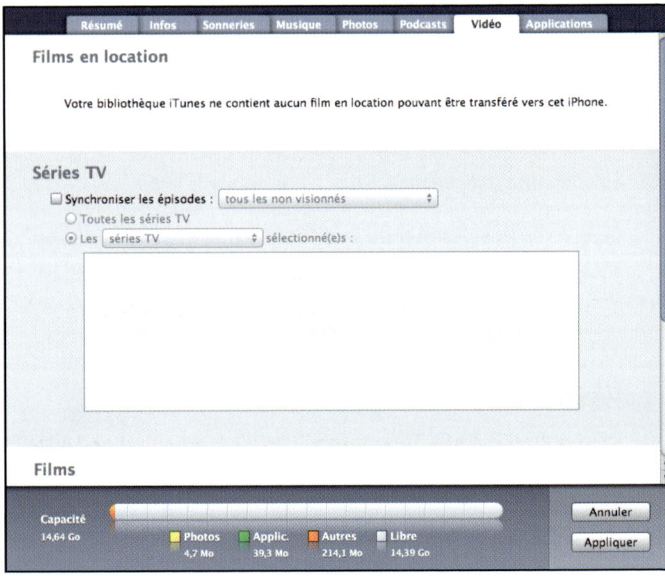

Figure 3.10 : Synchronisez aussi vos vidéos avec l'iPhone.

La procédure de synchronisation des émissions de télévision est un peu différente de celle de la synchronisation des films. Commencez par cocher la case Synchroniser les épisodes, à la rubrique Émissions de télévision. Choisissez ensuite l'option Toutes les émissions de télévision ou l'option ne concernant que les émissions sélectionnées, que vous cocherez dans la liste.

Choisissez ensuite le nombre d'épisodes à synchroniser, comme à la Figure 3.11.

Pour synchroniser des films, vous devez cocher la case correspondante, puis la case de chacun des films figurant dans la liste.

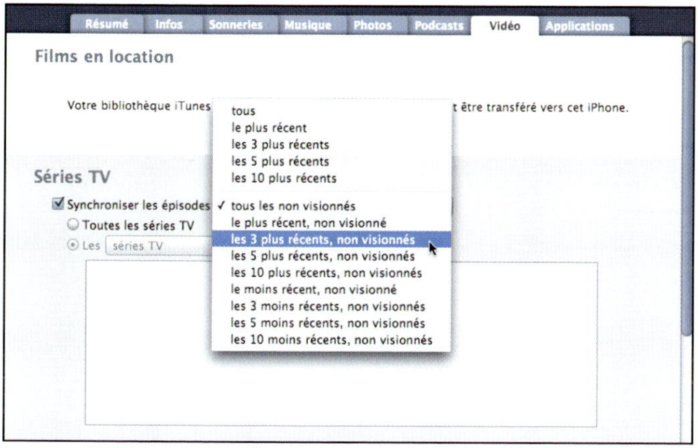

Figure 3.11 : Indiquez le nombre d'épisodes à synchroniser avec l'iPhone.

Photo

La synchronisation des photos est légèrement différente de celle des autres types de médias, car l'iPhone étant équipé d'un appareil de prise de vue, vous voudrez aussi bien transférer les photos prises avec l'iPhone vers l'ordinateur que transférer dans l'iPhone des photos présentes dans l'ordinateur.

L'iPhone synchronise les photos à l'aide des programmes suivants :

- **Mac :** iPhoto 4.03 et ultérieur, et Aperture.
- **Windows :** Adobe Photoshop Album 2.0 et ultérieur. Adobe Photoshop Elements 3.0 et supérieur, et tous les dossiers contenant des images.

La synchronisation peut aussi être effectuée avec n'importe quel dossier de l'ordinateur contenant des images.

Pour synchroniser les photos, cliquez sur l'onglet Photos et cochez la case Synchroniser les photos à partir de. À la Figure 3.12, nous avons sélectionné les photos stockées dans le dossier Image du Mac.

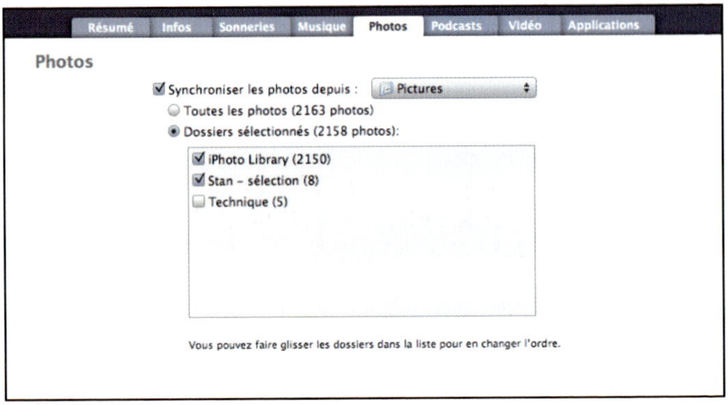

Figure 3.12 : Choisissez les photos et/ou dossiers contenant des images.

Si vous avez sélectionné dans le menu à droite de la case une application qui gère des albums, comme iPhoto, vous pourrez sélectionner l'un ou plusieurs d'entre eux. Si vous avez sélectionné un dossier plein de photos, vous pouvez créer des sous-dossiers qui apparaîtront comme autant d'albums dans l'iPhone. Mais si vous avez sélectionné une application qui ne gère pas les albums, ou un dossier d'images dépourvu de sous-dossiers, vous devez tout transférer, ou rien du tout.

Vous pouvez modifier l'ordre des dossiers ou des albums en cliquant sur l'un d'eux et en le tirant-déposant ailleurs dans la liste.

Si vous avez pris des photos avec l'iPhone depuis la dernière synchronisation, le programme approprié sera démarré ou le dossier approprié ouvert. Vous aurez alors la possibilité de télécharger les photos vers l'ordinateur. Le processus est le même que pour le transfert depuis un appareil photo numérique, si vous en avez un.

Applications

Si vous avez téléchargé des applications depuis iTunes App Store, cliquez sur l'onglet Applications. Cochez ensuite la case Synchroniser les applications. Vous aurez ensuite le choix entre l'option Toutes les applications, ou l'option Application sélectionnée. Dans ce cas, cochez celles que vous désirez synchroniser.

Combien reste-t-il de place ?

Pour savoir combien il reste de place dans l'iPhone, consultez la partie inférieure d'iTunes, l'iPhone étant sélectionné dans le volet de gauche. Une jauge montre non seulement l'occupation de l'espace de stockage, mais aussi le type de données qui s'y trouve. À la Figure 3.13, l'iPhone ne contient que très peu de données, mais en rien de temps il sera beaucoup plus chargé.

Figure 3.13 : Découvrez d'un coup d'œil comment l'espace de stockage est utilisé.

Cette jauge est affichée en bas du panneau, quel que soit celui que vous avez sélectionné.

TRUC

Une astuce sympa : Cliquez directement dans la jauge et voyez comment les unités permutent entre les giga-octets et les méga-octets, les morceaux, éléments et photos, et les jours et les heures.

NOTE TECHNIQUE

Pour ceux que cela intéresse, la catégorie Autres est un fourre-tout comprenant les contacts, les calendriers, les rendez-vous, les événements, les signets et les courriers électroniques stockés. Ces données occupent généralement très peu d'espace.

Deuxième partie

L'iPhone mobile

"L'iPhone permet bien sûr de regarder des vidéos, d'écouter de la musique et de surfer sur le Web. Mais sait-il défaire des nœuds bien entortillés ?"

Dans cette partie...

Votre iPhone est d'abord et avant tout un téléphone mobile. C'est pourquoi, dans cette partie, nous étudierons ses fonctions purement téléphoniques, en commençant par l'art et la manière d'appeler un correspondant. Vous découvrirez aussi comment accepter ou ignorer les appels entrants ainsi que l'astucieuse messagerie vocale visuelle qui permet d'écouter les messages dans l'ordre que vous voulez, plutôt que chronologiquement. Vous verrez aussi comment jongler avec les appels, les fusionner et choisir une sonnerie. Et si vous possédez un iPhone 3GS, vous découvrirez combien il est facile de composer un numéro de téléphone avec le contrôle vocal.

Ensuite, quand vous maîtriserez les appels entrants et sortants, vous apprendrez en un rien de temps comment envoyer et recevoir des SMS et des MMS. En tant que journalistes, nous apprécions tout particulièrement ce qui suit : devenir des champions de la prise de notes.

Nous finirons en passant en revue ces sympathiques outils que sont le Calendrier, la Calculatrice et l'Horloge. Ces applications permettent non seulement de résoudre des problèmes arithmétiques à la volée, mais aussi de ne pas manquer un rendez-vous et surtout d'être toujours ponctuel.

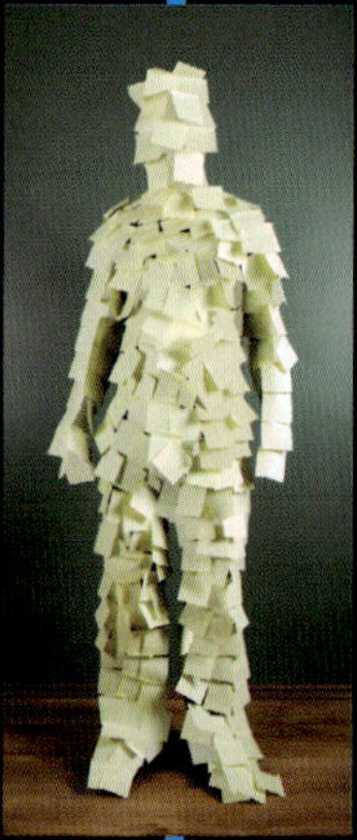

Crédits photos :
iStockphoto.com/Andrew Manley (haut)
iStockphoto.com/Kutay Tanir (milieu)
iStockphoto.com/Elena Solodovnikova (bas)

4

Les bases de l'iTéléphonie

Dans ce chapitre :

- Téléphoner.
- La messagerie vocale visuelle.
- Enregistrer un message d'accueil.
- L'appel mains libres.
- Recevoir un appel.
- Choisir une sonnerie.
- Configurer des appels en conférence.

Vous avez peut-être craqué pour l'iPhone à cause de son écran qui montre magnifiquement les photos, de son côté iPod à grand spectacle ou pour le meilleur navigateur Web de poche jamais réalisé. Sans même parler de son aspect général hyper-sympa.

Mais c'est surtout un téléphone destiné à communiquer. Quelles que soient ses qualités par ailleurs, c'est sur ses fonctions téléphoniques, c'est-à-dire sa capacité à recevoir des appels et à en envoyer, qu'il sera jugé.

© iStockPhoto.com/Kledge

Tout cela est pour une grande part dévolu à votre opérateur de téléphonie. Comme pour tout téléphone mobile, la qualité du signal dépend essentiellement de l'endroit où vous vous trouvez et de la couverture du réseau de l'opérateur.

Comme nous l'avons mentionné au Chapitre 1, les barres de signal de cellule, en haut à gauche de l'écran, donnent une idée de la force du signal. Plus elles sont nombreuses, meilleure est la communication. Le pire est l'apparition du redoutable message *Absence de service.*

Téléphoner

Commencez par toucher l'icône Téléphone, sur l'écran d'accueil. Vous appelez ensuite en utilisant n'importe laquelle des icônes qui apparaissent en bas de l'écran : Favoris, Appels, Contacts, Clavier ou Messagerie. Selon les circonstances, vous recourrez à l'une ou l'autre de ces icônes. Examinons-les en détail.

Contacts

Si vous avez lu le Chapitre 3, consacré à la synchronisation, vous savez comment importer dans l'iPhone les adresses postales, les adresses électroniques et – ce qui est le plus approprié dans ce chapitre – les numéros de téléphone qui se trouvent dans votre Mac ou dans votre PC. Si en plus vous avez effectué les manipulations préconisées, toutes ces informations sont déjà à leur place. Aucun endroit secret n'est révélé lorsque vous touchez l'icône Contacts.

Voici comment exploiter – eh oui… – ces contacts :

1. **Dans l'application Téléphone, touchez Contacts.**
2. **Effleurez l'écran du doigt pour faire défiler rapidement la liste des contacts.**

   TRUC

   Vous pouvez aussi toucher une des petites lettres à droite de la liste des contacts pour accéder rapidement aux prénoms commençant par cette lettre.

Une liste de noms de contacts peut aussi être obtenue en commençant à taper un nom, dans le champ Recherche, tout en haut de la liste alphabétique. Elle se restreint au fur et à mesure de la saisie. Vous pouvez aussi rechercher un contact par son lieu de travail et, depuis OS 3.0, avec la fonction Spotlight décrite au Chapitre 2.

3. **Quand le nom apparaît, touchez l'écran pour arrêter le défilement.**

   TRUC

   Toucher l'écran pour immobiliser le défilement ne sélectionne pas l'élément dans la liste. Cela peut paraître peu intuitif, mais vous constaterez à l'usage que c'est vraiment pratique.

   Touchez la barre d'état pour revenir aussitôt en haut de la liste. Cette fonction est surtout utile si votre liste de contacts est bien fournie. Toucher la petite loupe en haut à droite produit le même résultat.

4. **Touchez le nom de la personne à appeler.**

   Comme le montre la Figure 4.1, chaque contact a droit à plusieurs champs pour le numéro de téléphone, les adresses postale et électronique, celle du site Web et bien d'autres.

5. **Touchez le numéro de téléphone et l'iPhone le compose aussitôt.**

Si vous avez groupé des contacts dans votre ordinateur, touchez le bouton Groupe, en haut à gauche de l'écran Tous les contacts, pour y accéder.

TRUC

Votre propre numéro de téléphone, au cas où vous auriez tendance à l'oublier, est affiché en haut de la liste des contacts, à condition toutefois que vous ayez accédé à la page Contact en passant par l'application Téléphone.

Vous pouvez aussi démarrer la rédaction de messages textuels et de courriers électroniques depuis l'application Contacts. Ces sujets sont respectivement approfondis dans les Chapitres 5 et 11.

Figure 4.1 : Les coordonnées d'un contact.

Favoris

Considérez les Favoris de l'iPhone comme des numéros abrégés. C'est là que vous placerez les correspondants – ainsi que leur numéro de téléphone – que vous appelez le plus souvent. Il suffit de toucher un nom dans les Favoris pour que l'iPhone l'appelle aussitôt.

Vous pouvez définir autant de favoris que vous le voulez pour une même personne. Par exemple, vous pouvez créer des favoris distincts pour le téléphone fixe du bureau et pour le téléphone mobile de votre conjointe ou conjoint.

Un favori est créé en un clin d'œil. Vous avez sans doute remarqué le bouton Ajouter aux favoris, sur la fiche du contact. Touchez-le et tous les numéros de téléphone de cette personne apparaissent. Touchez le numéro à placer dans les favoris et il est ajouté.

TRUC

Vous pouvez modifier l'ordre dans lequel les favoris sont affichés. Touchez le bouton Modifier puis, à droite du nom à modifier, touchez l'icône à trois barres superposées. Tirez-la à l'emplacement que le favori doit occuper.

De nouveaux favoris peuvent être désignés à partir de l'application Favoris, en touchant l'icône « plus » en haut à droite. Cette action vous ramène dans Contacts. Choisissez-y la personne et le numéro de téléphone à ajouter aux favoris.

Si l'un de vos favoris tombe en disgrâce, il est facile de l'éliminer sans vergogne. Voici comment :

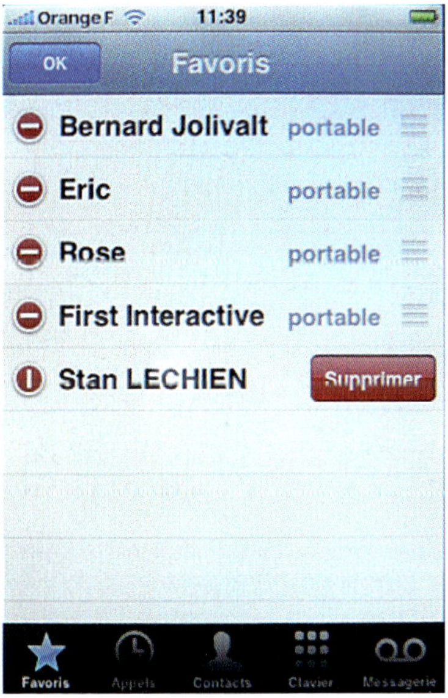

Figure 4.2 : À la trappe !

1. **Touchez le bouton Modifier, en haut à gauche de l'écran.**

   Un cercle rouge à barre blanche apparaît à gauche de chacun des noms.

2. **Touchez le cercle du favori à éliminer.**

La barre est basculée à la verticale et un bouton rouge Supprimer apparaît à droite du nom, comme le montre la Figure 4.2.

3. **Touchez le bouton Supprimer.**

   La personne, ou son numéro de téléphone, n'a plus l'insigne privilège de figurer dans le cercle très fermé de vos favoris.

Supprimer un correspondant de la liste des Favoris ne le supprime pas de la liste des Contacts.

Appels

Toucher l'icône Appels affiche le journal des communications. Il contient les appels émis et reçus (bouton Tous) ainsi que les appels auxquels vous n'avez pas répondu (bouton Manqués). Dans la liste Tous, les appels émis et reçus sont en noir, les appels manqués en rouge.

Toucher le bouton fléché bleu fournit des informations supplémentaires, notamment l'heure de l'appel émis ou manqué, ainsi que des informations concernant la personne qui a appelé, si elle figure parmi vos contacts.

Pour rappeler, touchez la zone du nom ou du numéro de téléphone.

Si un appel manqué provient de quelqu'un ne figurant pas parmi vos contacts, vous pouvez l'ajouter à la liste. Touchez le bouton fléché bleu puis l'option Créer un nouveau contact. Si le correspondant figure déjà parmi vos contacts, mais qu'il possède un autre numéro de téléphone, touchez le bouton Ajouter à un contact existant. Si la liste commence à être bien longue ou si elle n'a plus de raison d'être, touchez le bouton Effacer.

Clavier

Il vous arrivera bien sûr de devoir composer le numéro d'une personne ou d'une société ne figurant pas parmi vos contacts.

Vous toucherez alors l'icône Clavier afin d'accéder aux confortables touches du clavier tactile que montre la Figure 4.3. En dépit de ce que vous auriez pu lire par ailleurs, je trouve qu'il est très facile à utiliser. Il suffit de pianoter dessus pour entrer le numéro puis de toucher le bouton vert orné d'un combiné téléphonique.

TRUC

Pour ajouter ce numéro au carnet d'adresses, touchez le caractère + (celui orné d'une silhouette) puis cliquez, soit sur Créer un nouveau contact, soit sur Ajouter à un contact existant.

Le clavier de l'iPhone peut aussi servir à écouter une messagerie vocale ou un répondeur.

Cela nous amène à l'une des fonctionnalité les plus appréciables de l'iPhone : la messagerie vocale visuelle.

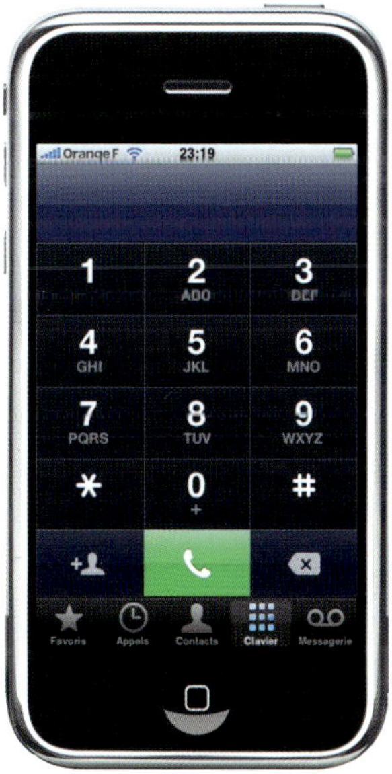

Figure 4.3 : Une manière virtuelle très classique de composer un numéro de téléphone.

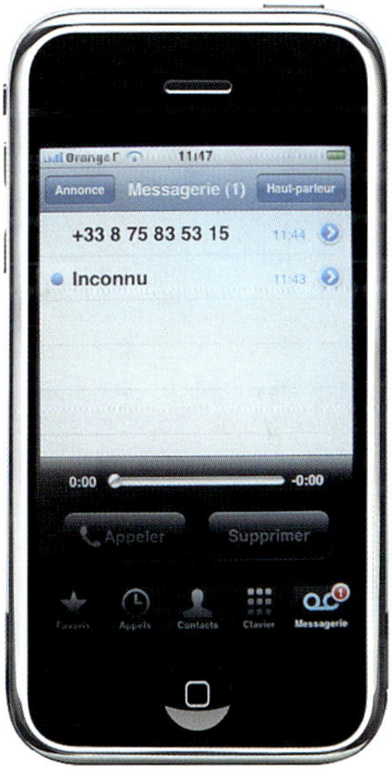

Figure 4.4 : La messagerie vocale.

La messagerie vocale visuelle

Combien de fois vous est-il arrivé de devoir écouter cinq ou six messages, voire davantage, avant d'entendre celui qui vous intéresse véritablement ? Comme le montre la Figure 4.4, l'astucieuse messagerie vocale visuelle présente une liste des messages reçus dans l'ordre où ils sont arrivés. Mais vous n'êtes pas obligé de les consulter chronologiquement.

Comment savoir qu'un ou plusieurs messages vocaux sont en attente ? Voici quelques indices :

- Sur l'écran d'accueil, un chiffre en haut à droite de l'icône Téléphone – ou de l'icône Messagerie, dans l'application Téléphone – attire votre attention sur le nombre de messages vocaux en attente.
- Un petit panneau apparaît brièvement à l'écran, vous notifiant de l'arrivée d'un message vocal.

Quel que soit l'indice qui aura attiré votre attention, touchez l'icône Messagerie pour accéder à la liste des messages vocaux. Elle affiche le nom de l'appelant, s'il figure dans la liste des contacts ; autrement, le mot *inconnu* est affiché.

Ce qui est vraiment commode est bien sûr la possibilité d'ignorer ou d'écouter certains messages plus tard. À vous de gérer les urgences (la banque qui vous informe qu'elle ne tolérera plus aucun découvert ou votre conjoint qui vient de réserver une table dans un bon restaurant).

Un point bleu en regard d'un nom ou d'un numéro signale que le message n'a pas encore été écouté.

Pour écouter un message, touchez le nom ou le numéro en question, puis touchez le petit bouton lire/pause, à gauche. Retouchez-le pour suspendre l'écoute, retouchez-le pour la reprendre. Touchez le bouton Haut-parleur pour écouter le message par le haut-parleur de l'iPhone.

TRUC

Touchez la flèche bleue à côté du nom de l'appelant ou de son numéro de téléphone pour afficher un panneau d'informations concernant ce contact ou pour l'ajouter à vos contacts.

L'iPhone globe-trotter

Apple a réussi à fourrer une foultitude de fréquences radio dans son dernier iPhone. C'est avant tout un téléphone GSM/Edge quadribande (850, 900, 1800 et 1900 MHz), avec trois fréquences UMTS/HSDPA, plus la Wi-Fi, Bluetooth et le GPS. Le saviez-vous ? L'élégant liseré chromé qui entoure l'iPhone est en réalité l'antenne radio (NdT : Et comme vous êtes en contact avec cette antenne lorsque vous tenez l'iPhone en main, vous faites vous aussi partie de l'antenne).

Avant de vous interroger sur la terminologie, sachez que l'iPhone est avant tout un téléphone 3G (de « troisième génération ») sur lequel vous pouvez compter lors de vos voyages autour du monde. Vous devrez cependant obtenir de votre opérateur de téléphonie qu'il active les fonctions de numérotation internationale et d'itinérance, et le pays de destination doit bien sûr posséder une couverture GSM. Pour en savoir plus, allez sur son site Web.

À l'été 2009, la nouvelle version de l'iPhone était vendue dans 80 pays.

La tête de lecture du défileur, à la Figure 4.4, indique la durée du message et montre où en est sa lecture. Si vous avez horreur des longueurs et des gens qui tournent autour du pot, déplacez la tête de lecture pour aller instantanément plus loin dans le message. Mais surtout, si vous avez mal entendu un passage (Comment ? Ils veulent me coller un interdit bancaire ?), la tête de lecture permet de revenir en arrière et de le réécouter.

Pour répondre à un message vocal, touchez le bouton vert Rappeler. Un message peut être effacé en touchant le bouton Supprimer.

Si vous ne vous êtes pas encore abonné au téléphone, l'iPhone affiche la mention *Messagerie vocale visuelle actuellement indisponible*.

Vous pouvez écouter votre messagerie vocale à partir d'un autre téléphone. Composez le numéro de téléphone de votre iPhone, puis tapez le mot de passe de la messagerie pendant que vous écoutez l'annonce d'accueil.

(Elle est redéfinissable en touchant le bouton Réglages, sur l'écran d'accueil, puis Téléphone. Touchez ensuite le bouton Code secret de messagerie.)

Enregistrer une annonce d'accueil

Deux possibilités s'offrent à vous pour enregistrer l'annonce qu'entendront vos correspondants : conserver le message qu'Apple a concocté pour vous (et pour tout le monde) ou créer une annonce d'accueil personnalisée en procédant comme suit :

1. **Dans l'application Messagerie, touchez le bouton Annonce.**
2. **Touchez le bouton Personnalisée.**
3. **Touchez le bouton Enregistrer puis dites le message.**
4. **Votre discours terminé, touchez le bouton Arrêter.**
5. **Vérifiez votre annonce en touchant le bouton Écouter.**
6. **Si l'annonce est correcte, touchez le bouton Enregistrer. Sinon, touchez Annuler et recommencez la procédure depuis l'Étape 1.**

Composer vocalement un numéro

Si votre iPhone est un modèle 3GS, vous pouvez téléphoner les mains libres, juste en ouvrant votre bouche (*NdT* : L'auteur omet de préciser qu'il faut ensuite dire quelque chose, sinon on a l'air un peu bête, pour ne pas dire plus).

Pour utiliser le Contrôle vocal (reportez-vous à la Figure 2.8, au Chapitre 2), maintenez le bouton principal enfoncé ou maintenez enfoncé le bouton du milieu de l'ensemble écouteurs-microphone fourni avec l'iPhone.

Attendez le bip puis parlez clairement, notamment si vous vous trouvez dans un environnement bruyant. Prononcez chaque chiffre (« cinq-six-zéro-zéro » et non cinquante six et ni double zéro. Vous pouvez aussi composer en indiquant le nom « appeler Bob Levitus » ou « appeler Ed Baig », et même être plus précis en disant « appeler Bob Levitus à la maison » ou « appeler Ed Baig à la maison ». Avant de composer véritablement le numéro, une voix féminine répète ce que l'iPhone a compris.

Si votre correspondant a plusieurs numéros de téléphone et que vous n'avez pas précisé lequel il faut appeler, la voix féminine réagit aussitôt : « Ed Baig, à la maison, mobile ? » Répondez par l'option désirée, ou répondez « Annuler » si vous renoncez à appeler.

Relâchez le bouton principal dès que l'écran du contrôle vocal apparaît. Autrement, votre pouce risquerait de couvrir le petit orifice du microphone, rendant vos propos difficilement audibles par votre correspondant.

Recevoir un appel

C'est bien beau de disposer de plusieurs manières d'appeler. Mais si c'est vous qui êtes appelé, comment cela se passe-t-il ? Tout dépend si vous acceptez l'appel ou non.

Accepter un appel

Pour accepter un appel, vous avez le choix entre trois possibilités :

- Touchez le bouton Répondre et commencez à jacasser.
- Si le téléphone est verrouillé, tirez la glissière vers la droite.
- Si l'ensemble écouteurs-microphone est branché, appuyez sur le bouton du microphone. L'adaptateur pour jack standard, destiné aux écouteurs et microphone non Apple, peut être utilisé.

Vous disposez en réalité d'une quatrième option si vous possédez une oreillette Bluetooth ou un ensemble mains libres pour voiture. Cliquez sur le bouton Répondre (reportez-vous au manuel pour savoir éventuellement où il est). Le Chapitre 13 en dit plus sur Bluetooth.

Si vous écoutez de la musique au moment d'un appel, elle s'interrompt ; c'est à vous de décider si vous acceptez l'appel. Si oui, la musique reprendra exactement là où elle s'était interrompue, sitôt que vous aurez raccroché.

Refuser un appel

Il devient insistant ce banquier… Si vous estimez être trop occupé pour répondre – le choix du costume pour le restau chic de ce soir n'est pas une mince affaire –, vous disposez de trois possibilités pour ne pas répondre et inviter votre correspondant à s'épancher dans la messagerie vocale :

- Touchez le bouton Refuser (et hop!).
- Appuyez deux fois de suite, très rapidement, sur le bouton Marche/Veille (il se trouve sur le dessus de l'iPhone).
- Si vous utilisez les écouteurs-micro, pincez le microphone pendant deux secondes puis relâchez-le. Deux bips vous informent que l'appel a bien été refusé.

Parfois, vous voudrez bien prendre la communication, mais souhaiterez que la sonnerie ne soit pas audible ou que le vibreur soit désactivé. Pour cela, appuyez une seule fois sur le bouton Marche/Veille ou appuyez sur l'un des boutons de volume. Vous conservez la possibilité de répondre.

Choisir une sonnerie

L'iPhone est doté de 25 sonneries, de l'aboiement – systématiquement relayé par ceux de mon chien – au xylophone en passant par les grillons, le sonar, le klaxon rétro (« pouêt-pouêt », comme le camion). Voici comment choisir une sonnerie :

1. **Sur l'écran d'accueil, touchez Réglages.**
2. **Touchez l'option Sons.**

3. **Touchez Sonnerie afin d'accéder à toutes les sonneries de l'iPhone comme le montre la Figure 4.5.**

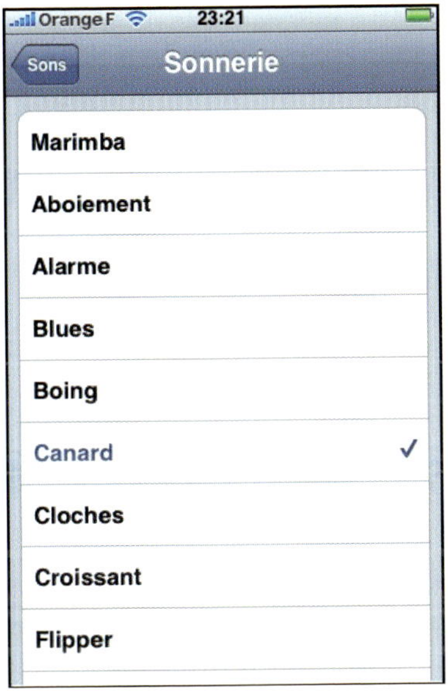

Figure 4.5 : Il y a là de quoi produire de belles cacophonies.

4. **Faites glisser la liste par un effleurement du doigt.**
5. **Touchez le nom d'un son pour l'écouter.**

   Une coche apparaît à gauche du son que vous venez d'écouter.

6. **Si le son vous plaît, vous n'avez rien de plus à faire, car il est d'ores et déjà sélectionné. Si vous ne l'aimez pas, essayez-en un autre.**

TRUC

Il est facile d'associer des sonneries spécifiques à tel ou tel correspondant. Dans la liste Contacts, choisissez la personne à laquelle vous désirez associer une sonnerie. Touchez le bouton Modifier puis touchez Sonnerie. La liste mentionnée précédemment s'affiche. Choisissez le son le plus approprié (par exemple l'aboiement pour le banquier ou la harpe pour l'élu(e) de votre cœur…).

Pour supprimer la sonnerie affectée à une personne, retournez dans Contacts et touchez Modifier. Vous avez ensuite le choix entre toucher la flèche à droite pour changer de sonnerie ou toucher le cercle rouge puis le bouton Supprimer pour l'effacer.

iTunes : le coup des sonneries

Quand Apple dévoila le premier iPhone en juin 2007, grande fut la déception de ne pas pouvoir utiliser des extraits de musiques d'iTunes pour en faire des sonneries. Il a fallu de longs mois avant que les possesseurs d'un iPhone puissent enfin convertir en sonnerie un morceau qu'ils avaient acheté sur iTunes Store, ou un morceau présent dans la bibliothèque de iTunes.

Dans iTunes, les morceaux susceptibles d'être utilisés comme sonnerie sont signalés par une petite cloche. Cliquer dessus ouvre un éditeur de musique ressemblant beaucoup à l'application Garage Band. Délimitez la partie du morceau à utiliser comme sonnerie (jusqu'à 30 secondes maximum). Une option permet de créer un fondu à l'ouverture ou à la fermeture. Cliquez sur Aperçu pour vérifier le résultat, puis sur Acheter si la sonnerie vous plaît.

Connecter l'iPhone à l'ordinateur pour synchroniser la sonnerie. Des sonneries personnalisées peuvent aussi être créées avec l'application Garage Band (nous y reviendrons au Chapitre 18), ou avec un logiciel tiers comme iToner. Il est vrai qu'Apple ne pouvait plus décaler cette histoire de son.

En cours de conversation

De nombreuses activités sont possibles au cours d'une conversation comme consulter le calendrier, prendre des notes ou s'informer sur la météo. Appuyez sur le bouton principal pour accéder à ces applications. Vous découvrez ainsi les merveilles du multitâche à la sauce iPhone.

TRUC

Si la connexion Wi-Fi est établie, vous pouvez aussi surfer sur le Web avec Safari tout en conversant au téléphone. Mais ce n'est pas possible si vous n'avez accès qu'au réseau EDGE.

Les autres options :

- **Silence :** Sur l'écran d'accueil que montre la Figure 4.6, touchez Silence si vous désirez communiquer avec quelqu'un qui se trouve à côté de vous sans que le correspondant entende cet aparté. Appuyez de nouveau sur cette icône pour reprendre la conversation.

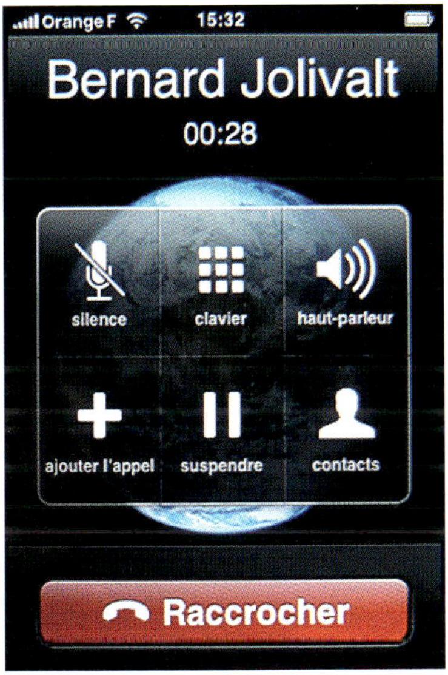

Figure 4.6 : Les options en cours d'appel.

- **Contacts :** Ouvre la liste des contacts.
- **Suspendre** : Toucher cette icône met le correspondant en attente (peut-être parce que vous venez de recevoir un autre appel). Touchez-la de nouveau pour reprendre la conversation. La prochaine section en dit plus sur les appels à plusieurs.
- **Clavier :** Cette option est utile pour taper le mot de passe d'accès à une messagerie ou pour taper le numéro indiqué par la voix céleste de l'un de ces

répondeurs robotisés qui vous baladent sans fin dans un labyrinthe d'options ne menant nulle part, privé de toute présence humaine. Mais je digresse…

- **Haut-parleur :** Touchez cette icône afin de dérouter le son vers le haut-parleur de l'iPod, et faire profiter votre entourage de la conversation.
- **Ajouter l'appel :** Lisez ce qui suit.

Jongler avec des appels à la pelle

Vous pouvez prendre un nouvel appel alors même que vous êtes déjà en ligne (ou ne pas le faire en touchant le bouton Ignorer).

Pour prendre un autre appel tout en mettant l'appel en cours en attente, touchez le bouton Suspendre et répondre. Vous pourrez ensuite passer d'un appel à l'autre en mettant l'un d'eux en attente, soit avec le bouton Permuter, soit en touchant le numéro de téléphone affiché en haut de l'écran.

Si la conversation avec le second correspondant est autrement plus importante que la première, touchez le bouton Raccr. et répondre pour écourter la communication avec le premier appelant.

Les appels Conférence

Supposons maintenant que le correspondant numéro 1 et le correspondant numéro 2 se connaissent. Ou, dans le cas contraire, que vous vouliez qu'ils fassent connaissance. Toucher le bouton Conférence vous permettra à tous les trois de causer ensemble.

Supposons que vous deviez parler à toute votre équipe en même temps. C'est peut-être le moment de démarrer une conférence téléphonique. Elle peut réunir jusqu'à cinq personnes, ce qui est parfois plus facile que de les amener dans une salle.

Voici la procédure : commencez par appeler chaque personne et à les mettre en attente, comme nous l'avons expliqué à la section « Jongler avec des appels à la pelle ». Touchez le bouton Ajouter l'appel pour en effectuer un autre, puis le bouton Conférence pour réunir tout le monde. Répétez cette manip pour tous les autres appels.

Quelques autres informations concernant les conférences :

- L'iPhone est en réalité un téléphone à deux lignes dont l'une peut être réservée aux appels en conférence.
- Pour mettre fin à l'un des appels de la conférence, touchez le bouton Conférence puis tapez sur le cercle rouge orné d'un petit combiné téléphonique visible en regard de l'appel à écourter. Touchez le bouton Fin pour que le correspondant disparaisse.
- Pour discuter en privé avec l'un des participants à la conférence, touchez Conférence puis Privé, en regard de l'appel en question. Touchez Conférence pour renvoyer l'appel dans la conférence.
- Vous pouvez ajouter un nouvel appel entrant à la conférence en touchant Suspendre et répondre, suivi de Conférence.

L'iPhone permet de faire bien d'autres choses encore. Reportez-vous au Chapitre 13 pour quelques astuces supplémentaires. D'ici là, je vous invite à lire le prochain chapitre qui vous familiarisera en un rien de temps avec l'envoi et la réception des SMS.

5

Texto ou tard : SOS SMS

Dans ce chapitre :

- Envoyer et recevoir des SMS (texto) et des MMS (multimédia).
- Utiliser l'application Notes.

L'iPhone étant unique en son genre, vous n'avez probablement pas eu l'occasion d'essayer un clavier virtuel intelligent. Au début, il vous semblera peut-être malcommode. Mais, de l'avis des utilisateurs d'iPhone, il suffit de quelques jours pour être à l'aise avec lui et l'utiliser efficacement.

Quand vous aurez lu ce chapitre, vous serez vous aussi à l'aise avec le clavier et efficace. Vous avez découvert au Chapitre 2 ce qu'est ce clavier virtuel. Dans ce chapitre, nous nous attarderons sur deux applications textuelles : Texte (SMS) et Notes.

Texte

L'application Texte permet d'échanger `c pti msg 2 text` que les téléphones mobiles sont capables d'envoyer et de recevoir pour peu qu'ils reconnaissant le protocole SMS.

La nouveauté, dans le système d'exploitation OS 3.0, est la reconnaissance du protocole MMS qui permet d'échanger des images, des contacts, des vidéos, des sonneries et autres fichiers audio, ainsi que des lieux, avec n'importe quel téléphone mobile possédant lui aussi des capacités MMS.

NOTE TECHNIQUE

SMS sont les initiales de *Short Message Service*, « service de messages courts », appelés aussi « textos ». MMS sont celles de *Multimedia Messaging Service,* « service de messagerie multimédia ». La plupart des téléphones mobiles reconnaissent ces deux protocoles.

ATTENTION

Le support MMS intégré à OS 3.0 et supérieur fonctionne avec les iPhones 3G et 3GS, mais pas avec les iPhone de première génération. De plus, l'opérateur de téléphonie mobile doit être en mesure de gérer les MMS. Ce n'est pas le cas partout dans le monde, mais en France, Bouygues, Orange et SFR les acheminent. Encore faut-il que l'iPhone soit correctement paramétré.

TRUC

Vous trouverez le paramétrage, pour chacun des trois opérateurs français, sur le blog de Guillaume Frat : `www.guim.fr/blog/2008/03/mms-pour-iphone.html`.

Taper sur le minuscule clavier à 12 touches d'un téléphone mobile n'est pas commode. C'est pourquoi beaucoup de gens n'ont jamais envoyé un seul SMS ou MMS. L'iPhone changera cela car le clavier virtuel intelligent facilite la saisie des messages, et le vaste écran en haute résolution rend leur lecture plaisante et confortable.

Mais avant d'apprendre comment envoyer et recevoir des textos, passons quelques notions de base en revue :

- **L'expéditeur et le destinataire doivent tous deux disposer d'un téléphone mobile capable de créer**

et recevoir des SMS et/ou des MMS. C'est le cas de l'iPhone et de quasiment tous les téléphones fabriqués depuis les quatre ou cinq dernières années. Gardez à l'esprit que si vous envoyez un SMS ou un MMS à quelqu'un dont le téléphone n'a pas de fonction SMS ou MMS, il sera non seulement incapable de le recevoir, mais ne saura même pas que vous le lui avez envoyé.

- **Quelques téléphones – mais bien sûr pas l'iPhone – limitent la longueur des SMS à 160 caractères** (exemple : « on se voit plus tard comme d'habitude et on se fait une bouffe comme la dernière fois, sauf impondérable mais dans ce cas je te rappelle ou je laisse un message »). Si vous envoyez un message plus long à un téléphone limité à 160 caractères, le message sera soit tronqué, soit divisé en plusieurs messages plus courts. Bref, il vaut mieux que vos SMS soient courts. D'où l'intérêt des abréviations, plus faciles à saisir et qui permettent de communiquer davantage d'informations en peu de caractères (« adtaleur comdab »).
- Un forfait peut limiter le nombre de SMS par mois. Les messages supplémentaires seront facturés à part.

  ATTENTION

  Un message est un message – et sera décompté comme tel –, même s'il se limite à OK ou A+.
- Il est souvent possible d'augmenter le nombre de SMS du forfait, ce qui revient moins cher que de payer des SMS supplémentaires.
- Les SMS ne peuvent être reçus qu'au travers d'un réseau de téléphonie mobile. Vous ne pouvez pas en échanger par une connexion Wi-Fi.

Cela dit, nous pouvons passer à l'envoi des SMS.

Envoyer des SMS

Touchez l'icône Texte, sur l'écran d'accueil, pour démarrer l'application Texte. Touchez ensuite l'icône en forme de feuille de papier et de crayon, en haut à droite, pour commencer la rédaction d'un nouveau message.

Le champ Destinataire est activé, dans l'attente d'une saisie. Vous avez le choix entre trois actions :

- Si le destinataire ne figure pas dans la liste des contacts, tapez son numéro de téléphone.
- Si le destinataire fait partie de vos contacts, tapez les premières lettres de son nom. Une liste d'occurrences apparaît. Parcourez-la au besoin puis touchez le nom du contact désiré (plus vous tapez de lettres, plus la liste de propositions se restreint).
- Touchez l'icône ronde bleue « plus », à droite du champ Destinataire, pour sélectionner un nom dans la liste des contacts.

Il existe une quatrième option permettant de composer le message avant d'indiquer l'adresse. Touchez la zone de saisie, juste au-dessus du clavier, à gauche du bouton Envoyer, puis tapez votre message. Touchez ensuite le champ Destinataire et utilisez l'une des techniques précédentes pour adresser le SMS.

Après avoir rédigé le message et indiqué le destinataire, touchez le bouton Envoyer.

Recevoir des SMS

Commençons par le commencement. Si vous voulez qu'une alerte sonore vous informe de l'arrivée d'un SMS, touchez le bouton Réglages, touchez Sons puis Nouv. message texte. Sélectionnez ensuite un bruitage.

Sachez cependant que même si vous avez choisi un son, vous ne serez pas prévenu de l'arrivée d'un SMS si l'interrupteur Sonnerie/Silencieux est en mode Silencieux (vous entendrez le son tant que l'écran Réglages est affiché, mais vous ne l'entendrez plus quand vous l'aurez quitté).

Si vous recevez un SMS pendant que l'iPhone est en veille, tout ou partie du message et du nom de l'expéditeur apparaît sur l'écran de déverrouillage, lorsque vous faites extirpez l'iPhone de son profond sommeil.

Si l'iPhone est bien réveillé et non verrouillé lorsqu'un SMS arrive, tout ou partie du message et du nom de l'expéditeur apparaît sur l'écran, par-dessus ce qui pourrait s'y trouver, accompagné des deux boutons Fermer et Envoyer. Dans la foulée, l'icône Texte, sur l'écran d'accueil, affiche le nombre de messages non lus (voir Figure 5.1).

Pour lire le message ou y répondre, touchez Répondre.

Pour les lire, touchez l'icône Texte. L'écran Messages texte apparaît. Touchez un SMS pour l'ouvrir. Pour y répondre, touchez le champ à gauche du bouton Envoyer, ce qui affiche le clavier. Tapez la réponse puis touchez Envoyer.

Figure 5.1 : Réception d'un SMS.

Figure 5.2 : Une conversation par SMS.

Votre conversation textuelle est enregistrée dans une succession de phylactères (des bulles, si vous préférez…). Vos messages apparaissent à droite, dans des bulles vertes, ceux des autres personnes à gauche, dans des bulles grises, comme le montre la Figure 5.2.

Une conversation peut être supprimée de deux manières :

- **En visionnant la conversation :** Touchez le bouton Effacer, en haut à droite de l'écran de conversation.
- **En visionnant la liste des messages :** Touchez le bouton Modifier, à gauche du titre Messages texte, puis touchez le signe « moins » en regard de la conversation.

MMS : Comme SMS mais avec un M devant

Pour envoyer une image ou une vidéo – iPhone 3GS seulement –, procédez comme pour envoyer un message textuel puis touchez l'icône Appareil photo, à gauche du champ de saisie de texte, en bas de l'écran. Vous aurez le choix entre la sélection d'une photo ou d'une vidéo existante, ou en prendre ou filmer une nouvelle. Vous pouvez ajouter du texte aux photos et vidéos, si vous le désirez. Ceci fait, touchez le bouton Envoyer.

Quand vous recevez une photo ou une vidéo incluse dans un message, elle apparaît dans une bulle tout comme du texte. Touchez-la pour la voir en plein écran.

Touchez l'icône en bas à gauche – celle avec une flèche pointant hors d'un rectangle – pour accéder à des options supplémentaires. Si elle n'est pas visible, touchez une seule fois la photo ou la vidéo et elle apparaîtra aussitôt.

Astuces texto

Voici d'autres petites astuces et suggestions concernant les SMS :

- Pour envoyer un SMS à quelqu'un figurant dans les listes Favoris ou Appels, touchez l'icône Téléphone, sur l'écran d'accueil, puis l'icône Favoris ou Appels. Touchez l'icône fléchée ronde bleue, à droite du nom ou du numéro de téléphone, puis touchez le bouton Message texte, en bas de l'écran Infos.
- Pour appeler ou envoyer un message électronique à quelqu'un à qui vous avez envoyé un SMS ou un MMS, touchez l'icône Texte sur l'écran d'accueil, puis le message figurant dans la liste. Touchez le bouton Appeler, en haut de la conversation, pour composer le numéro de cette personne, ou touchez Informations de contact, une adresse électronique, puis tapez le message électronique.

  Cette technique n'est utilisable que si le contact possède une adresse électronique.
- Pour ajouter à votre liste de contacts une personne qui vous a envoyé un SMS ou un MMS, touchez son nom ou son numéro de téléphone dans la liste Messages texte, puis touchez le bouton Ajouter aux contacts.
- Si un SMS ou un MMS comporte une adresse Internet (URL), touchez-la pour afficher la page Web dans Safari.
- Si un SMS ou un MMS comporte un numéro de téléphone, touchez-le pour appeler ce numéro.
- Si un SMS ou un MMS comporte une adresse de messagerie, touchez-la pour ouvrir un message électronique préadressé dans l'application.
- Si un SMS ou un MMS comporte une adresse postale, touchez-la pour voir où elle se trouve dans l'application Plans.

Il n'y a rien de plus à ajouter. Vous bénéficiez à présent de la Suprême Maîtrise des SMS des MMS (et vous avez droit à quelques bonbons M&M).

Prenez notes sur notes

Notes est une application permettant de formuler des petits textes que vous enregistrerez ou enverrez par courrier électronique. Pour créer une note, touchez l'icône Notes sur l'écran d'accueil ; touchez ensuite le bouton « plus » en haut à droite. Le clavier virtuel apparaît. Tapez votre prose. Lorsque vous avez fini, touchez le bouton OK, en haut à droite, pour enregistrer la note (voir Figure 5.3).

Figure 5.3 : Un feuillet de l'application Notes.

Lorsqu'une note a été enregistrée, vous pouvez :

- Toucher le bouton Notes en haut à gauche pour voir la liste de toutes vos notes. Touchez-en une pour l'ouvrir.
- Toucher le bouton Flèche gauche ou droite, en bas de l'écran, pour accéder à la note précédente ou suivante.
- Toucher le bouton en forme d'enveloppe, en bas de l'écran, pour ouvrir l'application Courrier et envoyer la note à quelqu'un par courrier électronique.

- Toucher le bouton en forme de poubelle, en bas de l'écran, pour supprimer la note.

Il n'y a rien de plus à dire. Si vous avez tout bien noté, vous savez tout ce qu'il faut savoir pour gérer vos notes.

6

Calendrier, calculette et horloge (vocale)

Dans ce chapitre :

- Les différents affichages du calendrier.
- Calculer avec l'iPhone.
- Utiliser l'horloge comme alarme, chronomètre ou minuterie.
- Créer des pense-bête vocaux.

L'iPhone est ce que l'on appelle un « téléphone intelligent ». Et, en tant que tel, il est capable de vous rappeler vos rendez-vous, de vous indiquer dans quel fuseau horaire vous vous trouvez, et d'effectuer des opérations arithmétiques.

Dans les pages qui suivent, nous examinerons trois des applications principales – bien que pas très sexy – de l'iPhone. Nous pouvons même nous risquer à affirmer que personne parmi vous n'a acheté un iPhone rien que pour son calendrier, sa calculette ou son horloge. Mais ces fonctions n'en sont pas moins fort utiles.

©iStockphoto.com/narvikk

Le calendrier : entre hier et demain

Le calendrier permet de ne manquer aucun rendez-vous ni événement (les anniversaires, entre autres...). Vous l'activez en touchant l'icône Calendrier, sur l'écran d'accueil. Cette icône est étonnante car elle change de jour en jour, affichant le jour de la semaine et le mois.

Le calendrier peut être présenté de trois manières – Liste, Jour et Mois – en touchant le bouton correspondant, en haut de l'écran. Dans chacune de ces vues, vous pouvez revenir instantanément au jour en cours en touchant le bouton Aujourd'hui.

Voyons ce calendrier de plus près...

L'affichage Liste

Rien de compliqué dans l'affichage Liste que montre la Figure 6.1. Comme son nom l'indique, elle montre les rendez-vous et événements prévus. Elle peut être parcourue en la faisant défiler du bout du doigt. La vue Liste compense assez bien l'absence d'un semainier, bien qu'Apple eût pu prévoir cette présentation (ce sera peut-être pour une version future).

Si vous utilisez l'application iCal du Mac, vous pourrez créer de multiples calendriers parmi lesquels vous choisirez celui qui doit être synchronisé avec l'iPhone, comme nous l'avons expliqué au Chapitre 3. Mieux encore : vous choisirez d'afficher un seul ou tous les calendriers.

L'iPhone affiche le code de couleurs que vous avez choisi dans iCal. Sympa, non ?

Mais attention ! les tâches créées dans iCal ne seront pas synchronisées et n'apparaîtront pas dans l'iPhone.

Figure 6.1 : L'affichage en mode Liste.

Figure 6.2 : L'affichage en mode Jour.

Figure 6.3 : L'affichage en mode Mois.

TRUC

L'affichage Jour

La vue Jour que montre la Figure 6.2 affiche tous les rendez-vous d'une journée de 24 heures (vous devrez faire défiler l'écran pour les parcourir).

L'affichage Mois

L'affichage en mode Mois montre les rendez-vous de janvier à décembre. Un point signale les jours comportant un rendez-vous ou un événement. Touchez une date pointée pour afficher les activités prévues. Elles apparaissent dans la fenêtre en bas d'écran, comme l'illustre la Figure 6.3.

Saisir des données dans le calendrier

Vous avez appris au Chapitre 3 l'essentiel de ce qu'il faut savoir pour synchroniser votre iPhone. Cette opération concerne aussi les entrées du calendrier effectuées dans iCal ou Microsoft Entourage (Mac), ou dans Outlook (Windows).

Les occasions d'entrer des rendez-vous à la votée ne manquent bien sûr pas. Il est très facile de les saisir directement dans l'iPhone :

1. **Touchez l'icône Calendrier, sur l'écran d'accueil, puis touchez le bouton Liste, Jour ou Mois.**
2. **Touchez le bouton « plus », en haut à droite de l'écran.**

   Ce bouton est affiché dans tous les modes Liste, Jour ou Mois. Le toucher ouvre la fenêtre Événement que montre la Figure 6.4.

3. **Touchez l'option Titre/Lieu et saisissez toutes les informations que vous jugez utiles.**

   Le clavier virtuel est aussitôt affiché.

4. **Touchez le bouton Enregistrer.**

5. **Si l'événement a une date de commencement et/ou une date de fin :**

   a) Touchez l'option Commence/Se termine.

   b) Dans la partie inférieure de l'écran (Figure 6.5), réglez le jour, l'heure et la minute du commencement de l'événement, puis réglez le jour, l'heure et la minute de la fin de l'événement.

   Actionnez séparément les rubans de date, d'heure et de minute (par intervalles de 5 minutes). Ce réglage rappelle les cadenas à code dans lesquels il faut sélectionner les différents chiffres.

   c) Touchez le bouton Enregistrer.

6. **Si vous entrez un anniversaire, mettez le bouton sur 1 (au lieu de 0, par défaut), puis touchez Enregistrer.**

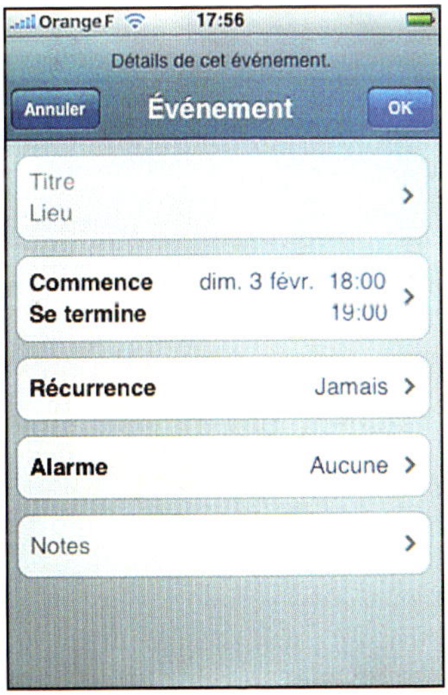

Figure 6.4 : L'ajout d'un événement dans l'iPhone.

Figure 6.5 : Le réglage des dates et heures de début et de fin ressemble à un cadenas à code.

N'OUBLIEZ PAS

Comme l'heure n'a pas d'importance pour un anniversaire, vous remarquerez que la partie inférieure de l'écran affiche à présent le jour, le mois et l'année.

7. **Si la saisie concerne un événement qui se répète – c'est notamment le cas d'un anniversaire mais aussi le jour où il faut sortir la poubelle –, touchez l'option Récurrence, indiquez la fréquence de l'événement, puis touchez Enregistrer.**

   Les options sont Tous les jours, Toutes les semaines, Toutes les deux semaines, Tous les mois et Tous les ans.

8. **Pour placer un rappel ou une alerte, touchez l'option Alarme. Choisissez ensuite le laps de temps entre l'alarme et l'événement puis touchez Enregistrer.**

   Une alerte peut se manifester 5, 15 ou 30 minutes avant l'événement, ou une heure ou deux, ou un jour ou deux avant, ou enfin le jour même. Le moment venu, un son retentit tandis que l'iPhone affiche un message semblable à celui de la Figure 6.6.

Figure 6.6 : Difficile d'échapper à une alarme…

Vous êtes du genre à qui il faut tout rappeler deux fois ? Et même plutôt deux fois qu'une ? Pas de problème, car vous pouvez définir une Deuxième alarme.

9. **Touchez Calendrier pour effectuer une saisie dans un calendrier en particulier, puis touchez le calendrier en question (Personnel, Travail, ou autre). Touchez ensuite Enregistrer.**

10. **Pour ajouter une note à propos du rendez-vous ou de l'événement, touchez l'option Notes. Saisissez la note puis touchez Enregistrer.**

    Le clavier virtuel apparaît afin que vous puissiez saisir vos informations.

11. **Après avoir tout réglé, touchez le bouton OK.**

Vous pouvez choisir un calendrier par défaut en touchant Réglages, Mail, Calendriers, et en faisant défiler l'écran jusqu'à la section Calendrier. Touchez Calendrier par défaut puis sélectionnez celui que vous désirez afficher régulièrement.

Quand vous voyagez à l'international, vous pouvez faire en sorte que les événements soient affichés en tenant compte du fuseau horaire qui a été affecté à vos calendriers. Dans le réglage Calendrier, touchez Heure locale puis Fuseau horaire. Saisissez le lieu du fuseau horaire dans le panneau qui apparaît.

Lorsque l'option Heure locale est désactivée, les événements sont affichés selon le fuseau horaire où vous vous trouvez.

Les alarmes du calendrier peuvent être désactivées en touchant l'icône Réglages, puis Sons, puis Alertes de calendrier. Assurez-vous que l'indicateur est sur 0 (désactivé).

Pour modifier une entrée dans le calendrier, touchez-la, touchez Modifier puis effectuez les changements que vous estimez utiles. Pour supprimer une entrée, touchez Modifier, puis Supprimer l'événement. Si vous avez touché ce bouton par erreur, l'iPhone vous offre la possibilité d'annuler.

Les entrées effectuées dans le calendrier de l'iPhone sont synchronisées avec celles du calendrier spécifié dans le panneau Infos d'iTunes.

Un calendrier poussé (mais pas poussif)

Si la société pour laquelle vous travaillez utilise Microsoft Exchange ActiveSync, les saisies dans le calendrier et les invitations à des réunions provenant de vos collègues peuvent être *poussées* (par la technologie « push ») dans votre iPhone afin qu'elles y soient affichées un moment après avoir été entrées, et cela même si la saisie a été faite depuis un ordinateur sur le lieu de travail. Configurer un compte qui facilite le poussage vers votre iPhone des saisies dans un calendrier s'effectue rapidement, bien que vous deviez préalablement vous assurer auprès du responsable informatique de la société que cette opération est autorisée. Procédez ensuite comme ceci :

1. **Touchez Réglages.**
2. **Touchez l'option Mail, Contacts, Calendrier.**
3. **Touchez Ajouter un compte.**
4. **Dans la liste Ajouter un compte (voir Figure 6.7), touchez Microsoft Exchange.**
5. **Remplissez les champs Adresse, Nom d'utilisateur, Mot de passe et Description, puis touchez Suivant.**
6. **À l'écran suivant, entrez l'adresse du serveur Exchange. Les autres champs contiennent l'adresse électronique, le nom de l'utilisateur et le mot de passe que vous venez de saisir, comme le montre la Figure 6.8.**
7. **Activez tous les types d'information que vous désirez synchroniser avec Microsoft Exchange, parmi Mail, Contacts et Calendrier.**

   Tout devrait bien se dérouler à partir d'ici, bien que certaines sociétés puissent exiger des mots de passe supplémentaires, pour d'évidentes raisons de sécurité.

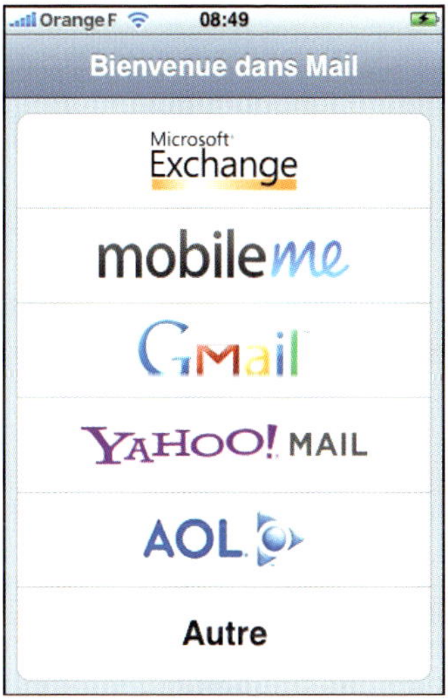

Figure 6.7 : L'écran d'ajout d'un compte.

Figure 6.8 : Remplissez les champs vides pour configurer votre compte d'entreprise.

Si votre iPhone professionnel est égaré ou perdu – ou s'il s'avère que vous êtes une taupe travaillant pour la concurrence –, le responsable informatique de votre entreprise peut effacer à distance tout le contenu de votre appareil.

Si votre entreprise utilise Microsoft Exchange 2007, vous n'avez pas à saisir l'adresse du serveur Exchange, car iPhone peut la déterminer automatiquement.

Un seul compte Microsoft Exchange ActiveSync peut être configuré sur votre iPhone.

Répondre aux invitations à des réunions

Un autre bouton important se trouve à droite des boutons Liste, Jour et Mois, mais n'est affiché que si la synchronisation du calendrier avec Exchange est activée. Le bouton

Invitations – une flèche pointée vers le bas dans un demi-rectangle – signale qu'une invitation a été placée dans votre calendrier.

Touchez le bouton Invitations pour voir les invitations en cours, puis sur l'une d'elles pour obtenir des détails.

Supposons qu'une invitation à une réunion émane de votre directeur. Vous pouvez voir qui d'autre y participera, vérifier s'il n'y a pas de conflit de planning, etc. Touchez Accepter pour prévenir l'organisateur de la réunion que vous serez présent, ou Refuser si vous estimez que vous avez mieux à faire – pour une fois que la nouvelle stagiaire de la photocopieuse vous invite au McDo… – ou touchez Peut-être, si peut-être bien que oui, peut-être bien que non, c'est à voir…

TRUC

Vous pouvez choisir de recevoir une alerte chaque fois que quelqu'un vous envoie une invitation. Dans le réglage Calendrier, touchez Nouvelle invitation, Alertes, afin que le bouton soit en bleu.

Si vous avez opté pour le service payant MobileMe vous pouvez synchroniser les entrées du calendrier entre votre iPhone et un PC ou un Mac. Dès que vous modifiez votre planning dans l'iPhone, la date est automatiquement modifiée dans l'ordinateur, et inversement. Choisissez MobileMe, dans l'écran Ajouter un compte.

S'abonner à des calendriers

Vous pouvez vous abonner à des calendriers conformes aux standards CalDAV et iCalendar (`.ics`) supportés par les populaires calendriers Google et Yahoo!, ou par iCal sur le Mac. Bien qu'il soit possible de lire, avec l'iPhone, les entrées se trouvant dans les calendriers auxquels vous vous êtes abonné, il n'est pas possible d'en écrire ou de les modifier.

Pour vous abonner à l'un de ces calendriers, touchez Réglages puis choisissez Mail, Contacts, Calendriers. À partir de là, choisissez Ajouter un compte, puis Autre.

Vous avez ensuite le choix entre Ajouter un compte CalDAV ou Ajouter un calendrier (abonnement). Vous devez indiquer le serveur où l'iPhone trouvera le calendrier en question et, au besoin, le nom d'utilisateur et le mot de passe, ainsi qu'une description facultative.

La calculette : y a pas pi

Allez, rapido : combien font 3 467,80 multiplié par 982,30 ? La réponse est bien sûr – mouline, mouline, mouline… – 3 406 419,94.

Le problème peut être résolu rapidement en pianotant de vos petits doigts agiles sur la Calculette de l'iPhone. Elle est parfaite pour additionner, soustraire, multiplier et diviser. Les chiffres et les symboles, comme C pour *Clear,* « effacer » ou M+ pour la mémorisation, sont grands et faciles à lire.

Peut-être estimerez-vous que pour une calculette, elle est bien simpliste. Où sont les boutons de racine, sinus ? En attendant d'avoir la réponse – renversante –, c'est très classe d'exhiber l'iPhone pour savoir combien la boulangère doit vous rendre de monnaie sur le bâtard que vous zigouillerez d'un coup de couteau – pour tartiner du beurre et glisser une tranche de jambon, qu'alliez-vous croire ?

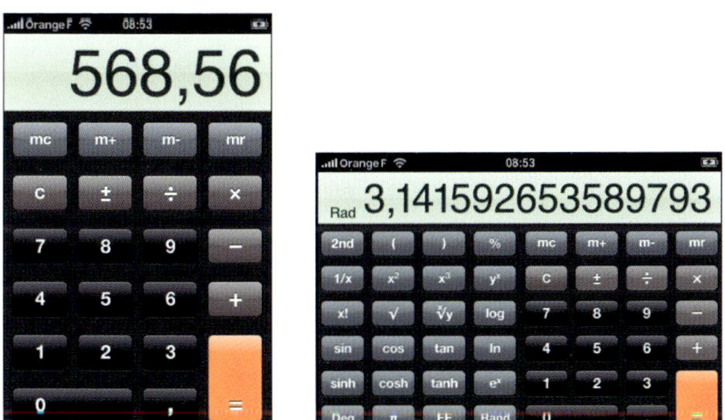

Figure 6.9 : La calculette et son avatar, la calculatrice.

Pour accéder à une véritable calculatrice scientifique, basculez l'iPhone de côté : l'humble petite calculette se pare de quantités de fonctions mathématiques capables de mouliner des opérations complexes. La Figure 6.9 montre les deux aspects de l'application Calculette.

Cette calculette démontre combien un iPhone, vraiment, ça compte.

L'horloge : avec le temps, va, tout s'en va

L'iPhone a une horloge! « Grande nouvelle », penserez-vous puisque le plus modeste des téléphones mobiles donne l'heure.

C'est vrai. Mais tous les téléphones mobiles ne donnent pas l'heure partout dans le monde, affichent celles dans plusieurs grandes villes sur plusieurs continents. Et tous les téléphones mobiles n'ont pas une alarme, un chronomètre ou une minuterie.

Examinons ce qu'il en est de l'iPhone.

L'heure dans le monde

Vous voulez connaître l'heure à Cayenne ou à Nouméa? L'application Horloge permet d'afficher l'heure dans de nombreuses villes du monde, comme le montre la Figure 6.10.

Touchez le bouton « plus », en haut à droite de l'écran, et utilisez le clavier virtuel pour saisir le nom d'une ville ou d'un pays. L'iPhone affiche une liste correspondant aux premières lettres saisies. C'est ainsi que taper *Par* affiche *Paramaribo* au Surinam ainsi que *Paris*, France. Mais aussi *Asunción*, car c'est la capitale du *Paraguay*. Vous pouvez créer autant d'horloges que vous le désirez, mais seulement quatre d'entre elles seront affichées simultanément. Pour les autres, il faudra faire défiler l'écran.

Figure 6.10 : Quelle heure est-il ailleurs dans le vaste monde ?

Pour supprimer une ville, touchez Modifier puis le cercle rouge à barre blanche. Touchez ensuite le bouton Supprimer.

L'ordre des villes peut être réarrangé en touchant le symbole à trois barres horizontales, à droite d'une horloge, et en tirant cette dernière jusqu'à un autre emplacement.

L'alarme

Vous avez déjà essayé de régler le réveil automatique dans un hôtel ? Même sur le réveil le plus rudimentaire, régler l'alarme n'est pas une mince affaire, mais sur l'iPhone, c'est très facile :

1. **Sur l'écran d'accueil, touchez l'icône Horloge.**
2. **En bas de l'écran, touchez l'icône Alarme.**
3. **Touchez le bouton « plus », en haut à droite.**

4. **Réglez l'heure de l'alarme en actionnant les rubans, en bas de l'écran.**

   Le principe est le même que pour le réglage d'un événement dans le Calendrier.

5. **Si vous désirez conserver l'alarme pour les autres jours, touchez Récurrence puis chacun des jours de la semaine auxquels l'alarme doit retentir.**

6. **Touchez Sonorité pour choisir le bruitage qui vous réveillera (voir Chapitre 4).**

   C'est une question de choix personnel, mais je puis vous assurer que le son fort opportunément nommé Alarme réveillerait un mort.

7. **Touchez Rappel d'alarme pour qu'en plus de l'affreux bruitage un bouton de rappel apparaisse à l'écran.**

   Touchez le bouton de rappel pour reporter l'alarme de neuf minutes.

8. **Si vous désirez renommer l'alarme, touchez Description, puis tapez un autre nom comme Réveil ou ce que vous voudrez.**

9. **Touchez Enregistrer afin de mémoriser vos réglages.**

Vous savez qu'une alarme a été réglée et activée grâce à la petite icône en forme d'horloge – qui l'eût cru ? – affichée en haut à droite de l'écran.

N'OUBLIEZ PAS

Une alarme est prioritaire sur tout morceau que vous seriez en train d'écouter avec l'application iPod. Il est suspendu le temps que l'alarme retentisse, puis il reprend quand vous la désactivez ou touchez le bouton de rappel de l'alarme.

ATTENTION

L'iPhone ne sonne pas quand le commutateur Sonnerie/Silencieux est mis sur Silencieux ; il n'émet aucune alerte audio et la fonction iPod est muette. Par contre, les alarmes de l'application Horloge retentissent toujours ! C'est bon à savoir quand vous êtes au cinéma ou à l'opéra, où vous risqueriez de vous faire détester. Un autre point qui peut sembler évident mais que l'on peut oublier : assurez-vous que le volume de l'iPhone est assez élevé.

Le chronomètre

Vous vous entraînez pour le marathon de Paris, de New York ou le tour du Groland ? Le chronomètre de l'iPod permettra de mesurer votre performance. Il est accessible en touchant l'icône Chronomètre, en bas de l'application Horloge.

Touchez le bouton Démarrer pour commencer le compte et le bouton Arrêter en franchissant la ligne d'arrivée. Pour mémoriser le temps à chaque tour ou passage et l'afficher, touchez le bouton Tour.

Le bouton Effacer réinitialise le chronomètre et efface tous les temps mémorisés avec Tour.

Mais si vous désirez faire quelque chose de plus attrayant, comme regarder des photos, le son sélectionné ainsi qu'un message vous préviendront que le temps est passé.

Le dictaphone

Pensez à tous ces moments où il vous serait utile d'avoir un petit magnétophone sous la main, notamment quand vous écoutez une conférence ou quand vous interviewez quelqu'un (pour un journal d'entreprise, par exemple). Ou encore pour vous souvenir d'une idée ou d'une tâche à effectuer.

Il se trouve que la version 3.0 du système d'exploitation de l'iPhone comporte à présent un dictaphone capable d'enregistrer des mémos vocaux.

TRUC

Quantité d'applications tierces ajoutent une fonction de dictaphone à l'iPhone. Ed utilise l'application Recorder éditée par Retronyms, et Bob utilise iTalk Recorder, de Griffin.

Effectuer un enregistrement

Toucher l'icône Dictaphone, sur l'écran d'accueil, affiche le microphone que montre la Figure 6.11. Vous ne parlez évidemment pas dans ce micro au *look* rétro car le véritable microphone, lui, se trouve derrière le petit trou en bas de l'Iphone, visible à la Figure 1.2, au Chapitre 1.

Figure 6.11 : Le microphone rétro du dictaphone.

Touchez le bouton d'enregistrement, en bas à gauche de l'écran, pour démarrer la prise de son. L'aiguille du VU-mètre oscille en fonction du volume sonore reçu, même lorsque l'enregistrement a été mis en pause en touchant le bouton une seconde fois. Une horloge, en haut de l'écran, indique la durée de l'enregistrement.

TRUC

Le VU-mètre permet de déterminer le niveau d'enregistrement idéal. Selon Apple, il se situe entre -3 dB et 0 dB. Parlez à voix normale et réglez le niveau d'enregistrement en éloignant ou rapprochant l'iPhone de la bouche.

Écouter un enregistrement

Comment écouter les pensées et autres élucubrations que vous venez d'enregistrer ? Vous avez le choix entre deux moyens, en touchant à chaque fois le même bouton :

- **Immédiatement après avoir enregistré le mémo vocal, touchez le bouton à droite du VU-mètre.** Une liste de tous vos mémos vocaux classés par ordre chronologique apparaît, le plus récent étant en tête de liste, comme le montre la Figure 6.12. Celui que vous venez d'enregistrer est immédiatement lu.
- **Si vous ne venez pas d'enregistrer un mémo, toucher le bouton de droite affiche la liste de tous vos enregistrements.** Aucun mémo n'est lu tant que vous n'avez pas touché l'un d'entre eux pour le sélectionner, puis touché le bouton de lecture situé à droite, juste à côté de la date et de l'heure de l'enregistrement, ou à gauche du titre affecté à l'enregistrement (vous apprendrez à la section « Ajouter un titre à un enregistrement », plus loin dans ce chapitre, comment intituler un mémo).

Vous pouvez actionner la tête de lecture pour lire le mémo à n'importe quel point.

Si vous n'entendez rien après avoir touché le bouton de lecture, touchez le bouton Haut-parleur en haut à gauche. Le son passera par le haut-parleur interne de l'iPhone.

Raccourcir un enregistrement

La personne que vous avez enregistrée s'est peut-être interminablement attardée sur des détails inutiles. Vous voulez donc réduire l'enregistrement à l'essentiel. Il est heureusement possible de raccourcir un enregistrement directement dans l'iPhone.

Touchez le bouton fléché à droite du mémo à raccourcir, et touchez ensuite le bouton Raccourcir. Une jauge bleue représentant l'enregistrement apparaît dans une barre jaune, comme le montre la Figure 6.13. Repositionnez les extrémités de cette *région audio* pour définir le début et la fin du mémo. Un aperçu des modifications peut être écouté avant le moment fatidique consistant à toucher le bouton Raccourcir l'enregistrement.

ATTENTION

Les modifications sont définitives. Vérifiez soigneusement la pertinence des coupes avant de toucher le bouton Raccourcir l'enregistrement.

Figure 6.12 : Touchez le mémo vocal que vous désirez lire.

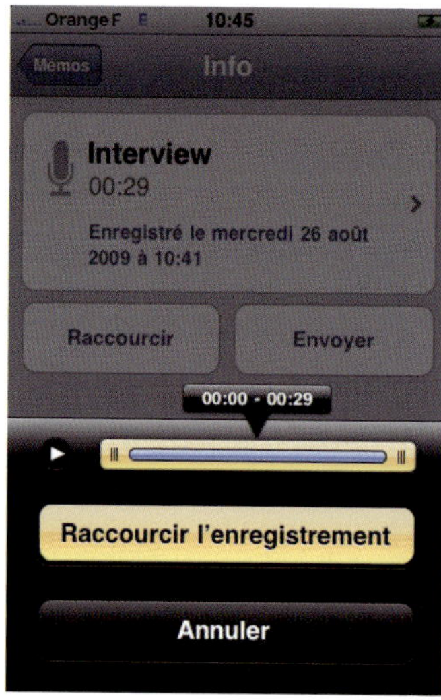

Figure 6.13 : Coupez le début et/ou la fin d'un discours qui s'éternise.

Ajouter un titre à un enregistrement

Le mémo que vous venez d'enregistrer n'est identifié que par la date et l'heure, et rien d'autre. Lorsque les enregistrements s'accumulent, il devient difficile de se souvenir à quoi correspond tel ou tel enregistrement. Vous pouvez leur attribuer l'un des titres prédéfinis fournis par Apple, ou mieux, créer des titres personnalisés :

1. **Dans la liste des enregistrements, touchez le bouton fléché du mémo vocal auquel vous désirez ajouter un titre.**

   L'écran Info apparaît.

2. **Touchez le bouton fléché dans le panneau mentionnant la date, l'heure et la durée du mémo vocal.**

3. **Dans la liste qui apparaît, choisissez Titre.**

   Vous avez le choix entre Aucun, Podcast, Interview, Conférence, Idée, Réunion, Mémo et Personnalisé.

4. **Choisissez Personnalisé puis saisissez l'intitulé de l'enregistrement (Cours de biologie, par exemple).**

   Le mémo vocal est à présent identifiable par son titre.

Envoyer un mémo vocal

Peut-être voudrez-vous faire profiter d'autres personnes du cours de biologie que vous avez enregistré. Touchez le bouton Envoyer, dans la liste des mémos ou dans l'écran Info. Vous avez alors le choix entre l'envoyer par courrier électronique ou, si votre opérateur de téléphonie mobile le permet, l'envoyer sous la forme d'un MMS, d'une image multimédia ou d'un message.

TRUC

Un mémo vocal peut aussi être transféré dans un Mac ou un PC avec la fonction de synchronisation d'iTunes, comme expliqué au Chapitre 3.

Si un mémo n'a plus de raison d'être, effacez-le en le touchant dans la liste, et en touchant ensuite le bouton Supprimer.

Troisième partie

L'iPhone multimédia

"Nous y sommes, le point de vue est juste devant. Tout le monde met "America the Beautiful" à plein volume sur son iPhone."

Dans cette partie...

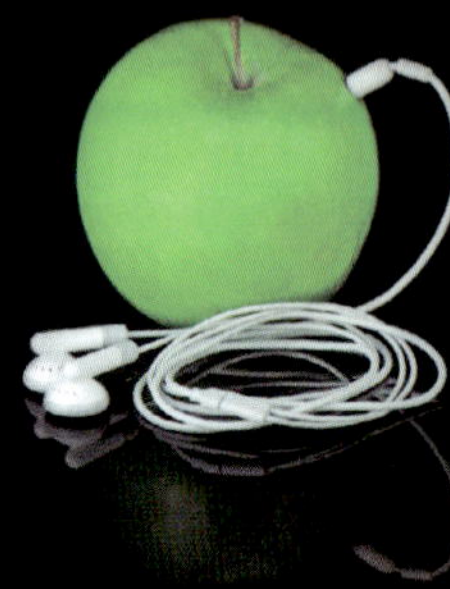

Votre iPhone est incontestablement le meilleur iPod jamais inventé. C'est pourquoi, dans cette partie, nous aborderons l'aspect multimédia de votre téléphone : le son, la vidéo et la photo. Jamais un téléphone ne fut aussi plaisant à utiliser. Nous vous montrerons comment profiter pleinement de ses capacités multimédias.

Nous verrons d'abord comment écouter de la musique, des podcasts et des livres audio avec l'iPhone. Puis nous visionnerons quelques vidéos et vous indiquerons où en trouver. Nous vous donnerons aussi des instructions pour regarder la vidéo sur un iPhone. Vous apprendrez aussi comment filmer des séquences vidéo avec votre iPhone 3GS et les partager.

Pour finir, nous ne manquerons pas de visiter le site Web YouTube, grâce à l'application du même nom. Puis nous bouclerons cette partie avec tout ce que vous avez toujours voulu savoir sur la photo avec un iPhone : comment les prendre, les stocker, les synchroniser, etc.

Crédits photos :
iStockphoto.com/Michael Beck (haut)
iStockphoto.com/iLexx (milieu)
iStockphoto.com/Achim Prill (bas)

7

L'iPhone audioPhone

Dans ce chapitre :

- Découvrir l'iPod tapi dans l'iPhone.
- Les commandes audiovisuelles.
- Personnaliser les fonctions audio.
- Acheter avec l'application iTunes.

Comme nous l'avons mentionné par ailleurs, l'iPhone est aussi un iPod vidéo. Dans ce chapitre, vous découvrirez ses capacités audio, et dans le prochain ses capacités vidéo.

Nous commencerons par un rapide tour de l'application iPod. Puis nous verrons comment utiliser l'iPhone comme lecteur audio. Quand vous serez familiarisé et à l'aise avec ces commandes, nous vous expliquerons comment personnaliser l'iPhone afin d'écouter vos morceaux comme vous l'entendez. Nous vous livrerons quelques astuces pour utiliser au mieux l'iPhone en tant que lecteur audio, et pour finir, vous découvrirez comment utiliser l'application iTunes

©iStockphoto.com/HannahmariaH

pour acheter de la musique, des livres audio, des vidéos, etc., et comment télécharger du contenu gratuit, comme des podcasts.

Nous présumerons que vous avez synchronisé l'iPhone avec votre ordinateur et qu'il contient des morceaux : de la musique, des podcasts et des livres audio. Si ce n'est pas le cas, nous vous suggérons d'en mettre (reportez-vous au Chapitre 3 et suivez les instructions) avant de lire ce chapitre, et aussi le suivant.

Votre iPhone contient quelques morceaux? On peut alors envoyer la musique.

L'iPod qui sommeille dans l'iPhone

Pour utiliser l'iPhone en tant qu'iPod, touchez l'icône iPod, en bas à droite de l'écran d'accueil. L'écran qui apparaît contient cinq icônes : Listes, Artistes, Morceaux, Clips vidéo et Autre.

Si ces icônes ne sont pas visibles, touchez le bouton Précédent (en forme de flèche), en haut à gauche de l'écran.

Ou, si vous le tenez en largeur, pivotez-le de 90° afin qu'il soit en hauteur.

TRUC

Vous comprendrez l'importance de l'orientation de l'iPhone lorsque nous aborderons la section Cover Flow, un peu plus loin.

Les listes de lecture

Touchez l'icône Listes, en bas de l'écran, pour accéder aux listes de lecture. Pas de problème si rien n'apparaît : sachez simplement que si vous en aviez définies, c'est là qu'elles se trouveraient. Les listes de lecture sont des ensembles thématiques : airs d'opéra, balades romantiques, musique celtique, invasion de hordes barbares...

Touchez une liste de lecture et vous verrez les morceaux qu'elle contient. Au besoin, faites défiler l'écran pour parcourir tous les titres. Touchez un morceau et il est aussitôt lu.

C'est tout ce qu'il y a à dire pour la sélection et l'écoute d'un morceau d'une liste de lecture.

Licence artistique

Choisissons maintenant un morceau d'après le nom de l'artiste plutôt que dans la liste de lecture. Touchez l'icône Artistes, en bas de l'écran : une liste d'artistes apparaît.

Touchez le nom de l'un d'eux : les morceaux qu'il interprète sont affichés. Au besoin, faites défiler l'écran pour parcourir les titres et touchez le nom d'un morceau pour l'écouter.

Un champ de recherche se trouve en haut de l'écran. Touchez-le puis saisissez le nom de l'artiste que vous désirez écouter. Touchez ensuite le bouton Rechercher pour voir la liste de tous les artistes correspondant au critère.

Une autre manière de trouver un artiste consiste à toucher l'une des lettres, sur le bord droit de l'écran. Tous les artistes dont le nom commence par cette lettre sont affichés, comme à la Figure 7.1.

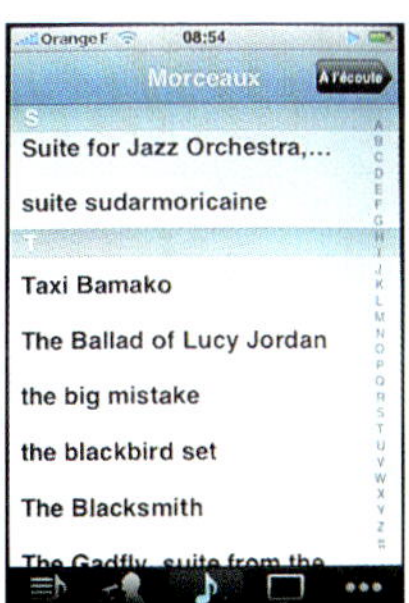

Figure 7.1 : Touchez l'une des lettres à droite pour trouver tous les artistes et morceaux dont le nom commence par cette lettre.

Remarquez la loupe au-dessus de la lettre « A ». Touchez-la pour accéder directement au champ de recherche.

Comme vous le constatez, les lettres sont très petites. À moins d'avoir des doigts de fée, vous aurez du mal à toucher celle qui vous intéresse (la touche, pas la fée). Dans ce cas, touchez à plusieurs reprises près de la lettre voulue, jusqu'à ce qu'elle soit sélectionnée.

L'une des deux actions suivantes se produit quand vous saisissez le nom d'un artiste :

- **Si des morceaux de l'artiste figurent dans plusieurs albums,** une liste d'albums est affichée. Touchez l'un d'eux pour voir les morceaux qu'il contient. Ou alors, touchez le premier élément dans la liste des albums – Tous les morceaux – pour voir tous les albums et tous les morceaux de cet artiste.
- **Si tous les morceaux de cet artiste appartiennent à un même album, dans la bibliothèque de musique, ou ne sont pas associés à un album spécifique,** la liste de tous les morceaux de cet artiste est affichée.

Il vous suffit ensuite de toucher un morceau pour l'écouter.

Sélectionner un morceau

Choisissons maintenant une chanson d'après sont titre et écoutons-la : touchez l'icône Morceaux, en bas de l'écran, pour accéder aux titres.

La liste des morceaux est sans doute beaucoup plus longue que celle des listes de lecture et des artistes. À tel point que la faire défiler du doigt risque d'être long et fastidieux. Touchez plutôt une des lettres à droite, comme expliqué précédemment.

Si vous ne savez pas exactement ce que vous désirez écouter, touchez le bouton Aléatoire, en haut de la liste, entre le champ de recherche et le titre du premier morceau. L'iPhone choisira ainsi un morceau au hasard.

Vous pouvez aussi trouver des morceaux – ou des artistes, en l'occurrence – en saisissant un nom dans le champ Spotlight, comme expliqué au Chapitre 2.

Les commandes

Maintenant que vous avez acquis les bases, voyons ce qu'il est possible de faire d'autre avec l'iPhone en mode iPod.

Le mode Cover Flow

Rechercher des listes de lecture, artistes et morceaux est encore plus sympa en mode Cover Flow. Il permet de parcourir les collections en affichant les pochettes des albums. Pour utiliser cette fonctionnalité, tenez l'iPhone en largeur. Tant que vous ne parcourez ni ne visionnez de la vidéo – car l'iPhone se prend maintenant pour un iPod –, le mode Cover Flow occupe tout l'écran, comme le montre la Figure 7.2.

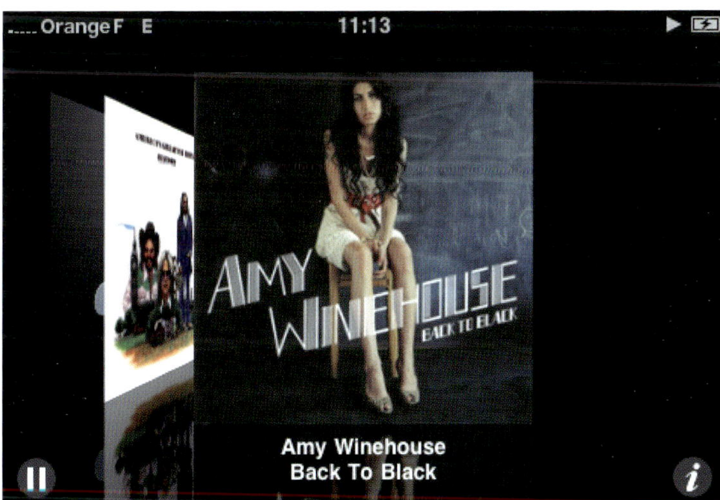

Figure 7.2 : Le mode Cover Flow.

Rien n'est plus simple que de parcourir les pochettes en mode Cover Flow. Il suffit d'effleurer l'écran de gauche à droite ou inversement, à la vitesse qui vous convient : rapidement pour que les pochettes défilent vite, ou plus lentement pour mieux les voir. Touchez l'une des pochettes qui se trouvent de côté, et elle s'affiche aussitôt au milieu de l'écran.

Essayez, vous apprécierez. Voici comment utiliser le mode Cover Flow :

- **Pour voir les pistes (morceaux) d'un album :** Touchez sa pochette lorsqu'elle est centrée ou touchez le bouton Infos (le petit *i*) en bas à droite de l'écran.
- **Pour écouter une piste :** Touchez son nom dans la liste. Si cette dernière est longue, faites-la défiler.
- **Pour revenir au mode Cover Flow :** Touchez la barre de titre en haut de la liste des pistes ou touchez de nouveau le petit *i*.
- **Pour écouter ou suspendre le morceau :** Touchez le bouton Lecture/Pause, en bas à gauche.

TRUC

S'il n'existe pas d'illustration pour la pochette, l'iPhone affiche une icône représentant une note de musique. Le nom de l'album est visible en dessous.

C'est tout ce qu'il y a à dire sur le mode Cow for lover, oups… Cover Flow.

L'iPod tenu bien droit

Comme vous l'avez appris précédemment dans ce chapitre, c'est une liste qui apparaît à la place du mode Cover Flow lorsque vous tenez l'iPhone à la verticale et que vous touchez une icône Listes, Artistes ou Morceaux.

Les commandes diffèrent selon l'orientation de l'iPhone. Quand vous le tenez à la verticale, comme à la Figure 7.3, il affiche des commandes qui n'apparaissent pas quand vous le tenez en largeur. De plus, elles varient quelque peu entre les affichages Listes, Artistes et Morceaux.

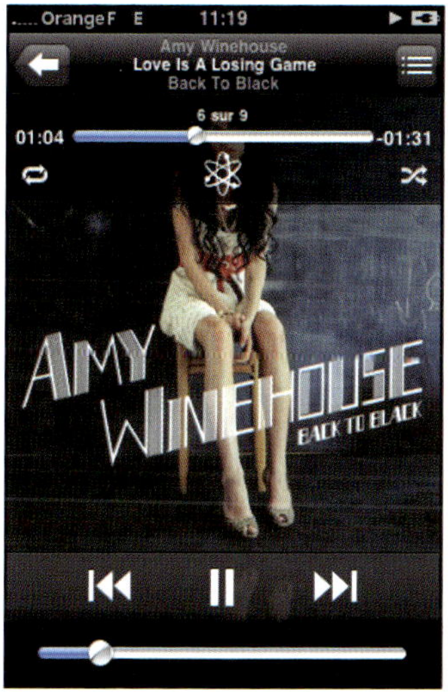

Figure 7.3 : Ces commandes apparaissent pendant la lecture d'un morceau, lorsque l'iPhone est tenu verticalement.

Un autre effet sympa se manifeste quand vous tenez l'iPhone à la verticale : quand vous ajoutez les paroles d'un morceau – en le sélectionnant et en choisissant Fichier > Obtenir des informations, puis en saisissant ou en collant le texte de la chanson sous l'onglet Paroles –, le texte en question est affiché avec la pochette.

Voici comment utiliser les commandes accessibles lorsque l'iPhone est tenu verticalement :

- **Bouton Précédent :** Touchez-le pour revenir dans la liste qui était affichée : Listes, Artistes ou Morceaux.
- **Liste des pistes :** Touchez pour afficher la liste des morceaux.

Si les trois commandes qui suivent – le bouton Répétition, le Défileur et le bouton Aléatoire – ne sont pas visibles, touchez la pochette de l'album pour les afficher.

- **Bouton Répétition :** Touchez-le une seule fois – il devient bleu – pour réécouter les morceaux de la liste ou de l'album courant. Touchez-le de nouveau pour répéter encore et encore. Le chiffre 1 apparaît sur le bouton lorsque ce mode est utilisé. Touchez de nouveau pour désactiver la commande. Le bouton redevient gris.
- **Défileur :** Tirez doucement la tête de lecture pour la positionner ailleurs dans le morceau.
- **Bouton Genius :** Touchez-le et une liste de lecture Genius affiche les 25 morceaux qui, selon iTunes, iraient bien avec celui que vous écoutez actuellement (*NdT :* Un compte doit préalablement avoir été ouvert sur iTunes Store pour utiliser Genius. Cette formalité gratuite est expliquée à la fin de ce chapitre).

  Moins un genre, un artiste ou un morceau est populaire, et plus Genius aura tendance à tomber sur un os (ce qui se voit à son air féroce). Dans ce cas, une alerte vous demande de réessayer car ce morceau ne possède pas suffisamment de caractéristiques permettant de le relier à d'autres et créer une liste de lecture Genius.
- Trois boutons se trouvent en haut d'une liste de lecture Genius :
  - **Nouveau :** Sélectionnez un autre morceau pour produire une liste de lecture Genius.
  - **Actualiser :** Affichez la liste des 25 morceaux dans le même style que celui que vous écoutez actuellement.
  - **Enregistrer :** Enregistrez la liste de lecture Genius afin de la réécouter à volonté.

  Si vous aimez les géniales listes de lecture Genius, vous pourrez en créer d'autres en touchant le bouton Listes de lecture, en bas de l'écran, et en touchant ensuite Genius (c'est le premier élément de la liste).

- **Bouton Aléatoire :** Touchez-le pour écouter un morceau choisi au hasard. Le bouton devient bleu. Touchez-le de nouveau pour écouter les morceaux dans l'ordre normal. Le bouton redevient gris.

  Des pistes peuvent être écoutées aléatoirement dans n'importe quelle liste – de lecture ou d'album –, en touchant le mot *Aléatoire* en haut de la liste Morceaux. Que le bouton Aléatoire ait été activé ou non, procéder ainsi joue toujours les morceaux au hasard.

- **Bouton Redémarrer/Morceau précédent/Retour rapide :** Touchez cette commande une seule fois pour revenir au début du morceau. Touchez-le de nouveau pour écouter le morceau précédent, dans la liste.
- **Bouton Lecture/Pause** : Touchez-le pour interrompre ou reprendre le morceau.
- **Bouton Prochain morceau/Avance rapide :** Touchez-le pour passer au morceau suivant, dans la liste. Touchez-le continûment pour écouter le morceau à la vitesse double.
- **Bouton Volume** : Réglez le volume en tirant le curseur dans un sens ou dans l'autre.

  Si vous utilisez le casque d'écoute livré avec l'iPhone, appuyer sur le microphone suspend le morceau. Appuyez de nouveau pour le reprendre. Vous pouvez appuyer deux fois de suite, à intervalles très réduits, pour passer au morceau suivant. Génial !

  Quand vous touchez le bouton Liste des pistes, l'écran et les commandes changent, comme le montre la Figure 7.4. Voici un bref descriptif des commandes :

- **Bouton En lecture :** Touchez-le pour revenir à l'écran du morceau en cours de lecture (reportez-vous à la Figure 7.3).
- **Barre de classement :** Effleurez-la du doigt pour transformer les points en étoiles et noter ainsi les morceaux.

Les pistes sont celles des morceaux de la liste courante (album, liste de lecture, etc.). Le triangle à droite d'un numéro de piste indique celle qui est en cours de lecture ou en pause. Touchez n'importe quel morceau pour l'écouter.

Nous avons fait le tour de tout ce qu'il faut savoir pour écouter de la musique – mais aussi des podcasts et des livres audio – avec l'iPhone.

Figure 7.4 : Touchez le bouton Liste des pistes pour accéder à cet écran.

Personnaliser l'écoute

Il nous reste encore quelques points à voir avant de passer à la vidéo, au Chapitre 8. Vous trouverez ici une foule de conseils qui rendront l'écoute encore plus attrayante.

Toujours plus…

Il est possible de parcourir les fichiers de musique autrement que par listes de lecture, artistes ou morceaux. Il suffit pour cela de toucher le bouton Autre, en bas à droite de l'écran. Dans l'écran Autre, touchez l'un des choix : Albums, Livres audio, Compilations, Compositeurs, Genres ou Podcasts.

Mais ce n'est pas tout : en bas de l'écran de l'application iPod, les critères Listes, Artistes, Morceaux et Clips vidéo peuvent être remplacés. Par exemple, si vous écoutez de nombreux podcasts et ne regardez que rarement des vidéos, vous pouvez remplacer le bouton Clips vidéo par le bouton Podcasts. Voici comment :

1. **Touchez le bouton Autre, en bas à droite de l'écran.**
2. **Touchez le bouton Modifier, en haut à gauche.**
3. **Faites glisser n'importe lequel des boutons – Albums, Podcasts, Livres audio, Genres, Compositeurs, Compilations – jusque sur le bouton à remplacer.**
4. **(Facultatif) Les cinq boutons en bas de l'écran peuvent être réordonnés en les faisant glisser aux emplacements désirés.**
5. **Après avoir réorganisé les boutons à votre guise, touchez le bouton OK.**

TRUC

Vous pouvez à tout moment parcourir votre collection de morceaux à l'aide des boutons que vous avez remplacés en touchant le bouton Autre puis le critère désiré dans la liste qui apparaît.

Définir les préférences

Quelques préférences peuvent être modifiées afin de personnaliser encore plus l'iPhone.

Jouer tous les morceaux au même volume

L'application iTunes est dotée d'une fonction Égaliseur de volume qui joue tous les morceaux au même niveau sonore. Vous ne risquez ainsi pas d'exposer vos délicates oreilles à un brutal déferlement de décibels lorsque vous passez brusquement du mince filet de voix de Jane Birkin au déchaînement des Tambourinaires du Burundi.

Pour activer cette fonctionnalité dans l'iPhone, vous devez passer par iTunes, dans l'ordinateur. Voici la procédure :

1. **Choisissez iTunes/Préférences (Mac) ou Édition/Préférences (Windows).**
2. **Cliquez sur l'icône Lecture.**
3. **Cochez la case Égaliseur de volume.**

Il faut à présent indiquer à l'iPhone de tenir compte de l'option Égaliseur de volume activée dans iTunes :

1. **Sur l'écran d'accueil de l'iPhone, touchez l'icône Réglages.**
2. **Dans la liste des fonctionnalités, touchez iPod.**
3. **Touchez Égaliseur de volume afin de l'activer.**

Régler l'égaliseur

Un égaliseur augmente ou réduit les niveaux relatifs de certaines fréquences afin d'améliorer la restitution sonore. Certains réglages mettent les basses en valeur, d'autres restituent mieux les aigus. L'iPhone est livré avec vingt-deux prédéfinitions qui ont pour noms Acoustique, Amplificateur de basses, Réducteur de basses, Classique, Danse, Électronique, Pop, Rock, etc. Chacune est adaptée à un genre de musique bien particulier.

Le meilleur moyen de trouver l'égalisation appropriée pour tel ou tel morceau est de procéder à des essais. Démarrez l'écoute du morceau puis :

1. **Appuyez sur le bouton principal de l'iPhone.**
2. **Sur l'écran d'accueil de l'iPhone, touchez l'icône Réglages.**

3. **Dans la liste des fonctionnalités, touchez iPod.**
4. **Touchez Égaliseur.**
5. **Dans la liste des égalisations, touchez celles que vous estimez les plus appropriées (Pop, Rock R&B, Danse...) et, tout en écoutant attentivement le morceau, essayez de déterminer ce qu'apporte chacune d'elles.**
6. **Quand vous aurez trouvé l'égalisation qui vous semble la plus appropriée, appuyez de nouveau sur le bouton principal.**

Si vous n'appréciez aucune des égalisations prédéfinies, touchez l'option Désactivé, en haut de la liste.

Si vous avez défini une égalisation dans la fenêtre Égaliseur d'iTunes (cliquez sur Fenêtre/Égaliseur), ces paramètres sont appliqués automatiquement au morceau lors de la synchronisation. C'est le seul moyen pour régler finement les fréquences.

Activer l'option Secouer et mélanger

La fonction Secouer et mélanger est une nouveauté de l'iPhone 3.0 qui permet de choisir un morceau au hasard en secouant l'iPhone. Voici comment l'activer :

- **Touchez l'icône réglages, sur l'écran d'accueil de l'iPhone.**
- **Dans la liste des réglages, touchez iPod.**
- Touchez le bouton Secouer et mélanger pour activer ou désactiver cette option.

Secouer pour mélanger… Qui donc pourrait ne pas aimer cette fonction ? (*NdT* : Les parkinsoniens.)

Créer une liste de lecture sur l'iPhone

Vous pouvez bien sûr créer des listes de lecture dans iTunes et les synchroniser avec votre iPhone, mais il est aussi possible de créer des listes de lecture directement sur l'iPhone quand vous n'êtes pas chez vous. Voici comment :

1. **Touchez l'icône iPod, en bas à droite de l'écran d'accueil.**
2. **Touchez l'icône Listes, en bas de l'écran.**
3. **Tapez le premier élément de la liste, nommé On-The-Go (« sur le départ »).**

   La liste alphabétique de tous les morceaux chargés dans l'iPhone apparaît, chacun accompagné d'un cercle bleu avec un signe « plus », à droite.
4. **Touchez le cercle bleu d'un morceau afin de l'ajouter à la liste On-The-Go.**

   Il existe en tête de liste une option Ajouter tous les morceaux. Touchez son cercle bleu pour l'activer.
5. **Touchez le bouton OK, en haut à droite de l'écran.**

Après avoir créé une liste de lecture On-The-Go et synchronisé l'iPhone avec l'ordinateur, la liste de lecture se trouve à la fois dans l'iPhone et dans iTunes. La première que vous enregistrez est automatiquement nommée On-The-Go, et les suivantes On-The-Go 2, On-The-Go 3, et ainsi de suite.

La liste de lecture subsiste aussi longtemps que vous ne l'avez pas effacée d'iTunes. Pour la supprimer, sélectionnez-la dans le volet de gauche d'iTunes et appuyez la touche Supprimer ou Retour Arrière.

Une liste de lecture On-The-Go est modifiable : touchez le bouton Listes, en bas de l'écran, touchez l'élément On-The-Go, en tête de liste, puis le bouton Modifier. Ensuite :

- **Pour monter ou descendre un morceau dans la liste de lecture :** Touchez l'icône à trois barres, à droite du nom d'un morceau, et faites-la glisser jusqu'à l'emplacement désiré.
- **Pour ajouter des morceaux à la liste de lecture** : Touchez le bouton « plus », en haut à gauche de l'écran.

- **Pour supprimer un morceau de la liste de lecture :** Touchez le cercle rouge à barre blanche, à gauche du nom d'un morceau, puis touchez le bouton Supprimer qui vient d'apparaître. Notez que la suppression d'un morceau de la liste ne supprime pas son fichier de l'iPhone.
- **Pour vider la liste de lecture de tous ses morceaux** : Touchez le premier élément nommé Effacer la liste de lecture, tout en haut. Confirmez en touchant le bouton rouge qui apparaît en bas de l'écran.

Les modifications faites, touchez le bouton OK, en haut à droite.

Vous savez tout sur la création et la gestion des listes de lecture On-The-Go.

Régler l'extinction automatique

Si vous aimez bien vous endormir en musique, mais sans que l'iPhone joue toute la nuit, programmez son extinction automatique. Voici comment :

1. **Touchez l'icône Horloge, sur l'écran d'accueil.**
2. **Touchez l'icône Minuterie, en bas à droite.**
3. **Réglez le nombre d'heures et de minutes pendant lesquelles l'iPhone doit lire de la musique, puis touchez le bouton À expiration.**
4. **Touchez le premier élément de la liste : Mettre l'iPod en veille.**
5. **Touchez le bouton Choisir, en haut à droite.**
6. **Touchez le gros bouton vert Démarrer.**

C'est fait. Après le temps imparti, la fonction iPod cessera de jouer et l'iPhone se mettra en veille.

Contrôler vocalement la fonction iPod (iPhone 3GS seulement)

Si vous possédez un iPhone 3GS, vous pourrez choisir vos musiques et actionner les commandes audio vocalement :

- **Pour écouter un artiste, un album ou une liste de lecture :** Dites « écouter » ou « lire », puis « artiste », album » ou « liste de lecture, puis dites le nom.
- **Pour choisir un morceau au hasard :** Dites « aléatoire », « mélanger » ou « au hasard ».
- **Pour en savoir plus sur le morceau que vous écoutez :** Dites « Quel morceau est à l'écoute ? » ou « Quel est ce morceau ? » ou « Qui chante ce morceau ? » ou « De qui est ce morceau ? » ou « Quel est le titre de ce morceau ? » ou « Quel groupe chante ce morceau ? » ou encore « Quand c'est qu'on mange un morceau ? » Ah non, cette dernière commande n'est pas reconnue.
- **Demander à Genius de trouver des morceaux similaires :** Dites « Génie » ou « Écouter d'autres morceaux comme celui-ci » ou « Jouer d'autres chansons comme celle-ci ».

Et, comme votre iPod est en réalité un iPhone, vous n'aurez pas l'air ridicule en lui parlant.

ATTENTION

Dans un environnement bruyant, les commandes vocales risquent de n'être pas bien comprises par l'iPhone, qui jouera autre chose que ce que vous avez demandé. Utiliser l'ensemble écouteurs-microphone améliore la situation. La syntaxe des commandes compte.

Acheter avec l'application iTunes

Enfin et surtout, l'application iTunes permet d'utiliser l'iPhone pour télécharger, acheter ou louer quasiment tout ce qui peut être téléchargé, acheté ou loué à partir du logiciel iTunes installé dans votre Mac ou dans votre PC, y compris de la musique, des livres audio, des courts-métrages Pixar, des podcasts et des vidéos. Et si vous avez reçu une carte d'achat iTunes en cadeau, vous pourrez l'utiliser directement depuis votre iPhone.

Mais il vous faut d'abord ouvrir un compte sur iTunes Store :

1. **Touchez l'icône Réglages, sur l'écran d'accueil.**
2. **Dans la liste des réglages, touchez Store.**
3. **Touchez Connexion.**
4. **Saisissez votre nom d'utilisateur et votre mot de passe.**

Ou, si vous n'avez pas encore créé votre compte iTunes Store :

1. **Touchez l'icône Réglages, sur l'écran d'accueil.**
2. **Dans la liste des réglages, touchez Store.**
3. **Touchez Créer un nouveau compte.**
4. **Suivez les instructions à l'écran.**

Une fois que iTunes Store vous a identifié – et surtout, ce qui est plus important, connaît vos coordonnées bancaires –, touchez l'icône iTunes, sur l'écran d'accueil, et achetez compulsivement.

8

La vidéo sur l'iPhone : il faut la voir pour le croire

Dans ce chapitre :

- Trouver des vidéos.
- Visionner des vidéos sur l'iPhone.
- Filmer des séquences.
- Monter les séquences.
- Parcourir YouTube.

Imaginez la scène : Dans l'odeur du pop-corn tiède qui imprègne toute la pièce, la famille entière est agglutinée pour regarder le dernier film à succès d'Hollywood. La bande sonore retentit. Les images sont impressionnantes. Tous les yeux sont rivés sur l'iPhone.

©iStockphoto.com/phi2

Oui, bon, c'est un peu exagéré. L'iPhone n'est pas près de remplacer l'écran géant d'un home cinema. Mais nous tenions à insister sur le magnifique écran de 3,5 pouces de diagonale (près de 9 cm), le plus beau que nous ayons jamais vu sur un appareil mobile. Regarder de la vidéo ou des films peut être un véritable délice pour un cinéphile.

Et surtout, comme vous le découvrirez d'ici peu, l'iPhone 3GS est capable de filmer des séquences vidéo. À vous les superproductions à gros budget (celui d'un forfait iPhone, bien sûr). Que le iSpectacle commence!

Où trouver des vidéos ?

Les vidéos que vous regarderez sur votre iPhone appartiennent généralement à l'une de ces quatre catégories :

- **Séquences, émissions de télévision et clips vidéo stockés dans le logiciel iTunes de votre Mac ou de votre PC, que vous avez synchronisés avec votre iPhone** (reportez-vous au Chapitre 3 pour en savoir plus sur la synchronisation). Pour les visionner, touchez l'icône iPod, en bas de l'écran d'accueil, puis touchez l'icône Clips vidéo.

  Dans la fonction iTunes Store d'Apple toute une partie est consacrée à l'achat de vidéoclips (environ 2,50 euros le clip). Mais si vous cliquez sur le bouton Mon Store, tout en bas de l'Apple Store, et choisissez Canada, une option Programmes de télévision vous permettra de télécharger des émissions en français.

- **Le lien Podcasts, dans iTunes Store, contient une rubrique Podcasts vidéo. Beaucoup sont gratuits.** Le principe est le même que pour regarder des émissions de télévision sur leurs sites respectifs, sauf qu'au lieu de ne les diffuser qu'en flux continu (*streaming*), le fichier vidéo est enregistré sur le disque dur.

- **Des vidéos en tout genre provenant du site YouTube.** Apple compte apparemment beaucoup sur ce site de partage de vidéos, car il est allé jusqu'à placer une icône YouTube sur l'écran d'accueil. Nous y reviendrons plus loin dans ce chapitre.

- **Les vidéos que vous avez créées avec iMovie sur votre Mac ou avec d'autres logiciels sur PC.** Plus toutes les autres vidéos que vous avez peut-être téléchargées de l'Internet.

NOTE TECHNIQUE

Et la compatibilité ?

La lecture des encadrés techniques est facultative, mais nous espérons que vous les lirez néanmoins, car vous y trouverez des informations utiles, même si certaines peuvent sembler rébarbatives.

C'est le cas du présent encadré, consacré aux formats vidéo reconnus par l'iPhone, qui intéressera surtout les passionnés d'imagerie numérique. Pour ne risquer aucune erreur d'interprétation, nous leur livrons les informations exactement telles qu'elles figurent sur le site Web d'Apple :

Formats vidéo pris en charge : vidéo au format H.264, jusqu'à 1,5 Mb/s, 640 x 480 pixels, 30 images par seconde, profil de référence (faible complexité) avec son au format AAC-LC jusqu'à 160 kb/s, 48 kHz, son stéréo aux formats de fichier .m4v, .mp4 et .mov; vidéo au format H.264, jusqu'à 768 kb/s, 320 x 240 pixels, 30 images par seconde, profil de référence jusqu'au niveau 1.3 avec son au format AAC-LC jusqu'à 160 kb/s, 48 kHz, son stéréo aux formats de fichier .m4v, .mp4 et .mov; vidéo au format MPEG-4, jusqu'à 2,5 Mb/s, 640 x 480 pixels, 30 images par seconde, profil simple avec son au format AAC-LC jusqu'à 160 kb/s, 48 kHz, son stéréo aux formats de fichier .m4v, .mp4 et .mov.

Ce n'est pas piqué des hannetons. En gros, ce jargon technique signifie que l'iPhone reconnaît une foule de formats vidéo, bien que tous les fichiers ne soient pas forcément lus. Pour savoir lesquels, vous devrez faire des essais. La plupart des standards vidéo en usage sur l'Internet, notamment Adobe Flash, Java, Real et Windows Media Video, n'étaient pas supportés au moment où ces lignes étaient écrites. Et nous nous devons aussi de signaler que des vidéos acceptées par un iPod Classic ou un iPod Nano peuvent ne pas être visionnées avec un iPhone pour des raisons aussi techniques qu'ennuyeuses. Mais cela a pu changer entre temps…

Retenez toutefois qu'il existe des logiciels capables de convertir une vidéo non reconnue par l'iPhone dans un format qu'il saura lire, et qu'un fichier qui n'est pas reconnu aujourd'hui le sera peut-être à l'avenir, car Apple peut mettre le microprogramme de l'iPhone à jour par téléchargement.

Vous devrez peut-être préparer les vidéos pour qu'elles soient lisibles par votre iPhone. Pour ce faire, sélectionnez-les dans iTunes, cliquez sur le menu Avancé, dans la barre de menus, et choisissez l'option Convertir la sélection pour l'iPod/iPhone.

Pour en savoir plus sur la compatibilité, reportez-vous à l'encadré « Et la compatibilité ? » – à vos risques et périls…

Visionner une vidéo

Maintenant que vous savez où trouver des vidéos, voyons comment les visionner :

1. **Sur l'écran d'accueil, touchez l'icône iPod puis l'icône Clips vidéo.**

   La liste des vidéos apparaît. Comme le montre la Figure 8.1, elles sont accompagnées d'une vignette et la durée est mentionnée sous le titre.

Figure 8.1 : Sélectionnez la vidéo que vous désirez visionner.

2. **Faites défiler la liste jusqu'à la vidéo que vous désirez regarder, puis touchez-la. Elle apparaît instantanément ou, si elle est longue, après un bref instant.**

3. **Orientez l'appareil en largeur, car l'iPhone ne montre les vidéos que dans ce seul sens.**

   C'est évidemment une bonne chose, car le rapport largeur/hauteur de l'écran est celui du cinéma.

4. **La vidéo étant affichée, touchez l'écran pour afficher les commandes de la Figure 8.2.**

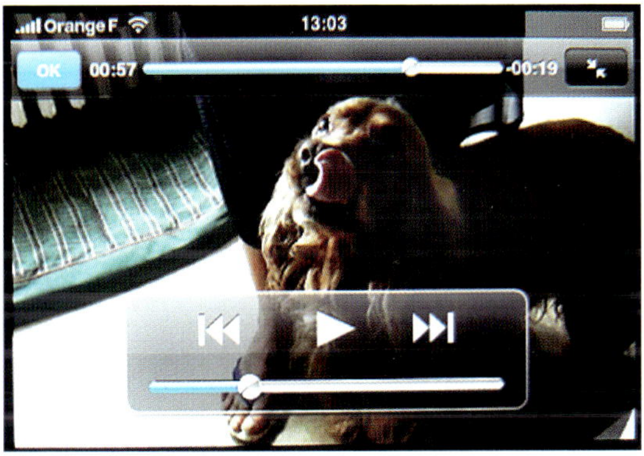

Figure 8.2 : Les commandes vidéo.

5. **Actionnez les commandes :**

   - Pour suspendre puis reprendre la vidéo, touchez le bouton Lecture/Pause.
   - Pour régler le niveau sonore, actionnez le curseur de la glissière Volume. Ou alors utilisez les boutons physiques en bas à gauche de l'iPhone lorsqu'il est orienté en largeur.
   - Touchez le bouton Redémarrer/Retour rapide pour recommencer la vidéo, ou touchez-le continûment pour rembobiner.

- Touchez continûment le bouton Avance rapide pour faire défiler rapidement la vidéo. Vous pouvez aussi visionner un autre moment de la vidéo en repositionnant la tête de lecture, dans la glissière supérieure.
- Touchez le bouton Redimensionner pour passer du mode qui adapte la vidéo afin qu'elle emplisse totalement l'écran, quitte à rogner un peu les bords, au mode où la vidéo est montrée sans aucun recadrage, quitte à réduire un peu ses dimensions et à afficher des barres noires sur les côtés.

6. **Touchez de nouveau l'écran pour que les commandes disparaissent (ou attendez qu'elles disparaissent d'elles-mêmes).**
7. **Touchez le bouton OK, en haut à gauche, pour mettre fin à la vidéo (il n'est visible qu'avec les commandes).**

   L'écran Clips vidéo est de nouveau affiché.

Pour supprimer une vidéo manuellement, faites-la glisser vers la droite ou vers la gauche, dans la liste. Touchez ensuite le bouton rouge Supprimer qui vient d'apparaître, puis confirmez en touchant le plus gros bouton rouge Supprimer qui s'affiche en bas de l'écran.

TRUC

Il vous arrivera parfois de vouloir écouter la bande-son d'un clip vidéo, sans pour autant le visionner. Dans ce cas, au lieu de toucher l'icône Clips vidéo, choisissez plutôt l'icône Morceaux ou Artistes.

Filmer

L'iPhone 3GS est le premier de la lignée capable de filmer. Voici comment tourner une séquence vidéo :

1. **Sur l'écran d'accueil, touchez l'icône Appareil photo.**

Figure 8.3 : Lumière, caméra, action !

Figure 8.4 : Modifier une vidéo

2. **En bas à droite, mettez l'interrupteur Photo/Vidéo en position Vidéo, comme le montre la Figure 8.3.**

3. **Touchez le bouton rouge d'enregistrement, en bas au milieu, pour commencer a filmer. La vidéo peut être cadrée en mode Portrait ou en mode Paysage (ou, pour les artistes, à la française ou à l'italienne).**

   Le bouton clignote et un compteur indique la durée de la séquence.

4. **Pour cesser de filmer, touchez de nouveau le bouton rouge.**

   La vidéo est enregistrée là où se trouvent toutes les vidéos ainsi que les photos.

NOTE TECHNIQUE

L'iPhone 3GS filme de la vidéo au standard VGA (*NdT :* Résolution de 640 x 480 pixels), appelé aussi *full-motion video* (« vidéo intégralement animée ») en jargon technique. Ces termes signifient que la vidéo ne sera pas saccadée, ce qui était le cas aux débuts de la vidéo sur ordinateur. Cela n'a rien à voir avec la haute définition, mais c'est déjà bien.

Monter les séquences vidéo

Nous supposerons que vous venez de filmer quelques belles séquences qu'il ne reste plus qu'à monter. Ce n'est pas un problème car l'iPhone 3GS permet de réaliser des montages simples :

1. **Touchez une vidéo pour accéder aux commandes que montre la Figure 8.4.**
2. **Tirez l'une des extrémités du visualiseur, ou les deux, pour délimiter la partie de la vidéo à conserver. Maintenez vos doigts sur la section afin d'étendre le visualiseur et faciliter ainsi les coupes.**

   Touchez le bouton Lecture pour voir un aperçu des modifications.
3. **Touchez le bouton Ajuster pour enregistrer les changements.**

Assurez-vous que la ou les coupes sont bien celles que vous désirez, car toucher le bouton Ajuster les rend irréversibles.

Envoyer des vidéos

Contrairement aux autres vidéos, les vôtres peuvent être visionnées en hauteur ou en largeur. Et si la vidéo est bonne – pourquoi ne le serait-elle pas ? – vous aurez envie de la montrer autour de vous. Pour cela, affichez les commandes en touchant l'écran, puis touchez l'icône complètement à gauche (celle montrée dans la marge). La vidéo pourra être envoyée par courrier électronique, envoyée vers le service MobileMe d'Apple, ou postée sur YouTube. Et justement, à propos de Youtube…

YouTube cathodique

YouTube est devenu l'un des sites de partage de vidéos les plus populaires du Web. Propriété de Google, il est si fréquenté que les politiciens états-uniens – et même d'autres pays – y tiennent débat. Comme vous l'imaginez, ce site a suscité la controverse, et il a même été interdit de temps en temps dans certains pays. Il s'est aussi attiré les foudres judiciaires du groupe Viacom, qui réclame à YouTube plus d'un milliard de dollars de dommages et intérêts pour 160 000 clips leur appartenant.

YouTube n'en présente pas moins un immense intérêt socioculturel, car après tout c'est de nous et de nos animaux de compagnie dont il s'agit principalement. Ce qui permet à YouTube de proclamer : « Broadcast Yourself ! » (diffusez vous-même).

NOTE TECHNIQUE

Le catalogue de YouTube vient d'être converti au standard de compression vidéo *H.264* reconnu par l'iPhone, l'iPod Touch et un autre produit nommé Apple TV.

Comme pour toute autre vidéo, vous touchez l'écran pour afficher les commandes. La plupart sont identiques à celles de la Figure 8.2, mais, comme le révèle la Figure 8.5, YouTube affiche les siennes, essentiellement pour placer des signets et envoyer un courrier électronique avec un lien vers la vidéo que vous regardez.

Figure 8.5 : Les commandes vidéo propres à YouTube.

Les trésors de YouTube

Mais où trouverez-vous sur YouTube des vidéos qui soient à la fois brèves et intéressantes à regarder ? En touchant l'une des catégories suivantes :

- **Sélection :** Les vidéos recommandées par l'équipe de YouTube.
- **Populaires :** Celles que la communauté YouTube regarde le plus souvent. Touchez le bouton Tout pour voir les vidéos les plus regardées de tous les temps (rien que ça…). Touchez le bouton Aujourd'hui ou Semaine pour voir les vidéos en vogue ces derniers temps.
- **Signets :** Si une vidéo vous a plu, marquez-la en touchant la commande Signet. Vous la retrouverez dans cette rubrique.
- **Recherche :** Touchez l'icône Recherche, puis le champ vide en haut de l'écran. Tapez le critère avec le clavier virtuel, puis touchez le bouton Rechercher pour obtenir les résultats (voir Figure 8.6).
- **Plus :** Toucher ce bouton donne accès à d'autres options :
- **Récentes :** Les vidéos qui viennent d'être proposées.
- **Cotées** : Le choix populaire, car ce sont les spectateurs qui ont noté.
- **Historique** : Les vidéos que vous avez récemment visionnées.
- **Abonnements :** Les chaînes YouTube auxquelles vous pouvez vous abonner.
- **Listes de lecture :** Vidéos classées par catégories.

TRUC

À part l'icône Plus, quatre vidéos seulement apparaissent en bas de l'écran. Mais si vous utilisez plus souvent l'icône Cotées que Signets, vous pouvez placer cette icône parmi les quatre, ce qui vous dispensera de passer par l'écran Plus.

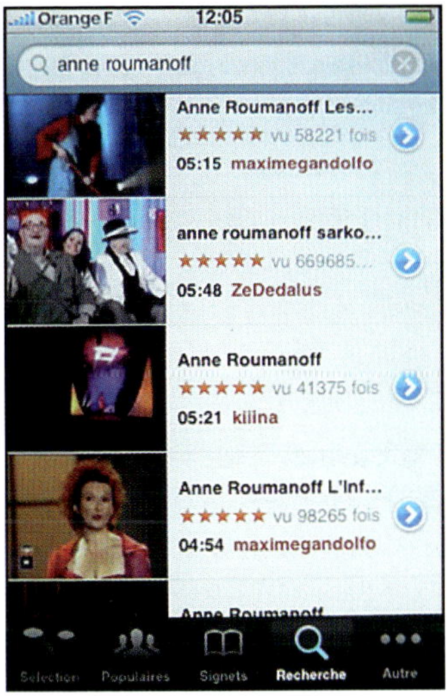

Figure 8.6 : La recherche a été effectué selon des critères.

Pour changer d'icône dans le premier écran de YouTube, touchez l'icône Plus puis le bouton Modifier. Ensuite, tirez l'icône désirée – Cotées, en l'occurrence – jusque sur celle qui ne vous intéresse pas (Signets). Vous pouvez modifier l'ordre des icônes en les faisant glisser à votre convenance.

Pendant le téléchargement de la vidéo, dont la durée dépend de la qualité de la connexion avec Orange ou la Wi-Fi –, comme nous le verrons en détail au Chapitre 10 –, le panneau de commandes que montre la Figure 8.7 est affiché. Il disparaît sitôt que la vidéo commence.

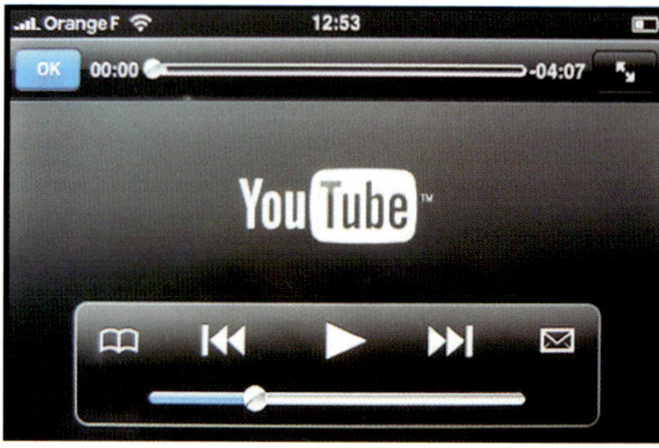

Figure 8.7 : En attendant que le spectacle commence.

Transférer des vidéos de YouTube

À l'instar du critique Simon Cowell, nous avons été séduits par le destin et le talent de Paul Potts, un employé d'un opérateur de téléphone mobile britannique devenu chanteur d'opéra. Sa vidéo sur YouTube a été vue par des millions de gens.

Vous pouvez vous aussi aider à la diffusion d'une vidéo en touchant le bouton Courrier électronique (reportez-vous à la Figure 8.5). Cette action fait apparaître un message dont l'objet est le nom de la vidéo. Le message lui-même contient le lien vers la vidéo. Il ne vous reste plus qu'à remplir le champ À, et à ajouter éventuellement quelques commentaires.

Autre solution : dans la liste des vidéos, touchez le cercle fléché bleu, à droite, pour accéder à des détails concernant la vidéo comme la description, le nombre de personnes qui l'ont regardée, la date de mise en ligne, etc. Dans cet écran, touchez le bouton Partager pour afficher le programme de messagerie, comme décrit précédemment.

Restreindre l'usage de YouTube

Si vous prêtez l'iPhone à l'un de vos enfants ou à un collaborateur, vous n'avez peut-être pas envie qu'il passe tout son temps à regarder des vidéos. Vous voulez qu'il fasse quelque chose de plus productif, comme ses devoirs (berk) ou la compta (bof).

C'est là que la nouvelle fonction de restriction parentale, ou directoriale – ou dictatoriale, pour s'adresser aux deux larrons – entre en jeu. Notez dès à présent qu'elle a tout pour vous rendre détestable. Attention à l'iPod banane dans l'escalier…

Touchez Réglages, puis Général, puis Restrictions. Touchez Activer les restrictions. Il vous sera demandé de saisir à deux reprises un code de verrouillage. Touchez ensuite YouTube afin que son bouton soit activé (en bleu). Remarquez au passage que vous pouvez aussi empêcher l'accès à du contenu explicite, ou interdire l'usage du navigateur Safari et d'iTunes, ou l'accès aux applications ajoutées.

De retour à l'écran d'accueil, l'icône YouTube ne réagit plus au toucher (non, inutile d'essayer avec un démonte-pneu). Il en va de même pour toutes les fonctions qui ont été restreintes. Pour les lever, retournez dans la fonction Restrictions, saisissez le code et désactivez les interdictions.

La restriction peut aussi être appliquée à iTunes, Safari et à d'autres fonctionnalités, comme nous le verrons en approfondissant l'étude du panneau Réglages, au Chapitre 13.

Ceci dit, nous en avons fini avec ce chapitre.

9

Photos : c'est dans la boîte !

Dans ce chapitre :

- Prendre des photos.
- Importer des photos.
- Visionner et admirer des photos.
- Créer un diaporama.
- Utiliser une photo comme fond d'écran.
- Envoyer des photos par courrier électronique.
- Affecter des photos à des contacts.
- Placer des photos dans MobileMe.

Aujourd'hui, la plupart des téléphones mobiles sont équipés d'un appareil photo, ce qui en fait des photophones. Cependant, à quelques rares exceptions près, les prises de vue sont plutôt médiocres et leur affichage n'est pas terrible.

Mais la plupart des téléphones mobiles ne sont pas des iPhone.

Le téléphone mobile que vous venez d'acheter – ou que vous convoitez fébrilement – est une spectaculaire visionneuse.

Bien que l'appareil photo intégré ne soit pas exactement l'idéal pour faire un safari photos au Kenya, ni même pour photographier le match de foot de votre rejeton, il offre l'avantage d'être toujours à disposition lorsqu'il s'agit de prendre une photo acceptable.

Dans les pages qui suivent, vous découvrirez comment exploiter l'appareil photo de l'iPhone. Puis nous passerons à ce qui est véritablement génial : donner vie aux photos qui dorment dans l'iPhone, que vous les ayez prises avec lui ou que vous les ayez importées de l'ordinateur.

On ne bouge plus…

Comme beaucoup d'applications de l'iPhone, c'est sur l'écran d'accueil que vous trouverez l'appareil photo. Son icône figure tout en haut à droite, à côté de l'icône Photos. Nous utiliserons les deux dans ce chapitre.

Prenons sans tarder une photo :

1. **Touchez l'icône Appareil photo, sur l'écran d'accueil.**

   Ceci transforme l'iPhone en une sorte d'appareil photo rudimentaire – comme le légendaire Kodak Instamatic des années 1960 –, sans film, certes, mais aussi sans flash.

2. **Regardez l'écran de l'iPhone.**

   Vous y voyez un obturateur à lamelles qui s'ouvre une seconde plus tard, révélant l'image que voit le minuscule objectif de l'iPhone. Il se trouve de l'autre côté du boîtier, en haut à gauche.

3. **Cadrez ce que vous désirez photographier à l'aide du superbe écran de l'iPhone.**

   Nous vous faisons part tout au long de ce livre de l'émerveillement qu'il suscite, et l'appareil photo n'y fait pas exception.

4. **Pour prendre la photo, touchez l'icône en forme d'appareil photo, en bas de l'écran (voir Figure 9.1).**

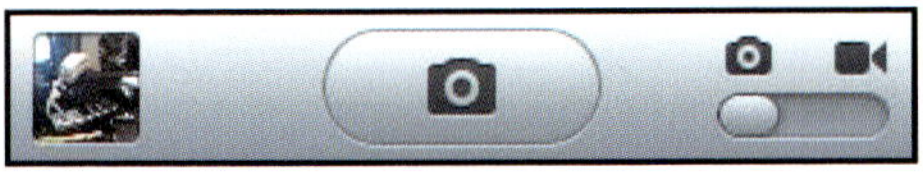

Figure 9.1 : Prêt à déclencher.

L'icône de déclenchement de l'appareil photo se trouve juste au-dessus du bouton principal de l'iPhone. Plus d'un s'y est trompé.

Vous remarquerez un léger temps de latence. Ne bougez surtout pas. Lorsque l'obturateur se rouvre, il dévoile l'image que vous venez de prendre, mais un court instant seulement. L'écran redevient ensuite un viseur afin que vous puissiez prendre la photo suivante.

Voilà, vous venez de prendre votre première photo avec l'iPhone.

5. **Répétez les Étapes 3 et 4 pour prendre d'autres photos.**

L'appareil peut évidemment être incliné de côté pour prendre des photos en largeur.

Voici quelques recommandations utiles lorsque vous prenez des photos avec l'iPhone.

Vous aurez sans doute remarqué comme nous que le bouton de déclenchement est extrêmement sensible. Touchez franchement (mais sans appuyer fort, ce qui produirait un bougé).

Si vous avez du mal à immobiliser l'iPhone, essayez ceci : au lieu de toucher l'icône d'appareil photo à l'Étape 4, laissez le doigt dessus et ne le relâchez qu'au moment où vous êtes prêt à déclencher.

Faire la mise au point (iPhone 3GS)

Si votre iPhone est un 3GS, vous bénéficierez de la nouvelle fonction « touchez pour effectuer la mise au point ». Normalement, l'appareil photo de l'iPhone 3GS effectue la mise au point sur le centre de l'image, dans la zone délimitée par un carré, à la Figure 9.2. Mais quand vous touchez l'écran à un autre endroit, sur un visage par exemple, l'iPhone effectue la mise au point sur cet élément – délimité par le carré –, réglant par la même occasion l'exposition et procédant à un réglage que les photographes appellent la *balance du blanc*.

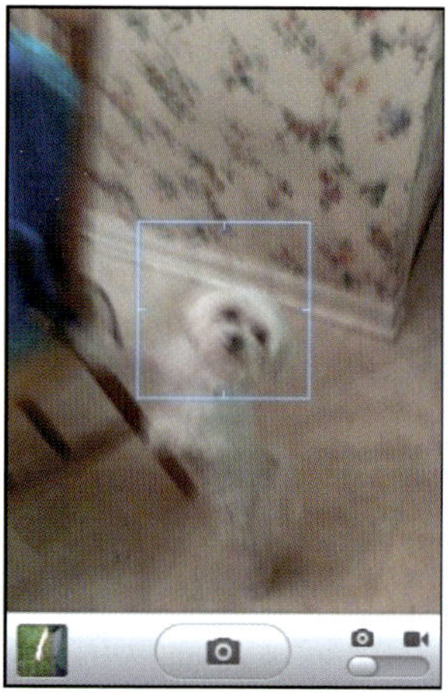

Figure 9.2 : Le carré indique la zone de mise au point.

Importer des photos

L'iPhone ne fait pas qu'héberger les photos que vous avez prises avec lui. Vous pouvez aussi synchroniser les photos présentes dans votre Mac ou votre PC à partir du panneau Résumé d'iTunes, décrit au Chapitre 3. Nous présumons dans les pages qui suivent que vous savez d'ores et déjà transférer des photos dans votre ordinateur.

TRUC

Pixels et autres notions de photo numérique

L'appareil photo de l'iPhone de première génération et de l'iPhone 3G est à 2 mégapixels, et celui de l'iPhone 3GS est à 3 mégapixels. Et si vous avez fait les magasins à la recherche d'un appareil photo, vous aurez sans doute remarqué la surenchère qui est faite sur la quantité de pixels, à croire que plus ils sont nombreux, meilleure est la photo. Ce n'est pas forcément vrai car, si le nombre de mégapixels compte assurément, d'autres éléments sont à prendre en considération comme la qualité optique ou la réactivité.

En ce qui concerne les mégapixels, il faut surtout retenir qu'ils se rapportent à la *résolution* de l'image – sa définition –, une notion particulièrement importante pour ceux qui veulent tirer leurs photos en grand format. Par exemple, pour imprimer au format 20 x 25 cm, un appareil photo d'au moins 4 mégapixels est indispensable.

Revenons à l'iPhone. Son capteur de 2 mégapixels est assez correct et celui de 3 mégapixels est encore meilleur, bien que quelques rares téléphones soient aujourd'hui équipés de capteurs à 8 mégapixels. Mais nous estimons que la plupart d'entre vous seront satisfaits des images obtenues avec un iPhone, du moins tant qu'ils ne souhaiteront pas en faire des posters.

Nous devons cependant admettre que l'appareil photo de l'iPhone manque de fonctionnalités, comparé à la concurrence (un jour peut-être, on trouvera dans l'App Store une application qui y remédiera). Il manque notamment un flash, et seul l'iPhone 3GS est capable de filmer des séquences vidéo. Et il n'y a aucune fonction de retouche (*NdT* : mais une application nommée Photogene, décrite au Chapitre 16, en installe).

Cela dit, les autres photophones sont nettement distancés par l'iPhone lorsqu'il s'agit de visionner des images, comme le démontrera le restant de ce chapitre. La résolution d'écran de l'iPhone (480 x 320 pixels) est tout simplement étonnante.

Un petit rappel : Sur un Mac, la synchronisation des photos s'effectue avec iTunes 4.03 ou ultérieur ou avec le logiciel Aperture. Sur un PC, elle s'effectue avec Adobe Photoshop Album 2.0 ou ultérieur, ou Adobe Photoshop Elements 3.0 ou ultérieur. De plus, sur les deux types d'ordinateur, la synchronisation est possible avec n'importe quel dossier contenant des images.

Quand l'iPhone est connecté à l'ordinateur, cliquez sur l'onglet Photos, dans iTunes (l'iPhone étant sélectionné dans le volet de gauche). Cochez ensuite les cases correspondant aux emplacements à partir desquels vous désirez synchroniser les photos. Ou alors cliquez sur le bouton Tous, si vous estimez que la place est suffisante sur l'iPhone pour les recevoir.

La synchronisation des photos est bidirectionnelle. C'est pourquoi les photos prises avec l'iPhone se retrouveront dans la bibliothèque photos de votre ordinateur.

Pour les utilisateurs de Mac : Connecter un iPhone affichant des photos dans l'écran Pellicule démarre généralement iPhoto, en plus de iTunes.

Où sont parties toutes mes photos ?

Où se trouvent les photos dans l'iPhone ? Celles que vous avez prises avec l'appareil intégré se retrouvent dans un album photos fort opportunément nommé Pellicule. Les photos importées sont bien sûr elles aussi accessibles, groupées dans les mêmes albums que dans l'ordinateur. Nous vous montrerons non seulement où elles sont, mais aussi comment les afficher ou les transférer, et aussi comment vous débarrasser des photos ratées que l'on a généralement honte de montrer.

Voici comment poser vos doigts sur les photos, mais sans risquer de les tacher :

1. Depuis l'application Appareil photo :

1a. Touchez l'icône Aperçu, en bas à gauche.

- L'obturateur se ferme un instant, puis il est remplacé par l'écran de la Figure 9.4 qui affiche des vignettes de toutes les photos prises avec l'iPhone. Cet ensemble est appelé Pellicule. Les commandes de l'appareil photo disparaissent au bout de quelques secondes ; touchez l'écran pour les revoir.

1b. Ou alors touchez l'icône Pellicule, en haut à gauche de l'écran.

- Les vignettes de l'ensemble de la pellicule que vous venez de prendre apparaissent, comme à la Figure 9.4.
- Sur l'iPhone 3GS, la pellicule montre à la fois les photos et les vidéos que vous venez de prendre (le tournage des vidéos est expliqué au Chapitre 8). Sur les anciens modèles d'iPhone, vous ne voyez que les photos

2. **Vous pouvez aussi toucher l'icône Photos, sur l'écran d'accueil, puis toucher la Pellicule ou n'importe quel album de photos.**

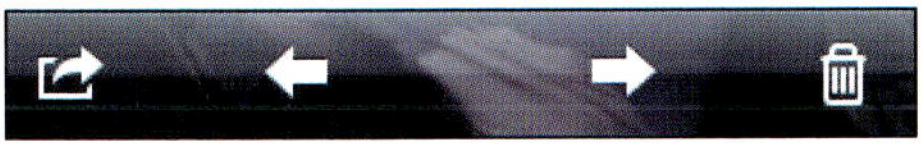

Figure 9.3 : Les commandes de navigation.

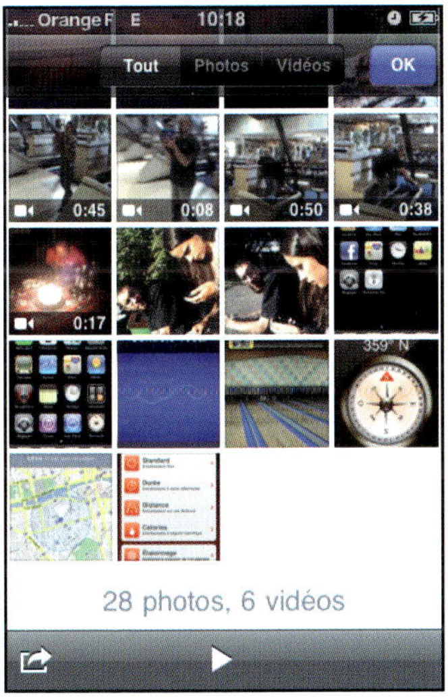

Figure 9.4 : Vos photos d'un seul coup d'œil.

La méthode de l'Étape 1 ne donne accès qu'à la Pellicule. Les autres méthodes donnent accès à la Pellicule, mais aussi à tous les autres albums de photos.

3. **Parcourez les vignettes jusqu'à ce que vous ayez trouvé celle de la photo à visionner.**

   Si la vignette rechérchée n'est pas visible, faites défiler les images du bout du doigt.

4. **Touchez la vignette à visionner.**

   La photo choisie s'étale à l'écran.

5. **Touchez de nouveau l'écran.**

   Des commandes apparaissent (voir Figure 9.3). Nous y reviendrons plus tard.

6. **Pour faire disparaître les commandes, touchez de nouveau l'écran ou attendez quelques secondes qu'elles disparaissent d'elles-mêmes.**

7. **Pour que l'iPhone puisse reprendre des photos au lieu d'en montrer, affichez les commandes puis touchez l'icône Appareil photo, en haut à droite.**

   Notez que cette option n'est disponible que si vous êtes arrivé dans Pellicule à partir de la fonction Appareil photo. Autrement, vous devrez revenir à l'écran d'accueil et toucher l'icône Appareil photo.

8. **Pour revenir à la Pellicule ou aux vignettes de n'importe quel autre album, affichez les commandes sur la photo et touchez le bouton Pellicule, en haut à gauche.**

   Le bouton Pellicule affichera le nom d'un autre album si vous tentez plutôt de retourner à cette collection de photos.

Admirer les photos

Les photos sont faites pour être vues, et non enfouies dans l'équivalent numérique d'une boîte à chaussures. L'iPhone propose plusieurs manières de manipuler, montrer et partager vos meilleures images.

Nous avons vu précédemment comment trouver une photo, la visionner et afficher les commandes. Mais bien d'autres actions sont possibles sans recourir aux commandes. En voici quelques-unes :

- **Passer à la photo suivante ou précédente :** Tirez le doigt vers la droite ou vers la gauche, ou touchez une des commandes fléchées.
- **Visionner en largeur ou en hauteur :** C'est là qu'intervient l'inclinomètre de l'iPhone. Basculez l'iPhone de côté, et l'image se réoriente d'elle-même pour être en hauteur ou en largeur, comme le montre la Figure 9.5. Les photos prises en largeur emplissent complètement l'écran lorsque l'appareil est sur le côté. Redressez-le et la photo se réadapte à l'écran.

Figure 9.5 : La même photo en hauteur et en largeur.

- **Zoomer :** Double-touchez pour agrandir l'image. Refaites de même pour la ramener à sa taille normale. Ou alors touchez la photo entre le pouce et l'index, et rapprochez-les pour zoomer en avant ou éloignez-les pour zoomer en arrière.
- **Déplacer et faire défiler :** Quand vous avez zoomé dans une image, vous pouvez la parcourir en la déplaçant du doigt. Ce qui permet de s'attarder sur la truffe de Toutounet plutôt que sur son maître qui n'a pas l'air commode.

Démarrer un diaporama

Ceux qui gèrent leur photothèque sur un ordinateur savent ce qu'est un diaporama. L'iPhone comporte une fonction identique :

1. **Choisissez la Pellicule ou un autre ensemble de photos, dans l'écran Albums photos.**

   Sur l'écran d'accueil, touchez l'icône Photos ou touchez le bouton Pellicule, dans l'application Photos.

2. **Touchez le bouton de lecture en bas de l'écran.**

Admirez le spectacle.

Les effets de diaporama

La durée d'affichage des photos d'un diaporama est réglable, de même que la transition entre les images. Les photos peuvent aussi être présentées dans un ordre aléatoire.

Voici comment procéder : Sur l'écran d'accueil, touchez Réglages puis Photos. Touchez et réglez ensuite l'une des options suivantes :

- **Afficher chaque photo pendant** : Vous disposez de cinq choix : 2, 3, 5, 10 et 20 secondes. Après avoir fait votre choix, touchez le bouton Photos pour revenir en arrière.
- **Transition :** Il s'agit de l'effet qui se produit lors du passage d'une photo à une autre. Là encore, vous disposez de cinq choix : Cube, Dissolution, Vague, Balayage horizontal et Balayage vertical. Essayez-les tous. Touchez ensuite le bouton Photos.
- **Boucle :** Lorsque cette option est activée, le diaporama se répète jusqu'à ce que vous y mettiez fin. Sinon, le diaporama n'est montré qu'une seule fois.
- **Aléatoire :** Activer cette option présente les photos dans un ordre aléatoire.

Touchez le bouton principal pour quitter l'application Réglages et revenir à l'écran d'accueil.

Sonoriser un diaporama

Ed adore accompagner ses photos avec des chansons de Sinatra, Sarah Vaughan ou Gershwin, pour ne citer qu'eux. Bob préfère les Beatles ou de la musique classique.

Rien n'est plus facile que d'ajouter de la musique à un diaporama. Il suffit de toucher l'icône iPod et de lire un morceau, de retourner dans l'application Photos et de démarrer un diaporama comme nous l'avons expliqué précédemment.

Supprimer des photos

Nous avons dit précédemment que les photos étaient faites pour être vues. En réalité, il nous faut nuancer le propos : certaines photos valent d'être montrées, mais d'autres ne méritent pas d'être conservées.

Pour supprimer une photo ratée ou inintéressante :

1. **Dans l'album photos, touchez la photo à supprimer.**
2. **Touchez la photo affichée pour faire apparaître les commandes, si elles ne sont pas déjà visibles.**
3. **Touchez l'icône en forme de poubelle.**
4. **Touchez le bouton Supprimer (ou Annuler, si finalement vous changez d'avis).**

   La photo est définitivement supprimée.

Que faire de vos photos ?

Les photos de l'iPhone peuvent être exploitées de diverses manières. Mais d'abord, assurez-vous que les commandes sont affichées en même temps que l'image. Touchez ensuite l'icône en bas à gauche, celle montrant une flèche jaillissant d'un rectangle. Vous accédez ainsi aux quatre choix de la Figure 9.6 que nous examinons sans tarder :

- **Utiliser en fond d'écran :** L'image par défaut est une splendide photo de la Terre. Bien que spectaculaire, vous souhaitez peut-être mieux comme image d'arrière-plan : une photo de votre conjoint, des enfants ou de votre animal de compagnie.
- Après avoir touché le bouton Utiliser en fond d'écran, vous voyez ce que donnera l'actuelle image. Comme le montre la Figure 9.7, vous avez la possibilité de déplacer la photo et de la redimensionner par les classiques manipulations consistant à la tirer du bout du doigt ou par pincement. Pour utiliser la photo en fond d'écran, touchez le bouton Valider (sinon, annulez). Nous reviendrons aux fonds d'écran au Chapitre 13.

Figure 9.6 : Ce que vous pouvez faire de vos photos.

Figure 9.7 : Embellir l'iPhone avec un fond d'écran.

- **Envoyer par courrier :** Vous voudrez sans doute montrer les plus belles de vos photos à votre entourage. Quand vous touchez le bouton Envoyer par courrier, la photo est aussitôt jointe à un message électronique prêt à être envoyé. Utilisez le clavier virtuel pour saisir l'adresse électronique, l'objet du message et le message lui-même (reportez-vous au Chapitre 11 pour en savoir plus sur le courrier électronique).

  Vous pouvez aussi maintenir le doigt en contact avec l'écran jusqu'à ce qu'un bouton Copier apparaisse. Touchez-le, après quoi vous pourrez coller l'image dans un courrier électronique.

- Depuis l'OS 3.0, l'iPhone est capable d'acheminer des images au travers d'un MMS (*Multimedia Messaging Service*, « service de messagerie multimédia »), à condition cependant que l'opérateur de téléphonie mobile gère cette fonctionnalité. C'est le cas en France de Bouygues, Orange et SFR.

- **Assigner à un contact :** La photo que vous assignez à quelqu'un figurant dans la liste de contacts apparaît lorsque cette personne vous envoie un message. Pour que cela se produise, touchez le bouton Assigner à un contact. Dans la liste Contacts, touchez le nom de la personne à laquelle vous assignerez la photo. Comme pour le fond d'écran, vous pouvez déplacer et redimensionner la photo. Touchez ensuite le bouton Valider.

- Une autre technique consiste à toucher l'icône Téléphone, dans l'écran d'accueil, puis l'icône Contacts. Touchez la zone du correspondant, touchez le bouton Modifier, puis touchez la zone carrée Ajouter photo, en haut à gauche. Vous avez ensuite le choix entre deux options : prendre une photo avec l'appareil photo intégré à l'iPhone ou sélectionner une photo dans l'un des albums.

- Pour changer la photo assignée à quelqu'un, touchez son nom dans la liste Contacts, touchez le bouton Modifier, puis touchez la vignette représentant la photo. À partir de là, vous avez le choix entre prendre une photo avec l'appareil photo intégré à l'iPhone, sélectionner une photo dans l'un des albums, ou déplacer et/ou redimensionner la photo actuelle.

- **Envoyer la photo vers MobileMe :** Si vous avez souscrit un abonnement annuel au service MobileMe (ex.mac), vous pouvez publier un album de photos dans la galerie MobileMe. Touchez la commande Envoyer vers MobileMe puis choisissez la galerie dans laquelle vous désirez placer la photo. Saisissez le titre de la photo dans le champ Sujet du nouveau message qui vient d'apparaître. Vous devrez aussi cocher une case dans Réglages album, dans la galerie intitulée « Ajout de photos par courrier électronique ».

TRUC

Avant de quitter ce chapitre consacré à la photo, je vous recommande de visiter l'App Store que nous étudierons au Chapitre 14. Vous y trouverez quantité d'applications pour la photographie, dont beaucoup sont gratuites. Elles proviennent de divers auteurs et éditeurs, comme Pangea Software qui propose Pangea VR, une application pour visionner des panoramas interactifs, ou Connected Flow, dont l'application Exposure met le populaire service Flickr dans votre poche (dans tous les sens de l'expression). Signalons aussi que beaucoup d'applications photographiques exploitent le système de géolocalisation de l'iPhone. Les photos peuvent recevoir un géomarquage indiquant où elles ont été prises. La première fois que vous utilisez l'application Photo de l'iPhone, elle vous demande l'autorisation d'utiliser votre lieu actuel. Par la suite, vous pourrez indiquer le lieu de la prise de vue sur une carte, ou savoir où vos proches ou amis ont bien pu prendre telle ou telle photo.

Vous voici devenu un pro de la photo avec l'iPhone, ce qui n'est pas peu dire.

Quatrième partie

L'iPhone iNternet

Dans cette partie...

La publicité de l'iPhone affirme qu'il offre le véritable Internet, et c'est bien vrai. Dans cette partie, nous étudierons donc les composants Internet de votre téléphone, en commençant par un chapitre consacré au meilleur navigateur Web jamais développé pour un appareil mobile : Safari. Puis nous verrons comment tirer parti des liens, des signets et des onglets, et comment ouvrir plusieurs pages Web en même temps. Nous vous montrerons comment lancer une recherche sur le Web à partir de l'iPhone. Et nous parlerons aussi de EDGE, de la 3G et de la Wi-Fi, les réseaux sans fil compatibles avec l'appareil.

Puis nous étudierons l'application Courrier. Vous découvrirez combien il est facile de définir des comptes de messagerie, de recevoir et d'envoyer du courrier avec ou sans pièces jointes.

Pour finir, nous examinerons trois superbes applications : Plans et Boussole, qui faciliteront vos déplacements et vous indiqueront même où vous êtes dans une ville qui vous est inconnue; Météo, qui vous indiquera le temps qu'il fait là où vous êtes ou là où vous comptez aller, et Bourse, qui vous tiendra informé des fluctuations de vos investissements.

Crédits photos :
iStockphoto.com/Chad Anderson (haut)
iStockphoto.com/Audrey Pustovoy (milieu)
iStockphoto.com/Jodie Coston (bas)

10

Le Safari mobile

Dans ce chapitre :

- Surfer sur le Web.
- Ouvrir et afficher des pages Web.
- Utiliser un réseau sans fil.
- Liens, signets et historiques.
- Sécuriser Safari.

« L'Internet dans votre poche. »

Ce qu'Apple avait promis, l'iPhone l'a matérialisé. Il est vrai que Steve Jobs avait préparé le terrain en alléchant le public dès janvier 2007, six mois avant la sortie de son petit bijou.

Depuis des années, les fabricants de téléphones mobiles proposent une version édulcorée d'un navigateur Internet, bien éloignée de ce que l'on trouve habituellement sur un écran d'ordinateur.

Apple s'est au contraire efforcé de reproduire exactement ce qu'est une page Web. Elle est exactement comme celles que vous verriez sur l'écran d'un Mac ou d'un PC, avec sa mise en page d'origine, ses graphismes et même la vidéo.

Voyons ce qu'est le cyberespace sur un iPhone.

Le surf vraiment Net

Si le Web est véritablement le Web et le Net vraiment net sur un iPhone, c'est au navigateur Safari qu'ils le doivent. Développé pour le Mac, puis pour Windows, c'est l'un des meilleurs navigateurs. Et à notre avis, il n'a aucun concurrent dans le domaine de la téléphonie mobile.

Un coup d'œil sur le navigateur

Démarrons notre cyberexpédition par un rapide tour du navigateur Safari (voir Figure 10.1). Toutes les commandes existant sur la version Mac ou Windows sont présentes. C'est pourquoi Safari n'est guère dépaysant. Ces diverses commandes seront décrites dans ce chapitre.

Mais avant d'entrer dans le vif du sujet, nous ferons un petit détour : lisez l'encadré « Wi-Fi 3G/3G + et EDGE » pour en savoir plus sur les réseaux sans fil qui vous permettent de surfer sur le Web.

Wi-Fi, GPRS, EDGE et 3G/3G+

Il est en principe impossible de recevoir ou d'envoyer un appel avec un téléphone mobile sans être préalablement connecté à un réseau cellulaire. Et il vous est impossible d'aller sur l'Internet – et recevoir ou envoyer du courrier électronique – si vous ne pouvez pas accéder à un *réseau de données sans fil*. L'iPhone est compatible avec quatre de ces réseaux : la Wi-Fi, 3G/3G +, le réseau EDGE et le réseau GPRS. Il est aussi compatible avec une troisième technologie sans fil nommée Bluetooth, décrite au Chapitre 13, dont l'usage est différent.

L'iPhone se connecte automatiquement au réseau disponible le plus rapide, qui est presque systématiquement un réseau Wi-Fi, lorsqu'il s'en trouve un à portée. Wi-Fi est la marque déposée par la Wi-Fi Alliance, un consortium d'entreprises chargé de normaliser les produits basés sur le standard de communication sans fil IEEE 802.11 (suivi d'une lettre, *b, g* ou *n*, selon les spécifications et les performances).

L'iPhone est conforme aux standards 802.11b et 802.11g, ce qui signifie qu'il est capable de fonctionner avec la plupart des routeurs grand public, la plupart des points d'accès – ou *hotspot* – privés ou publics qui se trouvent dans les hôtels, les gares, les aéroports, les cybercafés et ailleurs. Si un nom d'utilisateur et un mot de passe sont demandés pour se connecter à un point d'accès Wi-Fi, vous les saisirez avec le clavier virtuel.

Le problème de la Wi-Fi est qu'elle ne couvre qu'une zone très modeste autour du point d'accès, ce qui nous amène aux réseaux EDGE (*Enhanced Datarate for GSM Evolution*, taux de transfert de données amélioré pour l'évolution du GSM) et 3G/3G + (de troisième génération) ainsi que GPRS (*General Packet Radio Service,* service général de radiocommunication par paquets).

Quelques chiffres vous permettront de vous faire une idée précise des capacités de ces réseaux de données :

- **GPRS :** c'est le plus lent des réseaux. Avec 53,6 Kbit/s maximum en réception et seulement 26,8 Kbit/s en émission, c'est celui des connexions à bas débit.
- **3G :** Les deux tiers de la France métropolitaine et une partie des DOM-TOM sont couverts. Le débit est de 384 Kbit/s en réception et 128 Kbit/s en émission.
- **3G + :** est l'appellation commerciale de la technologie HSDPA (*High Speed Downlink Package Access,* accès par paquets en liaison descendante à haut débit), une évolution de la technologie 3G. Son débit maximal est de 3,6 Mbit/s en réception, mais seulement 384 Kbits/s en émission.
- **EDGE :** Ce réseau qui bouche les trous de la 3G/3G + couvre 99 % de la France métropolitaine et une bonne partie des DOM-TOM. Le débit est 214 kilobits/seconde (Kbit/s) maximum en réception.

En France métropolitaine, lez zones où aucun réseau n'est détectable sont rarissimes. Le réseau 3G + est concentré sur les régions les plus peuplées et les plus industrialisées. Mais quand la réception est un peu déficiente, EDGE prend généralement le relais sans coup férir.

Figure 10.1 : Le navigateur Safari de l'iPod.

Incursion dans le cyberespace

Nous vous avons alléché en affirmant combien les pages Web sont belles sur un iPhone. Le moment est venu de voir cela.

Dès que vous touchez le champ d'adresse, le clavier virtuel apparaît. Remarquez, sur ce clavier, la touche `.com` destinée aux nombreuses adresses Web qui se terminent par ce suffixe. Mais pour d'autres suffixes très courants, comme `.fr`, `.org`, `.net` et bien d'autres, vous devrez procéder manuellement.

Le point (.) et la barre inclinée (/) se trouvent aussi sur le clavier, car ils sont abondamment utilisés dans les adresses Web.

TRUC

NdT : Pourquoi le signe deux-points (:) – comme dans `http://` – ne figure-t-il pas sur le clavier virtuel ? Parce qu'il est inutile de taper ce préfixe. Commencez directement par le nom de domaine – car même www est superflu –, et le navigateur se charge du reste. Exemple : editionsfirst.fr au lieu de http://www.editionsfirst.fr.

Dès que vous tapez une adresse Internet, vous voyez apparaître une liste d'adresses correspondant à la saisie, comme le montre la Figure 10.2. Par exemple, si vous tapez « e », une liste d'adresses commençant par cette lettre est affichée.

Figure 10.2 : Les pages Web correspondant à la saisie en cours.

L'iPhone dispose de deux moyens pour déterminer les sites à afficher lorsque vous saisissez une adresse :

L'un consiste à rechercher ceux figurant parmi les signets ou les favoris que vous avez créés dans l'ordinateur avec Safari ou Internet Explorer, et que vous avez ensuite synchronisés avec l'iPhone.

L'autre est la liste des sites de l'Historique qui concerne la trace de vos récentes pérégrinations cybernétiques. Nous reviendrons sur les signets et l'Historique plus loin dans ce chapitre.

Ouvrons notre première page Web :

1. **Touchez l'icône Safari, en bas de l'écran d'accueil.**

   Il fait partie de la « bande des quatre », les autres étant Téléphone, Courrier et iPod.

2. **Touchez le champ d'adresse, en haut de l'écran.**

   Si vous ne le voyez pas, faite défiler la page vers le bas.

3. **Commencez à taper l'adresse.**

Une adresse Internet est aussi appelée URL (*Uniform Resource Locator*, adresse de ressource unifiée) dans la littérature technique.

4. **Exécutez l'une de ces actions :**

   a. Pour aller sur l'un des sites mentionnés sur un signet, touchez-le.

      Safari remplit automatiquement le champ d'adresse et ouvre la page en question.

   b. Continuez à saisir entièrement l'adresse Internet, puis touchez le bouton Accéder, en bas à droite.

      Il n'est pas nécessaire de tout taper. Par exemple, au lieu de taper `http://www.france.com`, ne tapez que `france` puis touchez le bouton .com puis le bouton Accéder. Vous êtes alors transporté non de joie (quoique…) mais vers le site en question.

Bien que Safari et l'iPhone soient capables d'afficher une page exactement comme sur l'écran d'un ordinateur, il vous arrivera d'être redirigé spontanément vers la version allégée du site – parfois appelée « site WAP » –, destinée aux téléphones mobiles. Sur ces sites, les graphismes ont souvent été éliminés. Certains sont optimisés pour l'iPhone. C'est le cas de celui du quotidien *Libération*. Lorsque vous saisissez son adresse Web habituelle (`www.liberation.fr`), un bandeau rouge vous invite à vous connecter à l'adresse `http://iphone.liberation.fr`. Cliquez dessus pour y accéder directement.

C'est Net

Ouvrir une page Web c'est bien, mais la consulter confortablement, c'est mieux. Vous découvrirez maintenant comment zoomer dans une page afin d'en lire le contenu sans recourir à une loupe.

Essayez ces petites manips sympas :

- **Double-touchez l'écran afin que la partie effleurée emplisse tout l'écran :** Il ne faut pas plus d'une seconde au contenu pour devenir net. La Figure 10.3 montre une même page du journal *Le Monde* juste après son chargement, et après avoir zoomé en double-touchant. Observez comment la colonne de texte est cadrée au mieux, sans jamais être tronquée. Pour revenir à l'affichage d'origine, double-touchez de nouveau.

Figure 10.3 : Une page chargée (à gauche) et agrandie (à droite).

- **Pincez la page :** Rapprochez deux doigts, faites-les toucher l'écran et écartez-les. La page grossit. Rapprochez les doigts et la page rétrécit. Là encore, patientez une seconde, le temps que le contenu, flou pendant le zoom, redevienne net.

- **Déplacez la page du bout du doigt :** De droite à gauche, de haut en bas, et inversement et en tous sens. C'est la course du lièvre à travers les champs.
- **Pivotez l'iPhone en largeur :** Inclinez l'iPhone. Vous bénéficiez non seulement d'une vue en panoramique, mais les touches du clavier virtuel sont plus grandes, ce qui est commode pour saisir une adresse Internet.

Figure 10.4 : Le Web en hauteur et en largeur.

Ouvrir plusieurs pages à la fois

Lorsque vous surfez sur le Web à partir d'un ordinateur de bureau ou portable, vous ne vous en tenez pas à une seule page. En réalité, vous en ouvrez plusieurs à la fois, soit par choix personnel, soit parce qu'un lien hypertexte s'est ouvert dans une nouvelle page sans fermer la précédente. Sans parler des indésirables fenêtres surgissantes et autres pollutions publicitaires.

Le navigateur Safari de l'iPhone est capable de conserver plusieurs pages en même temps. Touchez l'icône en bas à droite, dans la barre de navigation, puis touchez le bouton Nouvelle page. Saisissez ensuite l'adresse Internet de la page à ouvrir.

Le chiffre sur l'icône en bas à droite de Safari indique combien de pages sont ouvertes. Pour les voir, feuilletez-les en tirant du doigt vers la droite ou vers la gauche, comme à la Figure 10.5. Pour afficher une page en plein écran, touchez-la.

Figure 10.5 : Faites défiler les pages Web.

Pour fermer une page Web, touchez le bouton rouge en haut à gauche de la page.

Les liens (affectifs)

Surfer sur le Web serait une galère s'il fallait saisir des adresses Web chaque fois que vous voudriez passer d'une page à une autre. C'est pourquoi les signets sont si appréciés, mais aussi et surtout les liens. Comme le navigateur Safari de l'iPhone fonctionne exactement comme celui du Mac ou du PC, les liens réagissent de la même manière.

Les liens textuels pointant vers un autre site ou une autre page sont généralement bleus et soulignés. Touchez un lien pour aller directement vers la page vers laquelle il pointe.

D'autres liens peuvent se comporter différemment et :

- **Ouvrir un plan :** Toucher un plan démarre l'application Google Maps, étudiée au Chapitre 12.
- **Préparer un courrier électronique :** Saisissez une adresse électronique et l'iPhone démarre l'application Courrier présentée au prochain chapitre. Il place automatiquement l'adresse dans le champ À et déploie le clavier virtuel afin que vous puissiez ajouter d'autres destinataires, indiquer l'objet et composer le message.
- **Appeler au téléphone :** Touchez un numéro de téléphone figurant dans une page Web, et l'iPhone le mémorise aussitôt. Touchez ensuite le bouton Appeler, et l'iPhone compose le numéro.

TRUC

Pour voir l'adresse Internet, ou URL, vers laquelle pointe un lien, immobilisez le doigt sur le lien pendant un instant. C'est aussi un moyen pour vérifier si une image contient un lien.

ATTENTION

Tous les liens hypertextes ne s'accommodent guère de l'iPhone. Par exemple, au moment où ces lignes sont écrites, iPhone snobe quelques standards Web bien établis comme la vidéo Flash et Java. La version 3.0 du système d'exploitation de l'iPhone reconnaît le standard émergent HTML 5 ainsi que la diffusion en flux continu, ou *streaming,* du son et de la vidéo. Ceci dit, en cas d'incompatibilité, il ne se passe rien. Ou alors, un message vous demande de télécharger un module complémentaire, ou *plug-in.*

Créer un signet

Pour en avoir utilisé sur votre ordinateur et les avoir synchronisés avec l'iPhone, vous savez d'ores et déjà combien les signets sont utiles. Il n'est pas plus difficile d'en créer directement dans l'iPhone :

1. **La page à marquer d'un signet étant ouverte, touchez le bouton « plus », au milieu dans la barre de navigation, en bas de l'écran.**

   Un menu comportant trois options apparaît : Ajouter un signet, Ajouter à l'écran d'accueil, Envoyer cette adresse URL. La Figure 10.6 montre la page Nouveau signet qui apparaît lorsque vous touchez l'option Ajouter un signet. Ce dernier comporte un nom et un emplacement par défaut.

Figure 10.6 : La saisie d'un nouveau signet.

2. **Pour accepter le nom et l'emplacement par défaut du signet, touchez le bouton Enregistrer.**
3. **Pour modifier le nom du signet, touchez le bouton X rond puis saisissez le nouveau nom à l'aide du clavier virtuel. Touchez ensuite Enregistrer.**
4. **Pour choisir un autre emplacement de stockage du signet, touchez le symbole « > » à gauche du signet, touchez le dossier dans lequel vous désirez placer le signet, touchez le bouton Ajouter un signet, puis touchez Enregistrer.**

Pour accéder à un site Web en utilisant son signet, touchez l'icône Signets, dans la barre de navigation (c'est la deuxième à partir de la droite), puis touchez le signet approprié.

Si ce signet se trouve dans un dossier, touchez d'abord le nom du dossier, puis le signet.

Si vous avez touché l'option Ajouter à l'écran d'accueil plutôt que Ajouter un signet, à l'Étape 1, une icône de signet est placée dans l'écran d'accueil, permettant d'accéder rapidement au site. Si vous avez touché l'option Envoyer cette adresse URL, le programme Mail s'ouvre avec, dans le message, le lien pointant vers la page ainsi que le nom du site dans le champ Objet.

Modifier ou supprimer des signets

Si un signet n'est plus utile ou si l'adresse Internet a changé, vous pouvez l'effacer ou le modifier :

- Pour supprimer un signet ou un dossier dans une liste, touchez l'icône Signets puis le bouton Modifier. Touchez ensuite le cercle rouge à barre blanche des signets à éliminer, puis touchez le bouton Supprimer.
- Pour modifier le nom ou l'emplacement d'un signet ou d'un dossier dans une liste, touchez l'icône Signets puis le bouton Modifier. Touchez ensuite le signet. Un panneau semblable à celui affiché lors de la création apparaît. Dans le champ Titre, touchez le cercle gris avec une croix pour effacer le nom puis tapez le nouveau. Modifiez l'adresse Internet ou l'emplacement du signet (pour choisir un autre dossier, touchez le chevron à droite du champ Signets).
- Pour créer un nouveau dossier pour vos signets, touchez Modifier puis le bouton Nouveau dossier. Nommez-le et choisissez son emplacement.
- Pour déplacer un signet dans la liste, touchez Modifier puis repositionnez-le en le tirant par la barre à trois traits, à droite de son nom.

- Pour supprimer un signet dans un écran d'accueil, touchez-le jusqu'à ce que les icônes frémissent, puis touchez le bouton rouge avec une croix, en haut à gauche du signet à éliminer.

  N'OUBLIEZ PAS

  Un signet placé dans un écran d'accueil ne peut être que supprimé. Il est impossible de le modifier.

L'historique de vos visites

Il vous arrivera parfois de vouloir retourner sur un site que vous n'aviez pas marqué d'un signet, et dont vous ne vous souvenez pas de l'adresse ou comment vous vous y êtes rendu. Safari conserve heureusement un historique de vos escapades sur le Web.

L'adresse des pages visitées est mémorisée pendant plusieurs jours. Pour y accéder, touchez l'icône Signets, touchez Historique, tout en haut de la liste, puis touchez le nom du site que vous estimez être celui que vous désirez revoir.

TRUC

Pour effacer l'historique afin que personne ne puisse savoir quels sites vous avez visités – on n'est pas de bois, mais quand même… –, touchez le bouton Effacer, en bas de l'écran. Ou alors, dans l'écran d'accueil, touchez l'icône Safari puis Effacer l'historique. Dans les deux cas, vous devrez confirmer vos funestes intentions.

Démarrer une recherche sur le Web

La plupart des internautes recourent intensivement aux moteurs de recherche – les plus utilisés sont Google et Yahoo! ; il en va de même sur l'iPhone.

Bien que vous puissiez taper `google.fr` ou `fr.m.yahoo.com` dans le champ d'adresse, rien ne vous y oblige, car Apple vous dispense de ces fastidieuses saisies. En fait, après avoir cliqué sur l'icône en forme de loupe, à gauche du champ d'adresse, et entré les critères de recherche, il suffit de toucher le bouton Google, en bas à droite (voir Figure 10.7) pour démarrer le moteur de recherche par défaut.

Pour effectuer une recherche depuis l'iPhone, touchez le champ de saisie contenant une petite loupe et tapez vos critères. Touchez ensuite le bouton Google – ou Yahoo!, si vous l'avez défini par défaut comme nous l'expliquons au prochain paragraphe – afin de lancer la recherche. Touchez ensuite n'importe lequel des résultats qui vous semblent intéressants.

Pour définir le moteur de recherche par défaut, touchez l'icône Réglages, dans l'écran d'accueil, puis Safari et ensuite Moteur de recherche. Touchez enfin celui que vous désirez utiliser, Google ou Yahoo!.

Figure 10.7 : La recherche sera lancée avec Google.

Figure 10.8 : Maintenez le doigt contre une image pour pouvoir l'enregistrer.

Enregistrer des images du Web

La plupart des images des pages Web peuvent être copiées (sachez toutefois que vous risquez d'être en infraction avec le droit d'auteur, selon l'usage que vous ferez de ces images). Voici comment : Laissez votre doigt en contact avec une image jusqu'à ce qu'un bouton Enregistrer l'image apparaisse (accompagné d'un bouton Annuler et parfois d'un bouton Ouvrir le lien), comme le montre la Figure 10.8.

Les paramètres intelligents de Safari

L'Internet regorge certes de richesses en tout genre, mais c'est aussi un lieu parfois mal fréquenté. Vous devrez protéger votre vie privée et votre sécurité.

Retournons dans les paramètres de l'iPhone en touchant l'icône Réglages, dans l'écran d'accueil. Touchez maintenant le mot Safari.

Nous venons d'apprendre comment choisir le moteur de recherche par défaut et effacer l'historique. D'autres actions sont envisageables :

- **Accélérer la saisie dans un formulaire avec la fonction Auto-remplissage :** C'est une nouveauté de la version OS 3.0. Quand elle est activée, Safari termine automatiquement la saisie du champ que vous avez commencé à remplir avec votre nom d'utilisateur, votre mot de passe ou avec les informations de contacts prélevés dans votre carnet d'adresses.
- **Effacer les cookies :** Nous n'avons pas encore parlé des cochoncetés qui peuvent s'accumuler dans l'iPhone. Les *cookies* sont de tout petits fichiers qu'un site Web place dans l'iPhone afin de vous reconnaître lorsque vous le revisitez. Pas de panique : les cookies sont inoffensifs, mais si ce flicage bénin vous incommode, il vous reste quelques ressources.
- Touchez Effacer les cookies, en bas de l'écran, puis confirmez. Ou alors touchez Accepter les cookies et choisissez Jamais. Théoriquement, l'iPhone n'acceptera plus aucun cookie, mais cela peut vous empêcher d'accéder à des sites indispensables, comme celui de votre banque qui a besoin de

placer des cookies. Si l'iPhone les refuse, vous ne pourrez pas consulter vos comptes ni faire d'opérations. Un excellent moyen terme consiste à n'accepter les cookies que des sites sur lesquels vous êtes déjà allé. Pour cela, touchez l'option Des sites visités. La dernière option, Toujours, accepte systématiquement tous les cookies.

Si l'iPhone est configuré pour ne jamais accepter de cookies, certaines pages Web risquent de n'être pas correctement chargées et affichées.

- Touchez le bouton Safari, en haut à gauche, pour revenir aux réglages du navigateur.
- **Effacer la mémoire cache :** La mémoire cache stocke les fichiers des pages Web que vous avez visitées, afin de les recharger plus rapidement la prochaine fois que vous y retournerez. Lorsque cette mémoire contient trop de fichiers, les performances du navigateur en pâtissent. Touchez l'option Effacer la mémoire cache pour y faire un nettoyage par le vide.
- **JavaScript :** Cette option est active par défaut. Les programmeurs de pages Web se servent du langage JavaScript pour placer de nombreuses fonctionnalités comme l'affichage de la date et de l'heure ou le remplacement d'une image par une autre lorsqu'elle est survolée par le pointeur de la souris. Le code JavaScript a toutefois été impliqué dans des problèmes liés à la sécurité.
- **Modules externes :** Cette option est active par défaut (bouton bleu avec un « 1 » dedans). Elle autorise le téléchargement de modules complémentaires exigés par certains formats vidéo, dans des pages Web.
- **Bloquer les « pop-up » :** Les *pop-ups* sont ces agaçantes fenêtres surgissantes publicitaires qui s'imposent sans vergogne. Par défaut, les pop-ups ne sont pas bloqués, car certains sites s'en servent à bon escient.

- **Développeur :** À moins que vous soyez programmeur, cette option ne vous sera d'aucun intérêt. Elle permet d'activer ou désactiver une console de débogage montrant les erreurs, les alertes, les informations, les journalisations, etc.

La maîtrise de Safari n'est qu'un aspect de l'usage de l'Internet avec l'iPhone. Dans les chapitres à venir, vous découvrirez comment utiliser le courrier électronique, les plans, et bien d'autres choses encore.

11

Les bons comptes (de messagerie) font les bons amis

Dans ce chapitre :

- Configurer les comptes de messagerie.
- Envoyer du courrier électronique.
- Lire et gérer les messages.
- Rechercher dans les messages
- Définir les préférences de courrier.

Vous avez vu au Chapitre 5 combien il est facile d'envoyer des SMS. Ces messages textuels ne sont toutefois pas l'unique moyen de communication écrite de l'iPhone. L'un de ses aspects les plus plaisants est la possibilité de recevoir et d'envoyer du courrier électronique – des e-mails – à l'aide de l'application Mail, qui est de surcroît capable d'afficher les messages avec tous les enrichissements de l'HTML : polices variées et graphismes incorporés.

© iStockPhoto.com/Chad Anderson

Et ce n'est pas tout : votre iPhone sait ouvrir différents types de pièces jointes, notamment les fichiers PDF, Word et Excel. Et, cerise sur le gâteau, les fonctions de messagerie peuvent se dérouler en tâche de fond, vous permettant de surfer sur le Web ou de converser au téléphone pendant que l'iPhone s'occupe efficacement de votre courrier en coulisse.

Configurer les comptes de messagerie

Commençons par le début : pour pouvoir échanger du courrier, vous avez besoin d'une adresse électronique. Si vous disposez d'un accès à haut débit – ADSL ou câble –, elle vous a certainement été communiquée lorsque vous vous êtes abonné. Si vous faites partie de la minorité de lecteurs ne disposant pas encore d'une telle adresse, vous pourrez en obtenir une gratuitement en allant sur le site de Yahoo! (`http://fr.yahoo.com/`), Google (`http://mail.google.com/`), Hotmail (`www.hotmail.fr`) et de bien d'autres fournisseurs de services.

Beaucoup, pour ne pas dire tous les fournisseurs de messagerie gratuite, placent un peu de publicité à la fin des messages que vous envoyez. Si cela vous gêne, utilisez le compte proposé par votre fournisseur d'accès Internet (du type *votrenom*@free.fr, *votrenom*@orange.fr…).

Configurer un compte (facilement)

Vous vous souvenez peut-être qu'au Chapitre 3 il vous a été proposé de synchroniser automatiquement les comptes de messagerie présents dans l'ordinateur et de les transférer ainsi dans l'iPhone ? Si vous avez accepté de le faire, vos comptes doivent d'ores et déjà s'y trouver. Vous pouvez passer directement à la section « T'as du courrier ! ».

Si vous n'avez pas opté pour cette possibilité, mais voudriez transférer vos comptes vite et bien, reportez-vous au Chapitre 3 pour savoir comment synchroniser l'iPhone. Passez ensuite à la section « T'as du courrier ! ».

Configurer un compte (moins facilement)

Si vous ne désirez pas synchroniser les comptes de messagerie de l'ordinateur, vous pourrez le configurer manuellement. Ce n'est pas aussi facile que de cocher une case et de synchroniser, mais il n'est pas nécessaire d'avoir inventé l'eau tiède pour y parvenir.

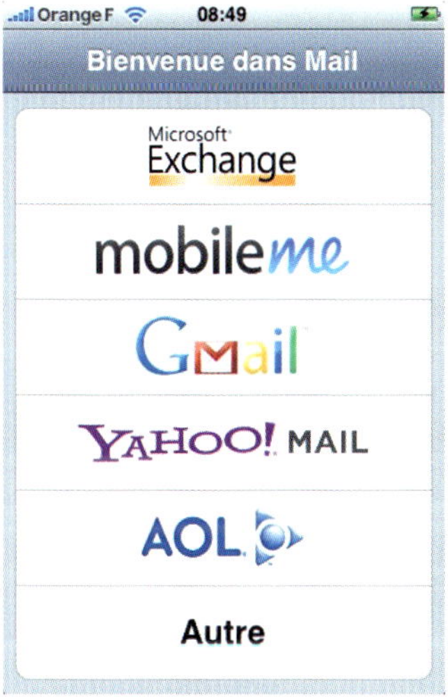

Figure 11.1 : Choisissez l'une de ces options.

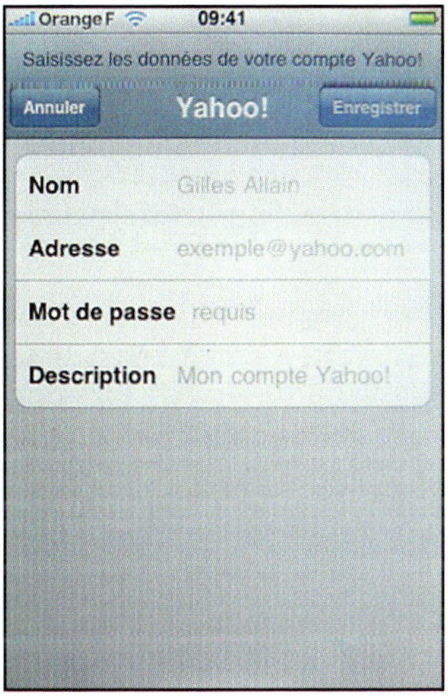

Figure 11.2 : Remplissez les champs et touchez le bouton Enregistrer. Vous voici prêt à communiquer par courrier électronique !

Si aucun compte de messagerie n'a été défini dans l'iPhone, vous serez invité à en configurer un la première fois que vous démarrerez l'application Courrier. Si au contraire un ou plusieurs comptes ont été définis dans l'iPhone et que vous désirez en ajouter un manuellement, vous devrez commencer par toucher l'icône Réglages, sur l'écran d'accueil, puis toucher Courrier puis Ajouter un compte.

Dans les deux cas, vous voyez apparaître l'écran Ajouter un compte que montre la Figure 11.1. Continuez à l'une des deux sections qui suivent, selon le compte que vous voulez créer.

Configurer un compte Yahoo!, Google, AOL ou MobileMe

Si vous possédez un compte de messagerie Yahoo!, Google, MobileMe ou AOL, touchez le bouton approprié sur l'écran Ajouter un compte. Si votre fournisseur de services n'est pas l'un de ces quatre opérateurs, touchez l'option Autre et passez à la prochaine section.

Entrez votre nom, votre adresse électronique et le mot de passe, comme à la Figure 11.2. Le champ Description est facultatif.

Touchez le bouton Enregistrer, en haut à droite. C'est tout. Le compte de messagerie est maintenant opérationnel.

Configurer un compte d'un autre fournisseur

Si votre compte de messagerie est celui d'un autre fournisseur de services que Yahoo!, Google, MobileMe ou AOL, le configurer sera un peu plus long.

Vous aurez besoin de plusieurs types d'informations que vous ne connaissez peut-être pas ou que vous n'avez pas sous la main.

Nous vous suggérons de parcourir d'abord la procédure à suivre avant de l'appliquer, de notez les éléments qui vous sont inconnus et de les réunir avant de passer à l'acte. Vous trouverez ces éléments dans la documentation qui vous a été remise après vous être abonné à l'accès Internet. Certaines d'entre elles, qui sont purement techniques et ne sont pas nominatives, se trouvent peut-être sur le site Web du fournisseur. Si le compte que vous désirez configurer est celui de l'entreprise où vous travaillez, adressez-vous au responsable informatique.

Voici comment configurer manuellement un compte :

1. **Dans l'écran Ajouter un compte, touchez Autre.**
2. **Saisissez vos nom, adresse, mot de passe et description dans les champs appropriés, comme si vous étiez en train de configurer un compte Yahoo!, Gmail, AOL ou MobileMe.**

Avec un peu de chance, vous n'avez rien de plus à faire, sauf attendre longuement – pendant qu'un curseur rotatif tournicote sans fin – que l'iPhone ait réussi à extraire les informations et valider votre compte auprès de votre fournisseur. Sinon, passez à l'Étape 3.

3. **En haut de l'écran, touchez le bouton correspondant au type de serveur de messagerie utilisé par ce compte : IMAP ou POP (voir Figure 11.3).**

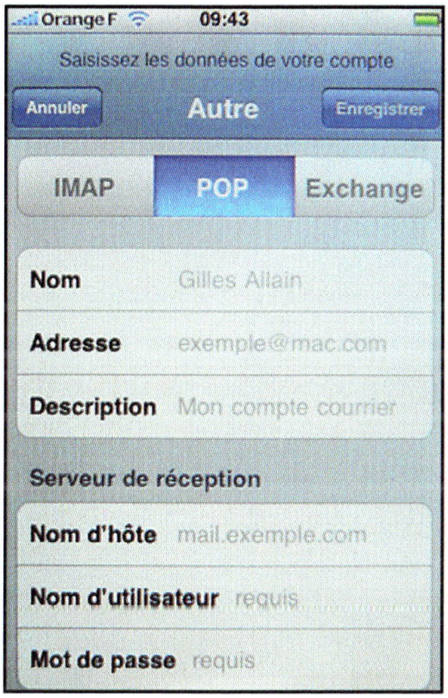

Figure 11.3 : Si vous n'utilisez pas un compte Yahoo!, Google, MobileMe ou AOL, la configuration sera plus technique.

4. **Saisissez le nom d'hôte du serveur de réception.** **Exemples :** `pop.votrefournisseur.fr` **ou** `mail.votrefournisseur.fr`.

5. **Indiquez votre nom d'utilisateur ainsi que votre mot de passe.**

6. **Saisissez le nom d'hôte du serveur d'envoi.** **Exemple :** `smtp.votrefournisseur.fr`.

Vous devrez faire défiler l'écran pour accéder aux champs du serveur d'envoi de courrier.

7. **Entrez votre nom d'utilisateur ainsi que votre mot de passe.**

   Ils sont communs aux deux serveurs.

8. **Touchez le bouton Enregistrer, en haut à droite, pour créer le compte.**

TRUC

Certains serveurs d'envoi n'ont pas besoin du nom d'utilisateur et du mot de passe. C'est pourquoi la mention « facultatif » figure dans des champs. Nous vous recommandons néanmoins de les remplir. Cela vous évitera de devoir saisir ces informations ultérieurement, si le serveur de courrier sortant exige tout à coup un nom d'utilisateur et un mot de passe, ce qui est souvent le cas par les temps qui courent.

Configurer un compte d'entreprise

L'iPhone a été rendu plus facile à utiliser dans un contexte professionnel, notamment en recourant aux serveurs Microsoft Exchange, largement utilisés dans les grandes entreprises.

Qui plus est, si votre société supporte la technologie ActiveSync de Microsoft, l'iPhone peut bénéficier de la messagerie *push* permettant aux messages d'arriver directement dans l'iPhone tout comme dans les ordinateurs. Afin de conserver une cohérence globale, l'iPhone supporte aussi les calendriers *push* et les contacts *push*. La société, elle, doit être équipée de Microsft ActiveSync 2003 (avec le Service Pack 2) ou 2007 (Service Pack1). Renseignez-vous auprès du responsable informatique.

Configurer le courrier Exchange n'est pas très compliqué, même si vous devrez sans doute faire appel au esponsable informatique de votre entreprise pour certains réglages. Commencez par toucher l'icône Microsoft Exchange, dans l'écran Ajouter un compte. Remplissez ce que vous pouvez : votre adresse électronique, votre nom d'utilisateur (généralement du type *domaine\utilisateur*) et le mot de passe. Là encore houspillez le responsable informatique pour obtenir les informations requises.

Au prochain écran (voir Figure 11.4), entrez l'adresse du serveur, si le service Autodiscovery de Microsoft ne l'a pas déjà trouvé. Elle commence généralement par *exchange.societe.com*.

L'entreprise pour laquelle vous travaillez ne tient pas à ce que n'importe qui puisse accéder à vos courriers électroniques, si jamais vous perdiez votre iPhone ou s'il était volé. C'est pourquoi le responsable informatique peut insister pour que vous modifiiez le mot de passe de verrouillage, dans les réglages de l'iPhone (ce mot de passe est un autre que celui de votre compte). La création et la modification d'un passe sont expliqués au Chapitre 13, où on vous attend de pied ferme. De la sorte, si votre iPhone tombait en de mauvaises mains, votre entreprise pourrait le vider à distance de tout son contenu.

Après avoir rempli tous les champs pour configurer votre compte, vous devrez choisir les types d'informations – Mail, Contacts et/ou Calendriers – à synchroniser avec Exchange. Sélectionnez chacun de ceux à configurer en tirant leur commutateur vers la gauche afin qu'il apparaisse en bleu.

Par défaut, l'iPhone maintient la synchronisation du courrier pendant trois jours. Pour l'étendre à une période plus longue, touchez Réglages, puis Mail, contacts, calendrier, et touchez Courrier : Synchroniser et choisissez Illimité, ou alors une durée (un jour, une semaine, deux semaines ou un mois).

Un seul compte Exchange ActiveSync peut être configuré sur un iPhone. Si vous touchez l'icône Microsoft Exchange sur l'écran Ajouter un compte, sur un iPod qui en possède déjà un, il ne se passera rien.

Figure 11.4 : Vous allez configurer un compte de messagerie d'entreprise.

T'as du courrier !

Maintenant que le ou les comptes de messagerie ont été configurés, voyons comment utiliser l'application Courrier de l'iPhone.

Rédiger un message

Il existe plusieurs espèces de message : texte brut, texte avec une photo, message en cours de rédaction à enregistrer pour le terminer plus tard (un brouillon, en fait), réponse à un message reçu, transfert d'un message, etc. Examinons toutes ces variantes.

Envoyer un message textuel

Pour rédiger un nouveau message de courrier électronique, touchez l'icône Courrier, sur l'écran d'accueil. Vous accédez à l'écran que montre la Figure 11.5.

Figure 11.5 : L'écran des boîtes aux lettres.

Figure 11.6 : Un nouveau message vierge, prêt à recevoir vos mots doux.

Pour créer un nouveau message :

1. **Touchez l'icône Nouveau message, en bas à droite de l'écran.**

   Un écran semblable à celui de la Figure 11.6 apparaît.

2. **Tapez le nom ou l'adresse électronique des destinataires dans les champs À :, ou touchez le bouton bleu « plus », à droite du champ À :, pour ajouter des contacts provenant du carnet d'adresses de l'iPhone.**

3. **(Facultatif) Touchez le champ Cc/Cci/De, ce qui divise cette indication en trois champs Cc, Cci et De.** Les termes Cc et Cci signifient respectivement Copie carbone et Copie carbone invisible. Une

copie carbone contient un ou plusieurs noms de destinataires qui recevront une copie du message. Chacun le nom des autres personnes qui ont eu l'insigne privilège de recevoir votre prose. Si les noms des destinataires se trouvent dans le champ Cci, aucun d'eux ne saura à qui d'autre vous avez envoyé votre littérature compromettante. Touchez le signe « plus », à côté de ces champs, pour ajouter des contacts. Si vous avez choisi De, vous pourrez choisir un nom d'expéditeur dans la liste, à condition bien sûr que plusieurs comptes aient été ouverts dans l'iPhone.

Quand vous commencez à saisir une adresse électronique, celles qui correspondent à la partie de la frappe en cours apparaissent dans une liste sous les champs À et Cc. Si l'une d'elles est celle que vous vous apprêtiez à taper, touchez-la pour l'insérer.

4. **Indiquez le sujet du courrier dans le champ Objet.**

   Cette information est facultative, mais la mentionner permet au destinataire de connaître la teneur du message et ainsi de mieux le classer et le retrouver.

5. **Saisissez le message dans la partie inférieure de l'application.**

   La zone de saisie du message se trouve juste sous le champ Objet.

   L'insistant texte `Envoyé depuis mon iPhone` (on le saura, que vous vous en êtes offert un), tout en bas du message, est une signature. Vous découvrirez plus loin dans ce chapitre comment le modifier ou le supprimer.

6. **Touchez le bouton Envoyer, en haut à droite de l'écran.**

Le message est envoyé à qui de droit. Si l'iPhone n'est pas à portée d'un point d'accès Wi-Fi ou dans une zone couverte par un réseau EDGE, 3G/3G + ou GPRS, le message sera envoyé dès que vous serez dans un lieu desservi par l'un d'eux.

Pivoter l'iPhone pour l'utiliser en largeur permet de saisir votre message dans une zone de texte panoramique.

Envoyer un message accompagné d'une photo

Une image valant mille mots, voici comment envoyer un message comportant une photo.

Touchez l'icône Photos, sur l'écran d'accueil, et localisez celle que vous désirez envoyer. Touchez l'icône en bas à gauche de l'écran (celle montrant une flèche jaillissant d'un cadre). Touchez ensuite le bouton Envoyer par courrier.

Un message apparaît, dans le corps duquel la photo est d'ores et déjà insérée. Indiquez le destinataire, ajoutez du texte, puis touchez le bouton Envoyer.

Enregistrer un brouillon du message pour un envoi différé

Si vous n'avez pas le temps de finir le message que vous étiez en train de rédiger, enregistrez-le comme brouillon et terminez-le plus tard.

Voici comment : Commencez à rédiger un courrier électronique comme nous l'avons expliqué précédemment. Le moment venu de l'enregistrer comme brouillon, touchez le bouton Annuler, en haut à gauche de l'écran. Touchez ensuite le bouton Enregistrer si vous désirez faire du message un brouillon que vous reprendrez par la suite. Toucher le bouton Annuler met fin à la procédure d'annulation et réaffiche le message, dont vous pouvez dès lors reprendre la rédaction.

Si vous touchez le bouton Ne pas enregistrer, le message disparaît aussitôt et définitivement, sans aucune chance de le récupérer.

Pour rouvrir le message mis de côté, touchez la boîte aux lettres Brouillons, puis touchez le message à reprendre. Par la suite, vous pourrez l'envoyer ou le réenregistrer comme brouillon.

Le nombre de brouillons est mentionné à droite du dossier Brouillons, de la même manière que le nombre de messages non lus à droite d'un dossier, comme Réception ou un autre.

Répondre ou transférer un message

Pour répondre à un message, ouvrez-le puis touchez le bouton Répondre/Transférer, en bas de l'écran. Il ressemble à une flèche incurvée (voir Figure 11.7). Touchez ensuite le bouton Répondre ou Transférer.

Figure 11.7 : Le bouton Répondre est le bouton en forme de flèche, en bas à droite.

Le bouton Répondre crée un message vierge préadressé à l'expéditeur du message original. Si le message d'origine a été envoyé à plusieurs personnes, le bouton Répondre à tous permet de répondre simultanément à chacune d'elles. L'objet du message est précédé du mot `Re:` (*reply*, « répondre »). Par exemple, si l'objet du message d'origine était `Des nouvelles`, l'objet de la réponse sera `Re: Des nouvelles`.

Toucher le bouton Transférer produit une copie du message original, mais sans destinataire. Ajouter-en un ou plusieurs, puis touchez le bouton Envoyer. Cette fois, l'objet du message est précédé du mot `Fwd:` (*forward*, « faire suivre »). Par exemple, si l'objet du message d'origine était `Une info`, l'objet de la réponse sera `Fwd: Une info`.

TRUC

Le champ Objet ou le contenu du message auquel il est répondu ou qui est transféré sont modifiables de la même manière que n'importe quel texte. Il est généralement considéré comme poli de laisser le préfixe `Re:` ou `Fwd:` dans l'objet, mais rien ne vous empêche de le supprimer si vous le jugez utile.

Pour envoyer la réponse ou pour transférer le message, touchez le bouton Envoyé, comme d'habitude.

Les options d'envoi

Quatre options d'envoi de courrier électronique sont paramétrables. Les voici :

- **Entendre une alerte lorsque l'envoi du message a réussi** : Touchez l'icône Réglages, sur l'écran d'accueil, puis touchez Sons et activez Nouveau courrier. Pour modifier d'autres paramètres, touchez le bouton Réglages, en haut à gauche. Les réglages terminés, appuyez sur le bouton principal, sous l'écran.

  N'OUBLIEZ PAS

  Le paragraphe ci-dessus est valable pour tous les réglages dont il est question dans cette section et dans celles qui suivent. Nous n'y reviendrons donc pas. Pour résumer, si vous voulez continuer à régler d'autres paramètres, touchez le bouton en haut à gauche de l'écran (il est parfois nommé Réglages, Courrier, Réception ou autre). Retenez surtout que ce bouton vous ramène à l'écran précédent où vous pouvez modifier d'autres paramètres. Appuyer sur le bouton principal, sous l'écran, a toujours le même effet : les modifications que vous venez d'effectuer sont prises en compte et l'écran d'accueil est affiché.

- **Ajouter une signature à tous les messages que vous envoyez** : Touchez l'icône Réglages, sur l'écran d'accueil, puis touchez Courrier et, à la rubrique Envoi, touchez Signature. La signature par défaut est `Envoyé depuis mon iPhone` (on le saura...). Remplacez ce texte par un autre, vos nom et prénom suivis de vos coordonnées postales et téléphoniques, par exemple. Cette signature sera systématiquement ajoutée à tous vos messages.
- **Envoyer vers votre serveur de messagerie une copie de tous les messages émis :** Touchez l'icône Réglages, sur l'écran d'accueil, puis touchez Courrier et, à la rubrique Envoi, activez l'option Me mettre en Cci (copie carbone invisible).
- **Définir le compte de messagerie par défaut pour les envois de courrier à partir des applications Photos ou Plans :** Touchez l'icône Réglages, sur l'écran d'accueil, puis touchez Courrier puis Compte par défaut. Touchez ensuite le compte à utiliser. Notez que ce paramètre n'est proposé que si plusieurs comptes ont été définis dans l'iPhone.

Vous savez tout sur l'envoi de courriers électroniques.

Trouver, lire, classer, supprimer : la gestion des messages

L'autre facette de la messagerie est la réception et la lecture du courrier. Le plus gros du travail a heureusement déjà été fait en configurant le ou les comptes de messagerie. Relever et lire le courrier, c'est vraiment du gâteau.

Vous savez que des messages non lus se trouvent dans la boîte de réception en regardant l'icône Courrier, en bas de l'écran principal.

Lire les messages

Pour lire vos messages, touchez l'icône Courrier, sur l'écran d'accueil. La liste des boîtes aux lettres apparaît. À droite de celle nommée Réception, un chiffre dans un cartouche bleu indique le nombre de messages non lus.

TRUC

Si plusieurs comptes ont été configurés, vous devrez toucher l'icône Comptes, en haut à gauche, et choisir le compte approprié.

Pour accéder à la liste des messages non lus, touchez Réception, dans la liste des boîtes aux lettres, puis touchez le message que vous désirez lire. Quand un message est affiché, les boutons de gestion apparaissent dans la barre de navigation, tout en bas.

Gérer les messages

Quand un message est ouvert, vous pouvez effectuer les opérations suivantes :

- Passer au message suivant en touchant le bouton fléché pointé vers le bas, en haut à droite de l'écran.
- Passer au message précédent en touchant le bouton fléché pointé vers le haut, en haut à droite de l'écran.
- Vérifier si du courrier est arrivé en touchant le bouton Relever, en bas à gauche.
- Déplacer le message courant dans un autre dossier en touchant le bouton Classer le message. Dans la liste des dossiers, touchez celui dans lequel vous désirez placer le message.
- Supprimer le message en touchant l'icône en forme de poubelle, en bas au milieu.
- Répondre ou transférer le message en touchant le bouton Répondre/Répondre à tous/Transférer.
- Créer un nouveau message en touchant le bouton en bas à droite.

Il existe deux moyens pour supprimer un message sans même l'ouvrir :

- Effleurez-le vers la droite, puis touchez le bouton Supprimer.
- Touchez le bouton Modifier, en haut à droite, puis touchez le cercle rouge à barre blanche du message à éliminer. Cette action place une coche blanche dans le cercle rouge et met le bouton Supprimer en rouge. Touchez-le pour supprimer tous les messages cochés.

La version 2.0 et ultérieure de l'iPhone permet de déplacer ou supprimer des messages par lot. Touchez Edition, puis le cercle à gauche de chaque message à supprimer (marqué ainsi d'une coche sur fond rouge). Touchez le bouton Supprimer ou déplacer, en bas de l'écran. Les messages supprimés sont envoyés dans le dossier Corbeille. Si vous avez choisi Déplacer, touchez le dossier dans lequel les messages doivent désormais être stockés.

Rechercher dans le courrier

Grâce à l'introduction de la fonction Spotlight dans l'OS 3.0, il est facile de rechercher un message parmi tous ceux que vous avez reçus. Faites défiler la liste des messages afin de commencer par tout en haut. Saisissez ensuite un terme qui servira de critère de recherche. Tous les messages correspondants seront affichés. Toucher le champ de recherche affiche des onglets permettant de limiter la recherche aux champs De, À ou Objet. Il est cependant dommage qu'il soit impossible de lancer une recherche sur un mot se trouvant dans le corps du message.

Les comptes de messagerie Exchange, MobileMe et certains comptes IMAP permettent de rechercher des messages stockés hors de l'iPhone, sur le serveur. Si vous bénéficiez de cette possibilité, touchez le bouton Rechercher sur un serveur.

TRUC

Comme nous l'avons mentionné, des messages peuvent être supprimés par lots. De la même manière, ils peuvent être déplacés par lots dans un autre dossier. Là encore, touchez Edition, touchez le cercle à gauche de chaque message à déplacer afin de les cocher. Touchez le bouton Déplacer, en bas de l'écran, puis touchez le dossier de destination.

Les pièces jointes

Votre iPhone est même capable de recevoir des messages accompagnés d'une pièce jointe. Les formats suivants sont acceptés :

- **Acrobat Reader :** .pdf
- **Aperçu :** .pdf
- **Carte de visite virtuelle :** .vcf
- **Contact :** .vcf
- **Excel :** .xls, .xlsx
- **Images :** .jpg, .tiff, .gif
- **Keynote (iWork) :** .key
- **Numbers (iWork) :** .numbers
- **Pages Web :** .htm, .html
- **Pages (iWork) :** .pages
- **PowerPoint :** .ppt, .pptx
- **Texte enrichi :** .rtf
- **Texte brut :** .txt
- **Word :** .doc, .docx

ATTENTION

Lorsque le format d'une pièce jointe n'est pas reconnu par l'iPhone – un fichier Photoshop `.psd`, par exemple –, le nom du fichier est visible, mais il vous est impossible de l'ouvrir dans votre iPhone.

Voici comment lire une pièce jointe :

1. **Ouvrez le message contenant la pièce jointe.**
2. **Touchez la pièce jointe (comme elle est en bas du message, vous devrez sans doute le faire défiler).**

La pièce jointe téléchargée avec le message s'ouvre automatiquement, comme le montre la Figure 11.8.

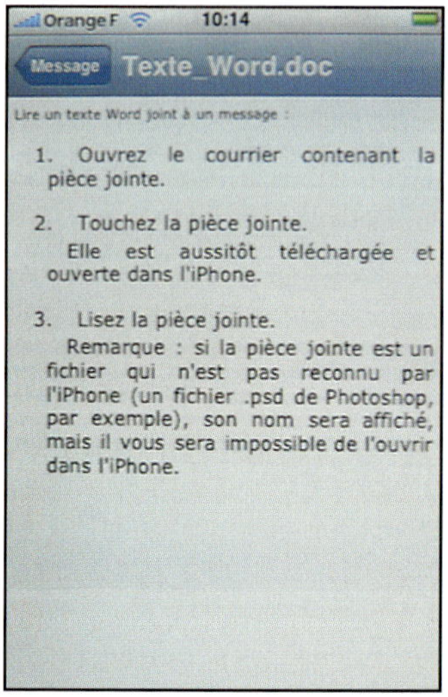

Figure 11.8 : Le texte d'un fichier Word joint à un message reçu par l'iPhone.

3. **Lisez la pièce jointe.**
4. **Touchez le bouton Message, en haut à gauche, pour revenir au texte du message.**

D'autres fonctionnalités de la messagerie

D'autres actions peuvent être effectuées concernant les messages reçus :

- Pour voir tous les destinataires d'un message, touchez le mot Détails, affiché en bleu à droite du nom de l'expéditeur.

  TRUC

  Quand le mot Détail a été touché et que tous les destinataires sont affichés, il est remplacé par le mot Masqué. Touchez-le pour masquer tous les noms sauf celui de l'expéditeur.

- Pour ajouter le nom d'un expéditeur ou d'un destinataire à votre carnet d'adresses, touchez le nom puis, dans l'écran qui apparaît, touchez Créer un nouveau contact ou Ajouter à un contact existant.
- Pour zoomer, double-touchez l'emplacement à grossir. Recommencez pour zoomer en arrière.

  Pour plus de précision en zoomant, touchez en pinçant ou en écartant les doigts.
- Pour marquer un message comme non lu, touchez les mots Signaler comme non lu. Ils apparaissent en haut du corps du message, après avoir touché Détails. En procédant ainsi, le message est dans le même état que s'il venait d'arriver. Il est de nouveau pris en compte par le compteur de l'icône Courrier, dans l'écran d'accueil, et signalé par un point bleu dans la boîte aux lettres.
- Pour suivre un lien présent dans un message, touchez-le. Un lien est classiquement souligné et affiché en bleu. Si ce lien est une adresse Internet (ou URL), Safari démarre et affiche la page Web. Si le lien est un numéro de téléphone, l'application Téléphone démarre et propose de composer le numéro. Si le lien est une carte, l'application Plans démarre et affiche l'emplacement géographique. Et pour finir, si le lien est une adresse électronique, un message vierge préadressé est créé.

  Si le lien ouvre l'application Safari, Téléphone ou Plans, et que vous désirez retourner à vos messages, appuyez sur le bouton principal, sous l'écran, puis touchez l'icône Courrier.

Les paramètres de messages et de comptes

Notre dernière leçon sur Courrier porte sur d'autres paramètres qui régissent cette fois la manière de consulter et relever le courrier, et concernent plus précisément les comptes eux-mêmes.

Relever et consulter le courrier

Sept réglages régissent la relève et la consultation du courrier. Vous les modifierez selon vos préférences :

- **Régler la fréquence à laquelle l'iPhone relève les nouveaux messages :** Touchez l'icône Réglages, dans l'écran d'accueil, puis touchez Nouvelles données. Jetez un coup d'œil à la Figure 11.9 pour découvrir ces nouvelles options. Si votre logiciel de messagerie supporte la technologie Push et que l'option Push est active, les messages nouvellement arrivés sont automatiquement envoyés vers votre iPhone sitôt qu'ils parviennent au serveur. Si Push est désactivé, ou si le logiciel de messagerie ne supporte pas cette technologie, c'est l'iPhone qui relève le courrier à l'intervalle sélectionné : Toutes les 15 ou 30 minutes, toutes les heures ou manuellement. Choisissez votre intervalle préféré.
- Touchez Avancé, en bas de l'écran, pour définir les réglages de relève et de Push pour chacun des comptes. Sélectionnez le compte en question. La technologie Push n'est proposée que si le compte de messagerie la supporte.
- Au moment où ces lignes étaient écrites, Yahoo!, MobileMe (Me.com) et Microsoft Exchange ActiveSync étaient pushable (quel affreux barbarisme…)
- **Entendre une alerte sonore lors de la réception d'un nouveau message :** Touchez l'icône Réglages, sur l'écran d'accueil, puis Sons, et activez Nouveau courrier.
- **Définir le nombre de messages récents affichés dans la boîte de réception** : Touchez l'icône Réglages, sur l'écran d'accueil, puis Courrier. À la rubrique Messages, touchez Afficher et sélectionnez le nombre : 25, 50, 75 ou 100 messages récents, ou Les 200 derniers messages.

Figure 11.9 : Les options pour relever votre courrier.

- Il est toujours possible de voir plus de messages dans la boîte de réception que le nombre configuré ici, en faisant défiler la liste et en touchant l'option Télécharger plus.
- **Définir le nombre de lignes de chaque message, dans la liste des aperçus :** Touchez l'icône Réglages, sur l'écran d'accueil, puis Courrier, puis Aperçu. Vous avez le choix entre Aucune ou l'affichage de 1 à 5 lignes. Plus le nombre de lignes est élevé, moins vous verrez de messages à la fois, ce qui vous obligera à les faire défiler.
- **Choisir la taille de la police des messages :** Touchez l'icône Réglages, sur l'écran d'accueil, puis Courrier, puis Taille des caractères. Les options sont Petite, Moyenne, Grande, Très grande et Géante. Faites des essais pour découvrir la taille qui vous convient le mieux.
- **Affichage ou non des champs À et Cc dans la liste des messages :** Touchez l'icône Réglages, sur l'écran d'accueil, puis Courrier, puis désactivez l'option Champs À/Cc.

- **Activation ou désactivation de la confirmation de suppression** : Touchez l'icône Réglages, sur l'écran d'accueil, puis Courrier, puis désactivez l'option Confirmer suppression. Lorsque cette option est active et que vous mettez un élément dans la poubelle, vous devez ensuite toucher un bouton rouge Supprimer. Lorsque l'option est désactivée, la suppression est immédiate dès que vous avez placé un élément dans la poubelle.
- **Spécifier si l'iPhone doit télécharger automatiquement les images illustrant les messages :** Touchez Charger les images pour activer cette option et autoriser ainsi le téléchargement et l'affichage des images. Si l'option est désactivée, le téléchargement est cependant possible manuellement.

Modifier les paramètres de comptes

Le dernier groupe de paramètres que nous aborderons concerne les comptes de messagerie. La plupart des utilisateurs se garderont bien d'y toucher, ce qui n'empêche pas de les mentionner brièvement. Les voici :

- **Suspendre un compte de messagerie :** Touchez l'icône Réglages, sur l'écran d'accueil, puis Courrier, puis touchez le compte à désactiver. Tout en haut de l'écran, touchez l'interrupteur Compte.

  Ce réglage ne supprime pas le compte. Il le masque et désactive la réception et l'envoi de courrier. Pour réactiver le compte, touchez de nouveau son interrupteur.
- **Supprimer un compte de messagerie :** Touchez l'icône Réglages, sur l'écran d'accueil, puis Courrier, puis touchez le compte à supprimer. Tout en bas de l'écran, touchez le bouton rouge Supprimer le compte. Vous devrez confirmer cette action.

Les quatre derniers réglages sont quelque peu techniques et sont tous accessibles de la même manière : Touchez l'icône Réglages, sur l'écran d'accueil, puis Courrier, puis le compte à modifier et choisissez l'une des actions suivantes :

- **Définir le délai avant que les messages supprimés le soient définitivement :** Touchez Avancé, puis Supprimer, et choisissez entre Jamais, Après un jour, Après une semaine, Après un mois.
- **Faire que les brouillons, les messages envoyés et les messages supprimés soient stockés dans l'iPhone ou sur le serveur de messagerie :** Touchez Avancé, puis Supprimer du serveur. Choisissez ensuite l'option Jamais, Sept jours ou Une fois supprimé de la boîte… Si vous choisissez de les stocker sur le serveur, vous ne pourrez plus y accéder tant que vous ne disposerez pas d'une connexion Wi-Fi, EDGE, 3G/3G + ou GPRS. Si vous les stockez sur le serveur, ces messages seront accessibles que vous soyez ou non connecté à l'Internet.

  Nous vous recommandons vivement de ne pas modifier les deux derniers paramètres, à moins que vous le fassiez en toute connaissance de cause. Si vous rencontrez des problèmes avec la messagerie, commencez par vous renseigner auprès de votre fournisseur d'accès Internet, de votre fournisseur d'adresse de courrier électronique ou auprès du responsable informatique si votre iPhone est celui d'une grande société. Ne changez les réglages qui suivent que si cela vous est expressément demandé.
- **Reconfigurer les paramètres des serveurs de messagerie** : Modifiez les champs Nom d'hôte, Nom d'utilisateur et Mot de passe du compte sélectionné.
- **SSL entrant et sortant, authentification et port du serveur :** Touchez Avancé, touchez l'un de ces trois paramètres, puis procédez aux modifications requises.

Et voilà ! La configuration des comptes ainsi que la réception et l'envoi de courrier électronique n'ont plus de secrets pour vous. Enfin, presque plus…

12

Plans, Boussole, Bourse et Météo

Dans ce chapitre :

- Préparer un itinéraire avec Plans.
- S'orienter à la boussole
- Suivre les cours avec Bourse.
- Connaître le temps qu'il fera avec Météo.

Dans ce chapitre, nous examinerons trois applications typiquement Web : Plans, Bourse et Météo. Elles reposent en effet sur l'Internet et affichent des informations collectées pendant que vous êtes sur un réseau Wi-Fi, EDGE, 3G/3G + ou GPRS.

Les bons plans de l'iPhone

Dans la première édition de ce livre, nous avions affirmé que la fonction Plans était fabuleuse et vraiment commode. Depuis, elle a grandement évolué et permet de savoir désormais à quel endroit vous vous trouvez, de localiser l'emplacement d'un restaurant ou d'une entreprise, d'obtenir un itinéraire d'une adresse à une autre et – NdT : Si cette option était un jour proposée en France, ce qui n'est pas le cas actuellement – de connaître les conditions de circulation.

Savoir où vous vous trouvez

Commençons par une tâche extrêmement simple mais ô combien utile : savoir où vous êtes. Il suffit de toucher l'icône Plans puis la minuscule rose des points cardinaux, en bas à gauche.

Si vous possédez un iPhone 3G, un marqueur bleu pulsant indique votre emplacement sur la carte si le GPS est utilisé pour vous localiser, comme le montre la Figure 12.1. Autrement, un cercle plus grand indique votre emplacement approximatif. Dans les deux, l'iPhone procède à une mise à jour permanente de votre localisation. De la sorte, quand vous vous déplacez, le marqueur reste toujours centré à l'écran.

N'OUBLIEZ PAS

Si vous décalez la carte, l'iPhone continuera à montrer où vous êtes, mais sans recentrer le marqueur. Autrement dit, le marqueur peut se trouver hors de l'écran.

Mais comment fait-elle ?

L'application Plans utilise le Service de localisation de l'iPhone pour déterminer votre emplacement approximatif à partir des informations de votre réseau de données sans fil, des réseaux Wi-Fi locaux (si la Wi-Fi est active) et le GPS (iPhone 3G et 3GS uniquement). Si vous n'utilisez pas le service de localisation, le désactiver économisera la batterie. Pour ce faire, touchez Réglages, puis Général, et désactivez l'option Service de localisation.

Ne vous souciez pas de savoir si le service de localisation sera actif lorsque vous en aurez besoin. Si ce n'est pas le cas, l'iPhone vous proposera de l'activer dès que vous toucherez la rose. Enfin, sachez que le service de localisation n'est pas accessible partout à tous moments.

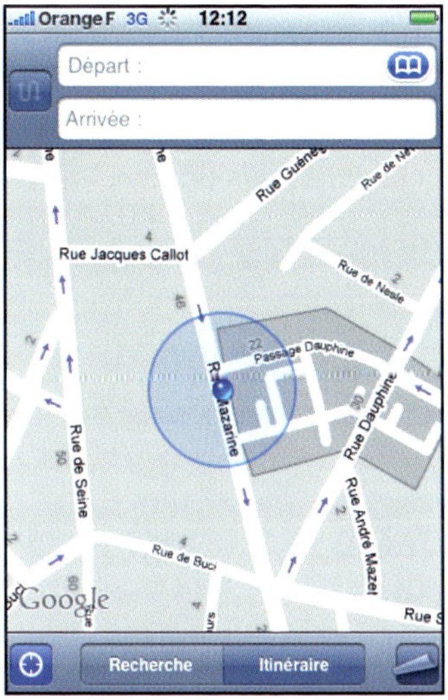

Figure 12.1 : L'iPhone 3G est capable d'indiquer où vous êtes.

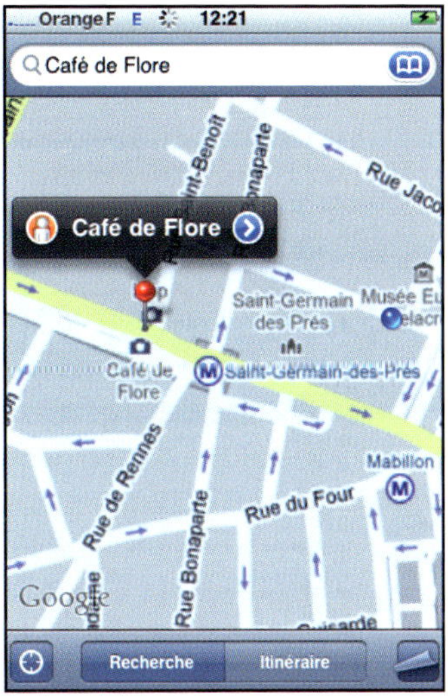

Figure 12.2 : Des épingles se plantent aux lieux correspondant à votre recherche.

Tout localiser sur Plans

Touchez l'icône Plans, sur l'écran d'accueil, puis le champ de saisie pour afficher le clavier virtuel. Tapez ensuite ce que vous recherchez. La recherche peut s'effectuer par lieu, code postal, intersections, agglomérations, sites touristiques, entreprises (par nom ou par catégorie) et par une combinaison de ces critères comme *Paris garage Jaguar* ou *Geneve Rolex* (mais *garage Fiat Aubervilliers*, ça marche aussi).

TRUC

Si la frappe correspond à des noms de votre liste de contacts, ils apparaissent sous le champ de saisie. Sélectionnez-en un pour voir où il réside, à condition bien sûr que son adresse figure dans le carnet d'adresses.

La saisie terminée, touchez le bouton Rechercher. Selon le résultat de la requête (hôtel, restaurant, garage...), vous verrez une ou plusieurs épingles se planter aux endroits correspondant à la recherche, comme le montre la Figure 12.2.

Plans permet de trouver presque n'importe quel lieu ou endroit. Examinons les différentes manières d'afficher un plan.

Affichages, zoom et défilement

Commençons par les différents affichages. Ils sont au nombre de quatre : Plan, Satellite, Mixte (plan et photo satellitaire superposés) et Liste. Pour accéder à ces choix, touchez l'icône en forme de feuillet écorné, en bas à droite d'un plan ; le coin inférieur droit du plan se relève, comme si la feuille était soulevée, dévoilant des commandes. Touchez le bouton correspondant à la vue désirée, ainsi que le montre la Figure 12.3.

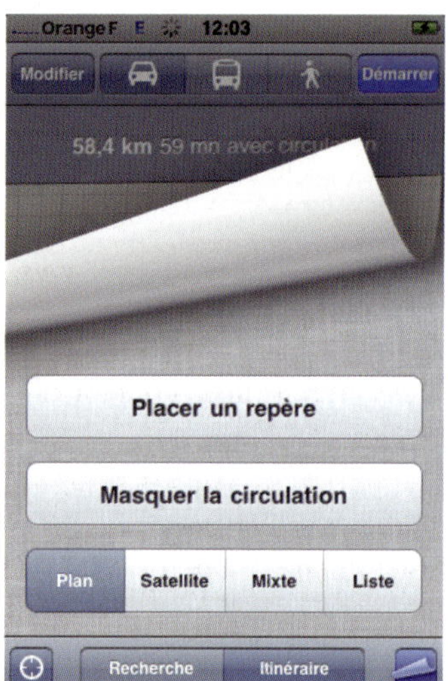

Figure 12.3 : La carte se soulève pour dévoiler ces boutons.

En vue Plan, Satellite ou Mixte, vous pouvez régler la vue de la manière suivante, d'une façon 100 % digitale :

- **Déplacer la carte ou la photo satellitaire :** Tirez-la du bout du doigt. Elle peut être déplacée dans n'importe quelle direction, même en travers.
- **Agrandir la carte** : Placez deux doigts sur l'écran puis rapprochez-les. Ou alors, double-touchez d'un seul doigt.
- **Réduire la carte :** Placez deux doigts sur l'écran puis écartez-les. Ou double-touchez avec les deux doigts en même temps.

N'OUBLIEZ PAS

Il fallait y penser : le double-toucher (tap-tap d'un doigt pour réduire la carte) peut être remplacé par un seul toucher, mais des deux doigts. Si ce n'est pas du génie digital ça…

TRUC

Le pincement ou l'écartement des doigts peut aussi se faire avec un doigt de chaque main. (NdT : Et même avec un doigt et un orteil. J'ai essayé, ça marche : l'iPhone, c'est vraiment le pied !)

Plans et contacts

Plans et contacts font bon ménage. Par exemple, si vous désirez voir le plan de l'endroit où réside un contact, touchez le bouton Recherche puis le bouton bleu en forme de livre (signet), à droite dans le champ de saisie (*NdT* : ce bouton n'est pas visible lorsque du texte se trouve dans le champ ; touchez alors le cercle gris à croix blanche pour l'effacer et afficher l'icône bleue). Saisissez ensuite le nom du contact.

Après avoir trouvé un emplacement d'après son adresse géographique, vous pouvez l'ajouter à l'un de vos contacts ou créer un nouveau contact à cette adresse. Dans les deux cas, touchez l'épingle puis le bouton rond à chevron, à droite du nom de l'emplacement (reportez-vous à la Figure 12.2), pour afficher l'écran de la Figure 12.4.

Figure 12.4 : Touchez une épingle pour afficher la légende.

Tout en bas de la fiche, touchez l'option Créer un nouveau contact ou Ajouter à un contact existant.

Vous accédez à vos contacts en touchant l'icône Téléphone, dans l'écran d'accueil, puis l'icône Contacts.

Vous pouvez aussi obtenir l'itinéraire vers une destination, y compris l'adresse d'un contact. Vous découvrirez comment à la section « Utiliser astucieusement le plan ».

Les options de Plans qui font gagner du temps

L'application Plans contient trois outils qui évitent de devoir saisir sans cesse un même emplacement. Tous les trois sont accessibles en touchant l'icône de signets bleue, à droite du champ de saisie de Recherche ou dans Itinéraire.

TRUC

Le moyen le plus rapide d'effacer un champ de saisie et de faire apparaître l'icône de signets est de toucher le petit *x*, à droite, qui vide aussitôt le champ.

Trois boutons se trouvent en bas de l'écran : Signets, Historique et Contacts.

Signets

Les signets de l'application Plans fonctionnent sur le même principe que ceux du navigateur Safari. Pour mémoriser un emplacement afin de le réafficher par la suite, touchez le cercle bleu à chevron, à droite de la légende, pour accéder à l'écran Infos. Faites-le défiler puis touchez l'option Ajouter aux signets.

Vous pouvez aussi placer un repère n'importe où sur la carte en touchant l'icône de page écornée, en bas à droite de l'écran, et en touchant le bouton Placer un repère. Après l'avoir placé, vous pouvez le repositionner librement. S'il ne se trouve pas au bon endroit, touchez-le pour faire apparaître l'étiquette Faites glisser le repère. Touchez ensuite le chevron dans le cercle bleu et dans l'écran Infos qui apparaît, touchez le bouton Ajouter aux signets.

Une fois qu'un emplacement a été mémorisé par un repère, vous pouvez le réafficher à volonté. Pour ce faire, touchez l'icône de signet dans le champ de saisie Recherche ou Itinéraire, touchez le bouton Signets en bas de l'écran qui apparaît, puis touchez le nom du signet désiré pour afficher aussitôt l'emplacement géographique correspondant.

TRUC

Les premiers signets de plan à mémoriser devraient être ceux de votre domicile et de votre lieu de travail, car vous les utiliserez souvent.

TRUC

Vous pouvez aussi utiliser des codes postaux pour localiser des agglomérations. Vous taperez ainsi *42300 restaurants* ou *13006 film* pour trouver des restaurants à Roanne ou localiser les cinémas dans un arrondissement de Marseille.

Pour gérer vos signets, touchez le bouton Modifier, en haut à gauche de l'écran Signets, pour :

- **Monter ou descendre un signet dans la liste :** Tirez vers le haut ou vers le bas la petite icône à trois barres horizontales, à droite d'un signet.
- **Supprimer un signet de la liste** : Tapez le signe « moins » à gauche du signet à effacer.

Après avoir fait le ménage dans les signets, touchez le bouton OK, en haut à droite de l'écran Signets, pour revenir au plan.

Historique

L'application Plans mémorise automatiquement tous les emplacements que vous avez recherchés. Pour consulter cette liste, touchez l'icône Signet présente dans un champ de recherche puis, en bas de l'écran, touchez le bouton Historique. Touchez l'un des signets pour afficher l'emplacement correspondant.

Pour supprimer la totalité de l'historique, touchez le bouton Effacer, en haut à gauche, puis le bouton Effacer l'historique.

Pour quitter l'historique et revenir au plan, touchez le bouton OK.

Contacts

Pour voir l'emplacement d'un contact sur le plan, touchez l'icône de signet d'un champ de recherche, puis touchez le bouton Contacts, en bas de l'écran. Touchez ensuite le contact à localiser.

Pour limiter la liste des contacts à un groupe – pour autant que vous ayez créé des groupes –, touchez le bouton Groupes, en haut à gauche de l'écran, puis touchez le nom d'un groupe. À présent, seuls les contacts de ce groupe sont affichés.

Pour quitter l'écran Contacts et revenir au plan, touchez le bouton OK.

Utiliser astucieusement le plan

L'application Plans a plus d'un tour dans son sac. Voici quelques fonctionnalités que vous devriez apprécier.

Obtenir un itinéraire

Il existe deux manières d'obtenir l'itinéraire d'un endroit à un autre :

- **Si un repère est déjà placé sur la carte :** Touchez le bouton rond à chevron à droite de la légende de l'épingle pour accéder à l'écran Infos. Touchez ensuite l'option Itinéraire jusqu'ici ou Itinéraire à partir d'ici.
- **Si un plan est affiché :** Touchez l'icône Itinéraire, en bas de l'écran. Des champs de saisie Départ et Arrivée sont alors affichés.
- Saisissez le lieu de départ puis celui d'arrivée ou, si vous le préférez, choisissez-les parmi vos signets, vos contacts ou dans l'historique des plans. Pour permuter les lieux de départ et d'arrivée, touchez la petite icône « aller-retour », à gauche des champs de saisie.

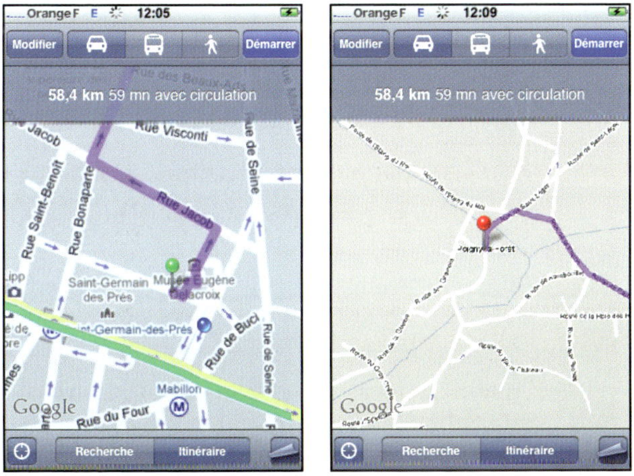

Figure 12.5 : L'itinéraire vient d'être calculé.

Touchez le bouton Itinéraire, en bas à droite de l'écran. L'iPhone calcule le trajet puis l'affiche sur la carte, comme à la Figure 12.5.

Si vous préférez qu'une feuille de route soit affichée avec toutes les instructions, comme à la Figure 12.6, touchez le coin de page écorné en bas à droite, puis touchez le bouton Liste.

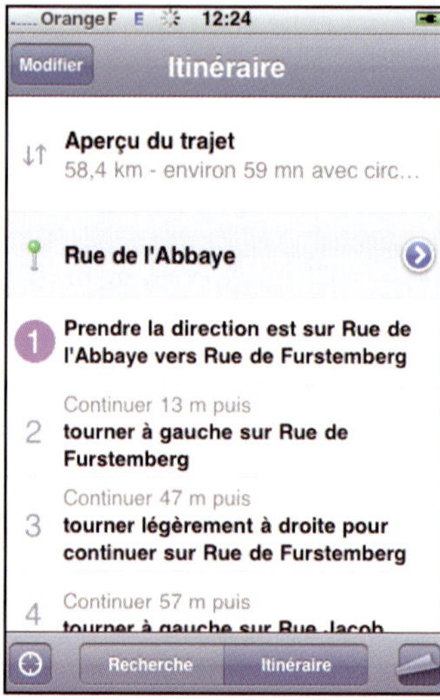

Figure 12.6 : La feuille de route d'un itinéraire.

Pour quitter la feuille de route, touchez le bouton Recherche, en bas de l'écran, pour retourner à l'affichage du plan.

En plus de la feuille de route, nous aimerions que l'iPhone puisse fournir des instructions vocales, comme sur les GPS (du genre « À 250 mètres, tournez à droite »).

Le fabricant de GPS TomTom prépare un ensemble matériel/logiciel (`http://iphone.tomtom.com`) capable de fournir des instructions vocales. Au vu de la démonstration à laquelle nous avons assisté, ce système nous a semblé astucieux. N'étant malheureusement pas commercialisé à l'heure où ces lignes étaient écrites (*NdT* : vous trouverez cependant des applications TomTom pour l'iPhone à l'adresse Web citée précédemment).

Transports publics et pédestre

Après avoir fourni un point de départ et d'arrivée et touché le bouton Itinéraire, l'écran qui apparaît présente trois icônes en haut de l'écran : l'un orné d'une voiture, l'autre d'un autobus et la dernière d'un piéton. Dans l'exemple précédent nous avions montré la feuille de route pour un trajet en voiture, ce qui est l'option par défaut.

Figure 12.7 : A Paris, l'iPhone ignore résolument les transports en commun. Mais il veut bien calculer l'itinéraire et sa durée à pied.

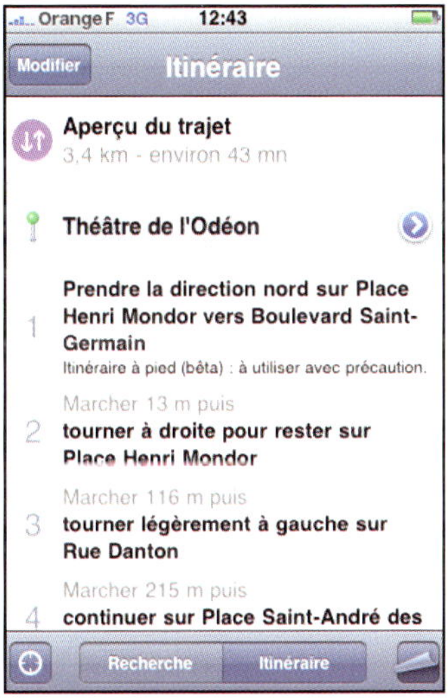

Figure 12.8 : La feuille de route d'un itinéraire à pied.

Pour vous déplacer par les transports en commun (ce qui s'est avéré impossible à Paris, comme le révèle la Figure 12.7), touchez plutôt l'icône « autobus ». L'horaire de départ et d'arrivée du prochain autobus ou train est affiché. Touchez la petite horloge sous l'icône Démarrer, en haut à droite, pour voir les horaires suivants (à droite à la Figure 12.7).

La feuille de route d'un transport public indique l'itinéraire à suivre pour atteindre la station, à quelle station vous devez descendre et l'itinéraire à suivre pour atteindre votre destination.

Pour obtenir un trajet à pied, touchez l'icône « piéton ». La feuille de route d'un itinéraire à pied (Figure 12.8) ressemble à celle d'un trajet en voiture, sauf que l'estimation de la durée est bien évidemment très différente.

Obtenir l'état du trafic en temps réel

Des informations concernant l'état du trafic sont affichées sur les cartes auxquelles vous accédez en touchant le coin écorné, en bas à droite de l'écran. Un code de couleur appliqué aux voies principales (voir Figure 12.9) indique la vitesse moyenne sur ces axes :

- Vert : 80 km/h et plus.
- Jaune : entre 40 et 80 km/h.
- Rouge : moins de 40 km/h.
- Gris : pas d'informations pour le moment.

ATTENTION

Les informations concernant le trafic ne sont pas disponibles partout. Le seul moyen de connaître les zones couvertes est d'essayer. Si aucun tronçon coloré n'est visible, la zone ne bénéficie pas de ce service.

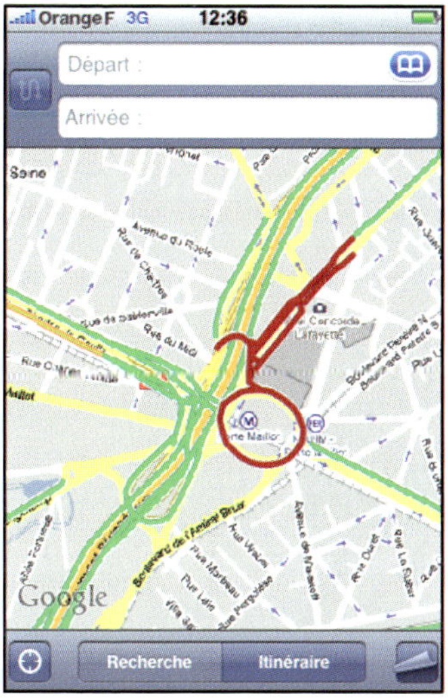

Figure 12.9 : Un ralentissement se produit sur les routes en rouge. La circulation est un peu lente sur les routes en jaune (ou normale en ville) et fluide sur les routes en vert.

À propos de l'écran Infos

Si la légende d'un emplacement comporte un petit cercle à chevron à droite (reportez-vous à la Figure 12.2), le toucher ouvre l'écran Infos.

Nous avons déjà vu comment l'utiliser pour définir un itinéraire ou un signet, ajouter l'emplacement à un contact ou créer un nouveau contact résidant à cet endroit. Mais vous pouvez aussi :

- Toucher le numéro de téléphone figurant dans la fiche pour l'appeler.
- Toucher une adresse de courrier électronique pour démarrer l'application Mail et envoyer un courrier.
- Toucher une adresse Internet (URL) démarre Safari et affiche le site Web.

Ne pas perdre la boussole

La nouvelle application Boussole, disponible uniquement sur l'iPhone 3GS, fonctionne comme son équivalent à aiguille magnétique. Touchez l'icône Boussole, sur l'écran d'accueil, et elle vous montre la direction vers laquelle pointe le haut de l'iPhone comme le montre la Figure 12.10.

Figure 12.10 : La boussole indique l'orientation de l'iPhone (à gauche) et la reporte sur la carte (à droite).

Touchez la petite icône en forme de compas, en bas à gauche, et l'application Plans démarre. Touchez deux fois l'icône « boussole », et un triangle blanc placé sur le repère indiquant où vous êtes montre la direction à laquelle vous faites face, l'iPhone à la main (à droite, à la Figure 12.10).

Remarquez la présence de ce triangle blanc sur l'icône « boussole », indiquant que l'application Plans est en mode Boussole.

Si vous changez de direction alors que Plans est en mode Boussole, la carte pivote en temps réel, se conformant ainsi à la direction à laquelle vous faites face.

Suivre les cours de la Bourse

L'application Bourse est une autre fonctionnalité Internet. Chaque fois que vous la démarrez, en touchant son icône sur l'écran d'accueil, elle affiche les dernières cotations sous deux réserves :

- Les cours peuvent être décalés de 20 minutes.
- Les cours ne sont mis à jour que si l'iPhone est connecté à l'Internet par la Wi-Fi ou par le réseau EDGE ou 3G/3G +.

Voici comment ajouter un titre boursier, un fond ou un indice :

1. **Touchez le bouton i en bas à droite de l'écran Bourse.**

   C'est bien sûr le *i* de Infos.

2. **Dans l'écran Bourse, touchez le bouton « plus », en haut à gauche.**
3. **Saisissez un titre (symbole, nom de société, indice ou fond).**
4. **Touchez le bouton Rechercher.**

   L'application Bourse recherche la ou les sociétés correspondant au critère.

5. **Touchez le titre à ajouter.**
6. **Répétez les Étapes 4 et 5 jusqu'à ce que vous ayez ajouté tous les symboles, fonds ou indices à suivre.**
7. **Touchez le bouton OK, en haut à droite.**

Voici maintenant comment supprimer un titre :

1. **Touchez le bouton i en bas à droite de l'écran Bourse.**
2. **Touchez le bouton rouge à barre blanche à gauche du nom du titre à supprimer.**
3. **Touchez le bouton Supprimer qui apparaît à droite du titre.**
4. **Répétez les Étapes 2 et 3 jusqu'à ce que tous les titres à effacer aient été supprimés.**

5. **Touchez le bouton OK.**

Pour modifier l'ordre de la liste, touchez le bouton *i* puis déplacez le titre en le tirant par l'icône à trois barres horizontales.

Quelques précisions

Pour obtenir des précisions concernant un élément, touchez son nom pour le sélectionner et l'écran proposera des informations complémentaires. Remarquez les trois points sous la mention « Cours décalés de 20 minutes ». Chacun donne accès à l'un des trois panneaux d'informations que montre la Figure 12.11. Pour passer de l'un à l'autre, effleurez l'écran vers la droite ou vers la gauche.

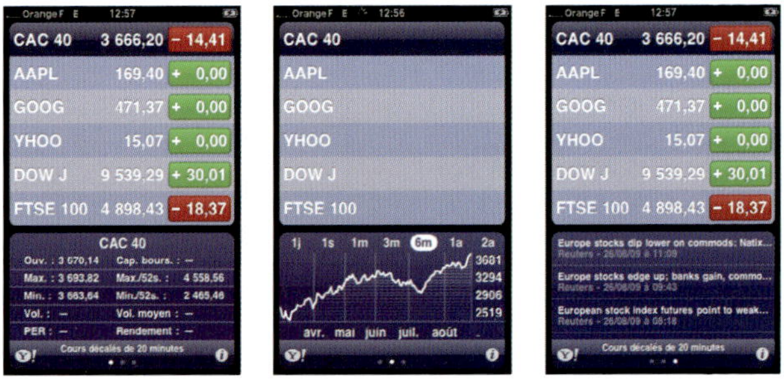

Figure 12.11 : Les écrans boursiers.

Pour voir d'autres informations boursières sur Yahoo.com, touchez d'abord le nom du titre afin de le sélectionner, puis touchez le bouton Y! en bas à gauche.

Obtenir le graphique d'un cours

Revenez à la Figure 12.11 et observez le graphique en bas de l'écran. La rangée supérieure porte les mentions `1j`, `1s`, `1m`, `3m`, `6m`, `1a` et `2a`. Les lettres sont les initiales de jour, semaine, mois et années. Touchez l'une de ces mentions et le graphique affiche la période sélectionnée.

C'est bien, mais l'OS 3.0 fait encore mieux : pivotez l'iPhone à 90°, en largeur, et le graphique apparaît en plein écran, comme à la Figure 12.12. Vous pourrez ensuite :

Figure 12.12 : Utilisez vos deux doigts pour voir la variation d'un cours entre deux dates.

- Touchez un point à un certain jour pour connaître la valeur ce jour-là.
- Utiliser deux doigts pour toucher deux points et obtenir la variation entre ces deux jours, comme à la Figure 12.12.
- Effleurer vers la droite ou vers la gauche pour afficher le graphique d'un autre titre.

Il est possible d'afficher les valeurs en pourcentage, en touchant une des valeurs en regard de chaque. La toucher une seconde fois réaffiche les valeurs monétaires.

Vous pouvez aussi toucher le bouton *i* en bas à droite de l'écran initial des valeurs boursières. Touchez ensuite le bouton %, Prix ou Cap. bours. Les valeurs sont alors affichées selon votre choix. Touchez le bouton Terminé, en haut à droite.

Connaître la météo

L'application Météo affiche les prévisions météorologiques pour la ou les villes de votre choix. Par défaut, elles portent sur six jours, comme le montre la Figure 12.13.

Figure 12.13 : La grenouille de l'iPhone prévoit le temps.

Lorsqu'une prévision d'une ville est sur fond bleu, cela signifie qu'il fait jour là-bas (entre 6 et 18 heures). Si elle est sur fond violet sombre, il y fait nuit (entre 18 et 6 heures).

Pour ajouter une ville, touchez le bouton *i*, en bas à droite. Touchez le bouton « plus », en haut à gauche, puis tapez le nom d'une ville ou son code postal. Touchez le bouton Rechercher, en bas à droite. Touchez le nom de la ville qui a été trouvé. Vous pouvez ajouter de cette manière autant de lieux que vous le désirez.

Pour supprimer un lieu, touchez le bouton *i* en bas à droite. Touchez le cercle rouge à barre blanche, à gauche d'un nom de ville, puis touchez le bouton Supprimer qui apparaît à droite. Le bouton *i* permet aussi de choisir entre l'affichage en degrés Fahrenheit ou Celsius. Touchez le bouton OK pour quitter cet écran.

Si plusieurs villes ont été définies dans l'application Météo, vous pouvez passer de l'une à l'autre en effleurant l'écran de gauche à droite puis inversement, ou en touchant le bas de l'écran.

TRUC

Vous avez remarqué les points sombres en bas de l'écran ? Chacun correspond à un lieu. Le point du lieu affiché est blanc.

Enfin, pour voir les informations détaillées concernant la météo de la ville affichée, touchez le bouton Y! en bas à gauche. Safari est démarré et affiche les prévisions, comme le montre la Figure 12.14.

Figure 12.14 : D'après le site Yahoo.com, grenouilles et escargots seront à la fête après-demain et le jour suivant.

Cinquième partie

L'iPhone secret

"Ce modèle est livré avec une fonction particulièrement utile : un bouton simulant de la friture sur la ligne pour écourter une conversation qui s'éternise."

Dans cette partie...

Cette partie révèle ce qu'il y a sous le capot de l'iPhone et comment le configurer à votre convenance. Vous découvrirez aussi comment mater un iPhone récalcitrant.

Vous découvrirez au Chapitre 13 tous les réglages qui n'ont pas été abordés en profondeur jusqu'ici. L'iPhone contient en effet des dizaines de préférences et de réglages permettant de le personnaliser.

Au Chapitre 14, vous ferez quelques emplettes dans l'App Store de l'iPhone, un bazar dans lequel vous dénicherez plein de petits programmes sympas et d'applications utiles. Et surtout, contrairement aux vraies boutiques, beaucoup d'articles sont gratuits.

L'iPhone est une brave bête, sauf quand il commence à faire des siennes. Et là, il devient vraiment horrible, baveux, l'écran injecté de sang. Il ne vous restera alors plus qu'à vous réfugier au Chapitre 15 où vous trouverez de judicieux conseils pour dépanner ce merveilleux appareil, notamment des instructions étape par étape ainsi qu'une foule d'astuces et de techniques que vous pourrez mettre en œuvre lorsque rien ne va plus. Vous n'aurez peut-être jamais à les utiliser, et c'est ce que nous vous souhaitons.

Crédits photos :
iStockphoto.com/Nick M. Do (haut)
iStockphoto.com/Victor Melniciuc (milieu)
iStockphoto.com/sweetym (bas)

13

Les réglages, c'est réglé

Dans ce chapitre :

- Planer avec le mode Avion.
- Préparer les réseaux.
- Lire les statistiques.
- Bruitage et luminosité.
- Les options de téléphonie.
- Retrouver un iPhone égaré.

Vous adorez personnaliser et configurer ? Vous êtes du genre à n'aimer que ce qui vous ressemble ? Vous allez être servi.

Tout au long de cet ouvrage, nous avons souvent eu recours à l'application Réglages pour choisir une sonnerie, modifier l'image de fond ou choisir Google ou Yahoo! comme moteur de recherche. Nous avons aussi fait une incursion dans les paramètres de sécurité de Safari et personnalisé l'application Courrier à notre goût, entre autres.

Soit dit en passant, les options de l'application Réglages sont un peu comme les Préférences Système de Mac OS ou le Panneau de configuration de Windows.

Comme nous avons déjà couvert certains réglages par ailleurs, nous n'y reviendrons plus ici. Mais il en reste largement assez à découvrir pour personnaliser votre iPhone.

Réglages de haut vol

Toucher l'icône Réglages affiche la liste défilante de la Figure 13.1. L'option Mode avion se trouve tout en haut (normal, elle plane au-dessus des autres…) et un chevron (>) tenant lieu de flèche se trouve à droite de chaque option. Il indique que des options supplémentaires sont disponibles. Vous aurez maintes fois l'occasion de toucher des chevrons dans ce chapitre.

Figure 13.1 : Les réglages de l'iPhone.

Vous trouverez tout en bas de la liste Réglages les paramètres appartenant aux applications tierces (voir Chapitre 14) que vous avez installées dans votre iPhone.

Mode avion

L'usage du téléphone mobile est strictement interdit à bord d'un avion. Mais, une fois qu'il a atteint son altitude de croisière, rien n'interdit d'utiliser l'iPhone pour écouter de la musique, regarder des vidéos ou des photos. Du moins une fois que l'appareil a atteint son altitude de croisière.

Comment profiter des avantages de l'iPod intégré à l'iPhone tout en désactivant temporairement les fonctions de téléphonie, d'Internet et de courrier électronique? Grâce au Mode avion.

Pour cela, il suffit de toucher l'option Mode avion, dans l'écran Réglages, afin que le commutateur orange 1 soit visible (voir Figure 13.2).

Cette action désactive toutes les activités hertziennes de l'iPhone : la Wi-Fi, EDGE, la 3G/3G+, le GPRS et Bluetooth. En Mode avion, il n'est plus possible de recevoir ou d'envoyer des appels téléphoniques, de surfer sur le Web, de regarder YouTube ou d'effectuer quoi que ce soit exigeant une connexion à l'Internet. L'avantage est que la batterie ne s'en portera que mieux, et qu'elle bénéficiera ainsi d'une plus longue autonomie, notamment lors d'un vol long courrier aux antipodes.

Une petite icône en forme d'avion, en haut à gauche dans la barre d'état, rappelle en permanence que le Mode avion est actif. Rappelez-vous simplement de le désactiver lorsque vous serez de retour sur le plancher des vaches.

TRUC

Si vous connectez l'iPhone à un accessoire pour iPod qui n'est pas forcément compatible en raison de possibles interférences radio, un message affiché sur l'iPhone le signale et vous demande si vous désirez activer le Mode avion.

Figure 13.2 : Silence radio grâce au mode Avion.

Figure 13.3 : Les réglages de la Wi-Fi.

Wi-Fi

Comme nous l'avons mentionné précédemment dans ce livre, la Wi-Fi est le plus rapide des réseaux pour surfer sur le Web, échanger du courrier, etc. Les réglages Wi-Fi servent à trouver les réseaux disponibles qui offrent un signal exploitable.

Touchez l'option Wi-Fi et tous les réseaux à portée sont affichés, comme le montre la Figure 13.3. Cet écran est aussi accessible en touchant l'icône Réglages, puis Généraux, puis Wi-Fi.

L'indicateur de force du signal (l'icône constituée de plusieurs arcs) peut vous aider à sélectionner le réseau dont le signal est le plus puissant, si vous avez le choix. Touchez le nom du réseau auquel vous désirez vous connecter. Si un réseau est protégé – et donc son accès interdit –, une icône en forme de cadenas est affichée.

L'option Confirmer l'accès peut être activée ou désactivée. L'iPhone se connecte spontanément aux réseaux qu'il connaît déjà. Lorsque cette fonctionnalité est active, l'iPhone vous demande confirmation chaque fois qu'il s'apprête à se connecter à un nouveau réseau. Si elle est désactivée, vous devrez sélectionner manuellement le réseau.

Si vous ne voulez plus que l'iPhone puisse se connecter automatiquement à un réseau qu'il a mémorisé, touchez le chevron à droite de son nom puis l'option Oublier ce réseau. La mémoire de l'iPhone est très sélective.

Dans certains cas, vous devrez fournir des informations très techniques concernant le réseau auquel vous désirez vous connecter. Vous serez alors confronté à une tripotée de termes abscons comme DHCP, BootIP, Statique, Adresse IP, Masque de sous-réseau, Routeur, DNS, Domaine de recherche, Identifiant client, HTTP Proxy et bien d'autres. Nombre de ces termes ne vous disent peut-être rien et c'est tout aussi bien ; la plupart d'entre nous n'ont pas besoin de connaître toutes ces notions. Si ces paramètres doivent être configurés, un administrateur de réseau ou un ami féru d'informatique pourra vous aider.

Vous voudrez parfois vous connecter à un réseau verrouillé qui se trouve à portée, mais qui de ce fait ne figure pas dans la liste Wi-Fi. Dans ce cas, touchez l'option Autre puis saisissez le nom du réseau. Touchez ensuite l'option Sécurité et sélectionnez le type de cryptage utilisé par le réseau : WEP, WPA ou WPA2. Là encore, c'est du jargon technique, et vous devrez peut-être vous faire aider.

Si aucun réseau Wi-Fi n'est accessible, vous devrez utiliser le réseau EDGE ou 3G/3G+ ou encore GPRS Si aucun de ces réseaux n'est accessible – ce qui serait bien étonnant à moins d'appeler depuis le tréfonds des Catacombes –, l'iPhone ne pourra pas se connecter à l'Internet.

Régler pour vos sens

Les prochains réglages concernent l'apparence de l'iPhone et sur quel ton il couine.

Sons

L'écran Sons est la régie sonore de l'iPhone. C'est là que vous activez ou désactiver les alertes sonores pour de nombreuses fonctions : nouveau message texte, nouveau message vocal, nouveau courrier, courrier envoyé, alertes de calendriers. C'est là aussi que vous choisissez les sonneries, comme nous l'avons vu au Chapitre 4.

Citons aussi la possibilité d'entendre un son lors d'un verrouillage ou les clics du clavier lors des saisies. La glissière du volume règle le niveau sonore des bruitages, des alertes et des sonneries.

Une autre solution pour régler le volume consiste à utiliser les boutons réels sur le côté de l'iPhone, à condition que vous ne soyez pas en train de téléphoner ou d'utiliser la fonction iPod pour écouter de la musique ou regarder une vidéo.

Lumineux comme le jour

Qui ne voudrait pas d'un écran aussi lumineux que possible ? Ce légitime désir se heurte hélas ! à une dure réalité : plus l'écran est lumineux, plus il est gourmand en énergie. À lui seul, il consomme la moitié du courant électrique.

C'est pourquoi nous recommandons vivement d'activer l'option Réglage automatique, comme à la Figure 13.4. La luminosité de l'écran variera selon la lumière ambiante, ce qui fera le plus grand bien à la batterie.

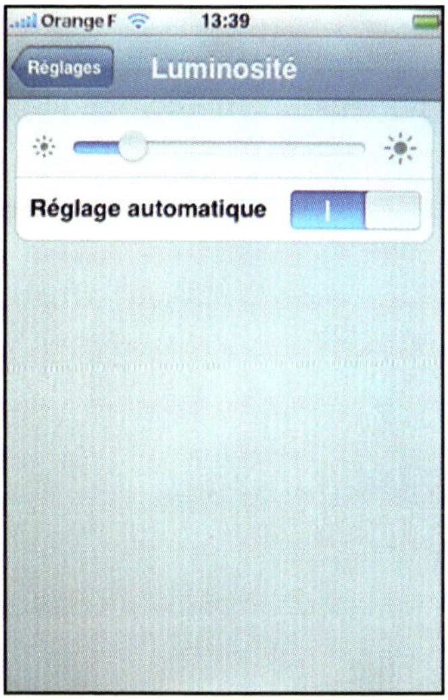

Figure 13.4 : Modulez la luminosité de l'écran selon la lumière ambiante.

Fond d'écran

Un beau fond d'écran est le meilleur moyen d'habiller l'iPhone selon votre goût. Vous pouvez choisir l'une des images d'arrière-plan livrées avec l'iPhone en touchant, dans l'écran Fond d'écran, l'option elle aussi nommée Fond d'écran. Parmi les vignettes que montre la Figure 13.5, choisissez celle qui ornera votre iPod. Ceux d'entre vous qui ont une âme d'artiste sélectionneront la *Joconde* de Léonard de Vinci, le *Ciel étoilé* de Vincent Van Gogh, le *Dimanche après-midi à la Grande Jatte* de Georges Seurat ou les *Pommes et oranges* de Paul Cézanne, tandis que les amateurs de nature craqueront pour une fleur, le papillon ou la grenouille et les écolos pour la Terre. Touchez une vignette pour voir un aperçu en grandeur réelle. Ou alors utilisez une de vos photos, en touchant Réglages, Fond d'écran puis Pellicule. Après avoir effectué votre choix, touchez le bouton Valider.

Figure 13.5 : Ce fond d'écran est vraiment à croquer…

Du Général aux particuliers

Certains réglages sont assez difficiles à caser. Apple a eu l'idée géniale de les fourrer dans une catégorie nommée Général (l'armée napoléonienne avait pâti du « général Hiver » à Moscou, eh bien voilà le « général Divers » de Cupertino).

Informations

Ces informations concernent tout ce qui a trait à votre iPhone, mais aussi ce qu'il y a dedans. Vous trouverez dans l'écran Informations :

- **Le nom de votre réseau.**
- **Le nombre de morceaux de musique stockés dans l'iPhone.**
- **Le nombre de clips vidéo.**
- **Le nombre de photos.**

- **La capacité de stockage utilisée et totale.** En raison du formatage de la mémoire flash, la capacité réelle est moindre que la capacité nominale annoncée.
- **La version du microprogramme.** Le système d'exploitation, ou OS (pour *Operating System*), en est à la version 3.0. Les chiffres et lettres entre parenthèses, comme 7A341, indiquent la sous-version, ou *build* en jargon informatique. Ce numéro change chaque fois que l'iPhone est mis à jour.
- **L'opérateur de téléphonie mobile.** Il s'agit, en France, de Bouygues, d'Orange ou de SFR.
- **Le numéro de série et le modèle.**
- **L'adresse Wi-Fi.**
- **L'adresse Bluetooth** (ce réseau est décrit un peu plus loin).
- **Les numéros IMEI et ICCID.** Les initiales du premier sigle sont celles de *International Mobile Equipment Identity*, identité internationale de l'équipement mobile. ICCID sont les initiales de *Integrated Circuit Card IDentifier*, identificateur du circuit intégré.

  NdT : Il est vivement recommandé de noter le numéro IMEI (sur la page de garde de ce livre, par exemple), car en cas de vol de l'iPhone, vous pourrez communiquer ce numéro à votre opérateur de téléphonie afin qu'il neutralise l'appareil, et à la police pour pouvoir l'identifier s'il est retrouvé. Les numéros de série et IMEI se trouvent aussi sous la boîte de l'iPhone.
- **Mention légale :** C'est de la littérature procédurière vétilleuse, des dizaines et des dizaines de pages en anglais concoctées par les juristes d'Apple à l'intention des juristes des innombrables sous-traitants (à bon entendeur…).

Utilisation

L'écran Utilisation est l'un des endroits où sont stockées les statistiques d'utilisation de l'iPhone. Vous en trouverez d'autres dans l'écran Informations que nous venons de décrire.

L'écran Utilisation contient les informations suivantes :

- **Durée d'utilisation depuis la dernière recharge complète :** Elle est indiquée en jours et en heures, à la fois pour la durée depuis que le téléphone a été déverrouillé et utilisé, que pour la durée où il était verrouillé et en veille.
- **Durée d'appel :** Indiquée pour la période courante, et totale depuis que l'iPhone est utilisé.
- **Données du réseau cellulaire :** Quantité de données envoyées et reçues au travers des réseaux EDGE, 3G/3G+ ou GPRS. Ces statistiques peuvent être réinitialisées en touchant le bouton Réinitialiser les statistiques, en bas de l'écran.

Réseau

Le réglage Réseau contient quatre commandes dont l'une, Wi-Fi, a déjà été décrite dans ce livre. Les trois autres sont : Activer la 3G, Données à l'étranger et VPN. Examinons-les.

Activer la 3G

Comme vous le savez, l'avantage majeur du réseau 3G/3G+ est qu'il est autrement plus rapide que le réseau EDGE, bien qu'il soit cependant moins rapide que la Wi-Fi. Ceci dit, si vous vous trouvez principalement dans une zone non couverte par la 3G et que vous n'utilisez donc ce réseau qu'occasionnellement, désactiver cette option augmentera l'autonomie de votre iPhone. Pourquoi ? Parce que la 3G/3G+ consomme énormément d'énergie et draine rapidement la batterie.

Données à l'étranger

Vous risquez sans vous en rendre compte de voir votre note iPhone atteindre des sommets si vous utilisez Safari, échangez du courrier électronique ou exécutez intensivement d'autres types de tâches à l'étranger. Pour éviter que vos orgies iPhonesques vous coûtent plus cher que vos agapes dans les palaces, désactivez l'option Données à l'étranger.

VPN

Un réseau VPN (*Virtual Private Network*, réseau privé virtuel) offre la possibilité d'accéder en toute sécurité à un réseau d'entreprise protégé par un pare-feu. La version 2.0 de l'iPhone supporte un protocole appelé Cisco IPSec VPN qui prodigue apparemment le niveau de sécurité qu'exigent les administrateurs de réseau.

L'iPhone supporte aussi les protocoles L2TP (*Layer 2 Tunneling Protocol*, protocole de tunnelisation de niveau 2) et PPTP (*Point-to-Point Tunneling Protocol*, protocole de tunnelisation point à point).

Les paramètres de configuration qui apparaissent après avoir touché VPN puis L2TP ou VPN puis PPTP vous seront fournis par le responsable informatique. Le mieux est encore de lui confier votre iPhone et le laisser le configurer.

Une fois configurés, les paramètres VPN peuvent être activés ou désactivés en touchant l'option VPN dans l'écran VPN.

Bluetooth en scène

De tous les termes techniques propres à l'informatique, *Bluetooth* est l'un de nos préférés. Ce nom provient du surnom (*NdT* : « dent bleue », par allusion au goût immodéré de ce roi pour les myrtilles) d'un roi viking du Xe siècle, Harald Blatan, qui contribua à l'unification de la Scandinavie. Or, Bluetooth facilite la collaboration entre divers périphériques.

Harald Blatan était sans doute un précurseur, mais il est certain qu'il n'a jamais utilisé de téléphone mobile. Or, aujourd'hui, toute une gamme de produits sans fil reprend son surnom. Sur un iPhone, Bluetooth permet de communiquer par radio avec des oreillettes ou un kit de téléphonie mains libres. Ces équipements sont fabriqués par Apple et par d'autres marques.

Pour que l'iPhone puisse fonctionner avec l'un de ces équipements, ils doivent être couplés ou jumelés. Les oreillettes optionnelles vendues par Apple sont automatiquement jumelées en plaçant l'iPhone et les oreillettes sur une double station d'accueil fournie avec ces dernières et reliée à l'ordinateur.

Si votre accessoire n'est pas de la marque Apple, suivez les instructions fournies par le manuel afin qu'il soit détecté et jumelé avec l'iPhone. Touchez ensuite l'icône Réglages, l'option Généraux, puis l'option Bluetooth afin que l'iPhone puisse rechercher les périphériques à proximité, comme le montre la Figure 13.6. La portée de Bluetooth est d'une dizaine de mètres.

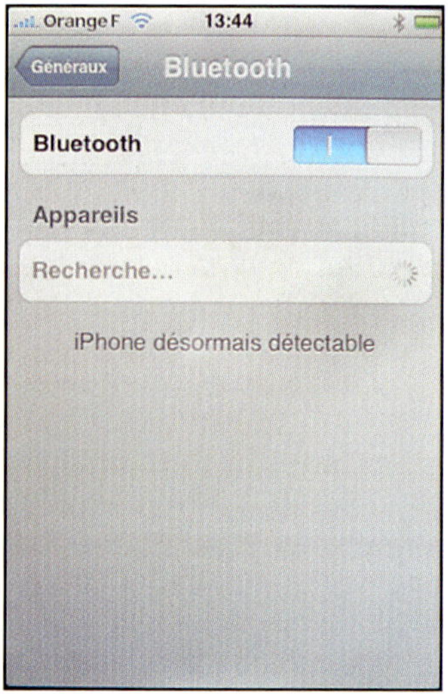

Figure 13.6 : L'iPhone recherche un périphérique Bluetooth.

Vous savez que Bluetooth est actif grâce à la petite icône Bluetooth affichée à droite dans la barre d'état. Si le symbole est bleu ou noir, l'iPhone communique avec un périphérique. S'il est gris, Bluetooth est actif, mais aucun périphérique compatible ne se trouve à proximité.

Pour mettre fin au jumelage avec un périphérique, sélectionnez-le dans la liste des périphériques et touchez le bouton Supprimer le jumelage.

Grâce à l'OS 3.0, les haut-parleurs Bluetooth stéréo sont utilisables, de même que les kits mains-libres et autres accessoires. Le son stéréo de l'iPhone est désormais audible avec ces équipements.

Vous pourrez éventuellement utiliser une connexion Bluetooth – ou un câble USB – pour partager la connexion Internet de l'iPhone et en faire profiter votre ordinateur portable, à condition toutefois que votre opérateur de téléphonie supporte cette fonction (*NdT* : C'est le cas de Bouygues, Orange et SFR, en France, mais un abonnement spécial à ce service peut être exigé).

Pour établir le partage Internet, touchez Réglages > Général > Réseaux > Activer ou désactiver le partage de connexion Internet.

L'iPhone peut exploiter Bluetooth de diverses manières. L'une est la connexion de pair à pair, qui permet de jouer à un jeu vidéo avec plusieurs personnes en même temps, situées à portée du transmetteur. Ce système peut aussi servir à échanger des cartes de visite virtuelles, des photos et de brèves notes textuelles. Des programmeurs d'applications pour iPhone ont commencé à exploiter les possibilités de la connexion Bluetooth. Avec certaines d'entre elles, il n'est pas même nécessaire d'apparier les périphériques, comme vous devez le faire pour un ensemble écouteurs/microphone ou pour un kit mains-libres.

Il est impossible d'échanger des fichiers entre l'iPhone et un ordinateur avec Bluetooth, ni de synchroniser. Vous ne pouvez pas non plus l'utiliser pour imprimer des éléments à l'aide d'une imprimante Bluetooth, car l'iPhone ne supporte aucun des profils Bluetooth exigés par ces transactions.

La stéréo par Bluetooth ne fonctionne pas sur les iPhone de première génération.

Service de localisation

Où suis-je ? Dans quel état j'erre ? Grâce à Plans et à plusieurs Apps – des applications téléchargeables, comme vous l'apprendrez au prochain chapitre – et par le géomarquage des photos prises avec l'iPhone, ce dernier sait toujours où vous êtes. Les iPhone 3G et 3GS exploitent le GPS intégré, mais même l'iPhone de première génération est capable d'indiquer où vous êtes, par triangulation des bornes Wi-Fi aux alentours et des antennes de téléphonie mobile.

Tout cela titille votre fibre paranoïde ? Y a pas de quoi. Pour protéger votre vie privée, chaque application affiche le petit message de la Figure 13.7 demandant si vous acceptez qu'elle utilise votre lieu actuel. Vous pouvez aussi désactiver le Service de localisation dans les Réglages. Non seulement vous protégerez votre délicieuse intimité, mais la batterie ne s'en portera que mieux.

Figure 13.7 : Une application veut savoir où vous êtes.

Verrouillage auto

Vous définissez ici le délai après lequel le téléphone est automatiquement verrouillé ou l'écran éteint. Vous avez le choix entre 1 à 5 minutes ou Jamais.

Si vous travaillez pour une entreprise qui vous oblige à définir un mot de passe (voir prochaine section) l'option Jamais n'est pas proposée.

Pendant qu'il est verrouillé, le téléphone reçoit cependant les messages et les SMS, et le volume reste réglable.

Verrouillage par code

Un mot de passe peut être défini pour empêcher quelqu'un de déverrouiller votre iPhone. Touchez cette option puis tapez un code à quatre chiffres. Vous devrez le confirmer au moment de sa validation.

Vous pouvez indiquer si le code est requis immédiatement, ou après 1, 5, 15 minutes ou une heure d'utilisation. Une durée plus courte est bien sûr plus sûre. À propos de sécurité, sachez que l'iPhone peut être configuré pour effacer toutes les données qu'il contient après dix vaines tentatives de saisie du mot de passe.

Le code peut être modifié à condition de fournir l'actuel code. Si vous l'avez oublié, vous devrez restaurer le logiciel de l'iPhone, comme nous l'expliquons au Chapitre 15.

Sur l'iPhone 3GS, le verrouillage par code peut aussi servir à désactiver ou réactiver la composition vocale d'un numéro de téléphone.

Restrictions

Les parents et les directeurs de tous poils adorent le réglage Restrictions. On ne saurait en dire autant des enfants et des employés. Vous pouvez activer ce réglage pour empêcher l'utilisateur de tomber sur du langage explicite (cru, si vous préférez) avec Safari ou iTunes, ou en parcourant YouTube, et aussi d'installer des applications (des « apps »). Des services de localisation et l'appareil photo peuvent aussi être interdits. Quand une restriction a été définie, l'icône de la fonction interdite n'est plus visible.

L'OS 3.0 octroie aux parents un contrôle encore plus étroit, en autorisant de regarder des vidéos, mais pas celles interdites sous un certain âge (la classification des films par âge n'existe pas dans tous les pays).

Bouton principal

Vous pouvez assigner un – parmi trois – raccourci au double-appui sur le bouton principal. Le premier affichera l'écran d'accueil. Le second vous transportera, non de joie, mais directement à l'écran des Favoris. Le troisième, si vous ne le changez pas, fera comme le premier : il vous ramène à l'écran d'accueil. Vous voilà bien avancé…

Enfin,.

Deux autres actions sont possibles à partir du bouton principal :

- Activer le bouton Contrôles de l'iPod si vous désirez que les commandes apparaissent lorsque vous appuyez deux fois (clic-clic) sur le bouton principal pendant l'écoute d'un morceau de musique.
- Toucher les résultats de recherche pour définir quelle application doit apparaître lorsque vous lancez une recherche avec Spotlight.

Date et heure

L'iPhone affiche toujours l'heure en mode 24 heures, et dans l'écran Date et heure, cette option est en grisé, c'est-à-dire non modifiable. Si vous tenez absolument à afficher l'heure en mode AM/PM sur 12 heures, touchez l'option International, dans l'écran Généraux, puis Format régional, puis Anglais.

Le paramètre Réglage automatique fait que l'iPhone règle automatiquement l'heure en se basant sur le réseau de téléphonie mobile, selon le fuseau horaire qui a été défini.

Si ce réglage est désactivé, vous devrez indiquer manuellement le fuseau horaire ainsi que l'heure en procédant comme suit :

1. **Touchez Réglage automatique afin de désactiver cette option.**

   Deux réglages apparaissent, l'un pour le fuseau horaire, l'autre pour la date et l'heure.

2. **Touchez l'option Fuseau horaire.**

   Un champ de saisie et le clavier virtuel apparaissent.

3. **Commencez à saisir le nom de la ville ou du pays jusqu'à ce qu'il apparaisse dans une liste. Touchez ensuite le nom en question.**

   Le champ de saisie est automatiquement complété.

4. **Touchez l'option Régler la date et l'heure. Actionnez ensuite les rubans pour afficher l'heure correcte.**

5. **Touchez la date. Actionnez ensuite les rubans pour afficher le jour, le mois et l'année.**

6. **Touchez le bouton Date et heure, en haut à gauche, pour revenir à l'écran d'horodatage principal.**

Les autres commandes concernent le calendrier. Vous avez le choix entre l'utilisation de l'heure locale ou, si vous êtes en déplacement, celle de l'heure basée sur le fuseau horaire que vous aurez choisi.

Clavier

Le réglage Clavier permet d'activer la mise en majuscules automatique et de verrouiller la touche des majuscules.

Lorsque le réglage Majuscules auto. est actif – ce qui est le cas par défaut , la première lettre d'un mot suivant une phrase se terminant par un point, un point d'interrogation ou un point d'exclamation est mise en majuscule.

Quand le réglage Touche Maj verrouillée est actif, la saisie s'effectue en majuscules lorsque vous double-tapez le bouton Majuscules (celui avec la flèche pointant vers le haut).

International

L'iPhone est par nature international. Vendu dans plusieurs dizaines de pays, il a été conçu pour fonctionner n'importe où dans le monde. Les réglages de la catégorie

International permettent de sélectionner la langue dans laquelle vous saisissez du texte avec le clavier virtuel, la langue de l'iPhone lui-même et des messages qu'il affiche, et la langue utilisée par la fonction Contrôle vocal.

Accessibilité

Disponibles uniquement sur l'iPhone 3GS, les fonctions d'accessibilité s'adressent aux handicapés :

- **VoiceOver :** Le contenu de l'écran – courriers électroniques, pages Web… – est lu à haute voix.
- **Zoom :** Une loupe grossit le contenu de l'écran. Double-touchez l'écran avec trois doigts pour zoomer en avant. Tirez avec trois doigts pour faire défiler l'écran.
- **Blanc sur noir :** Les couleurs sont inversées afin de produire une image fortement contrastée à l'intention des mal-voyants.
- **Audio mono :** En cas de problème d'audition à une oreille, l'iPhone combine les deux canaux stéréo pour n'envoyer qu'un seul signal dans l'un des écouteurs.
- **Énonciation :** L'iPhone indique vocalement les corrections automatiques et la mise en majuscules.

Réinitialiser

La réinitialisation consiste à remettre tout ou partie de l'iPhone dans le même état qu'au moment où vous l'avez acheté. Cette opération doit cependant être faite en toute connaissance de cause, et pour de bonnes raisons. Ces dernières sont multiples ; nous y reviendrons au Chapitre 15, consacré au dépannage.

Voici les paramètres de l'option Réinitialiser :

- **Réinitialiser tous les réglages :** Toucher cette option réinitialise tous les réglages, mais aucune donnée ni fichier multimédia n'est supprimé.

- **Effacer contenu et réglages :** Tous les réglages sont réinitialisés, ainsi que toutes les données et fichiers multimédias. C'est un nettoyage par le vide.
- **Réinitialiser les réglages réseau :** Tous les paramètres de réseau sont effacés et restaurés à leurs valeurs par défaut (valeurs d'usine).
- **Réinitialiser le dictionnaire clavier :** Comme nous l'avons mentionné précédemment, le clavier virtuel de l'iPhone est intelligent et sait apprendre. Par exemple, quand vous rejetez un mot qu'il suggère, il en déduit que le mot que vous avez tapé et que vous imposez doit être ajouté au dictionnaire. L'option Réinitialiser le dictionnaire clavier efface du dictionnaire tous les mots qui y ont été ajoutés.
- **Réinitialiser l'écran principal** : Les icônes de l'écran d'accueil sont repositionnées à leur emplacement d'origine.
- **Réinitialiser alertes de localisation :** Elles sont rétablies telles qu'elles étaient à l'origine.

Régler le téléphone

Les réglages des fonctionnalités iPod (image et son), Safari et Courrier ayant été couverts dans les chapitres précédents, il n'y pas lieu d'y revenir.

Trier et afficher les contacts

Pour vous, les auteurs de cet ouvrage sont-ils Ed et Bob ou bien Baig et Levitus ? Selon la réponse à cette question, vous trierez vos contacts par prénoms ou par noms.

Touchez l'option Ordre de tri et choisissez Prénom Nom ou Nom Prénom. Touchez ensuite le bouton Téléphone pour revenir à l'écran Téléphone.

Vous pouvez aussi choisir d'afficher les contacts dans l'ordre Prénom Nom ou Nom Prénom. Touchez l'option Ordre d'affichage puis le bouton Téléphone pour revenir à l'écran Téléphone.

Appels à la pelle

Il y a longtemps, du fin fond des pages passées de ce livre, nous avions laissé entendre que nous aurions comme qui dirait quelques petites infos et astuces supplémentaires à glisser, à propos du réglage Téléphone.

Eh bien, touchez Réglages et faites défiler l'écran pour atteindre le bouton Téléphone. Touchez-le. Il donne accès aux quelques options qui suivent.

Renvoi d'appel

Si vous estimez que vous résiderez assez longtemps dans une zone mal ou pas du tout couverte par votre opérateur de téléphonie mobile, vous pouvez renvoyer temporairement les appels vers une ligne de téléphone fixe ou vers un mobile fonctionnant mieux. La procédure est très simple :

1. **Dans l'écran Réglages, touchez l'option Téléphone puis Renvoi d'appel.**
2. **Touchez l'option Renvoi d'appel afin de l'activer.**
3. **À l'aide du clavier virtuel, saisissez le numéro vers lequel l'appel doit être redirigé.**
4. **Touchez le bouton Renvoi d'appel pour revenir à l'écran du même nom.**

Pour modifier le numéro du renvoi d'appel, touchez le cercle gris à croix blanche, dans le champ de saisie du numéro de téléphone, afin de supprimer celui qui s'y trouve, puis tapez le nouveau numéro.

N'oubliez pas de désactiver la fonction Renvoi d'appel afin de recevoir de nouveau les appels directement sur l'iPhone.

Vous devez vous trouver dans une zone couverte par votre opérateur de téléphonie mobile pour pouvoir activer et définir le renvoi d'appel.

Signal d'appel

Cette option est active par défaut. Si vous la désactivez et que quelqu'un essaie de vous joindre alors que vous êtes en train de téléphoner, son appel est automatiquement dérouté vers la messagerie vocale.

Afficher mon numéro

Vous ne voulez pas que votre nom apparaisse sur le téléphone du correspondant que vous appelez ? Désactivez l'option Afficher mon numéro.

Connexion de l'iPhone à un téléscripteur

Les malentendants utilisent parfois un téléscripteur pour converser. L'iPhone est utilisable avec un tel équipement standard grâce à un adaptateur spécial vendu sur apple.store (`www.apple.com/fr/`).

Code PIN de la carte SIM

La minuscule carte SIM à l'intérieur de l'iPhone contient votre numéro de téléphone ainsi que d'autres importantes informations. Touchez l'option Modifier le code PIN, puis tapez un nouveau code secret. De cette manière, si quelqu'un s'approprie votre carte, il ne pourra pas l'utiliser avec un autre téléphone, sauf s'il connaît le code.

N'OUBLIEZ PAS

Sachez toutefois que si vous assignez un code PIN à la carte SIM, vous devrez saisir le code chaque fois que vous éteignez puis rallumez l'iPhone.

Services [votre opérateur]

Cette rubrique ne concerne plus Apple, mais votre opérateur de téléphonie. Les différents services sont en réalité des numéros de téléphone auxquels l'iPhone se connecte automatiquement. Sur Orange, plus important est sans doute le service Suivi Conso : le téléphone compose le #123# puis renvoie un message textuel indiquant où en est le forfait.

Tous les réglages que nous venons d'évoquer devraient vous permettre d'exploiter pleinement votre iPhone. Mais s'il renâclait à la tâche, si la bête était rétive, nous vous recommanderions vivement de lire le Chapitre 15.

Nike + iPod

Pour vous, le sport, c'est le pied? Et vous avez de l'oreille pour la musique? À l'été 2006, Apple et Nike se sont mis d'accord pour créer un capteur à placer sur une chaussure, qui communique sans fil avec un récepteur connecté à un iPod Nano. Dès que le coureur s'élance, le capteur indique sur le Nano la durée écoulée, la distance et le nombre de calories consumées. Il reçoit une réponse vocale et les résultats sont téléchargés sur le site Web de Nike. Les coureurs fatigués peuvent écouter un « power song » sur leur iPod pour se requinquer.

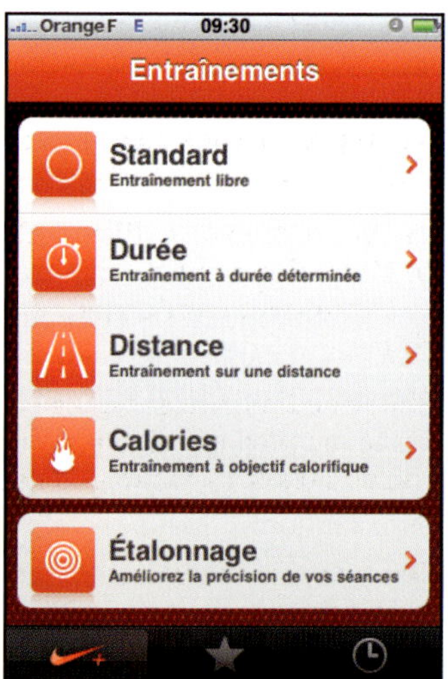

Figure 13.8 : L'iPhone de course.

L'application Nike + iPod a été intégrée à l'OS 3.0, mais pas dans les versions antérieures. Quand vous l'activez à partir de l'écran Réglages, l'iPhone enregistre chacun de vos pas. Il est inutile de connecter un récepteur séparé comme pour le Nano. Vous choisissez ensuite l'une des fonctions que montre l'écran 13.8.

Localiser mon iPhone

Nous espérons que vous n'aurez pas à utiliser la fonction Localiser mon iPhone, bien qu'elle soit vraiment très commode. Elle vous permettra en effet de retrouver l'iPhone si vous avez oublié votre iPhone dans un taxi ou au restaurant. Cette fonction exige cependant un abonnement au service MobileMe (*NdT :* Et tant pis pour les autres).

Pour activer la fonction de localisation, touchez Mail > Contacts, Calendrier. Touchez ensuite le compte de messagerie `me.com` que vous avez créé dans l'iPhone (là encore, vous devez être abonné à MobileMe pour en ouvrir un). Au besoin, reportez-vous au Chapitre 11 pour savoir comment ajouter un compte à l'iPhone.

Supposons que vous ayez égaré votre iPhone. Connectez-vous à votre compte MobileMe depuis n'importe quel navigateur Web de n'importe quel ordinateur et cliquez sur Trouver mon iPhonc.

À condition que l'iPhone soit allumé et qu'il se trouve dans une zone couverte, un plan est affiché, comme à la Figure 13.9. Lors de nos tests, l'iPhone a toujours été rapidement localisé.

Il faut bien reconnaître que voir l'emplacement de l'iPhone sur un plan ne vous aidera pas beaucoup, notamment s'il a été perdu quelque part dans le NAP (Neuilly-Auteuil-Passy) ou le « 9-3 » (la Seine-Saint-Denis). Dans ce cas, sur le site MobileMe, cliquez sur Afficher un message en espérant que l'iPhone est tombé en de bonnes mains (on en trouve dans le « 9-3 » et même dans le NAP). Le message apparaît sur l'écran de l'iPhone égaré. N'oubliez pas d'indiquer, dans le message, comment vous joindre.

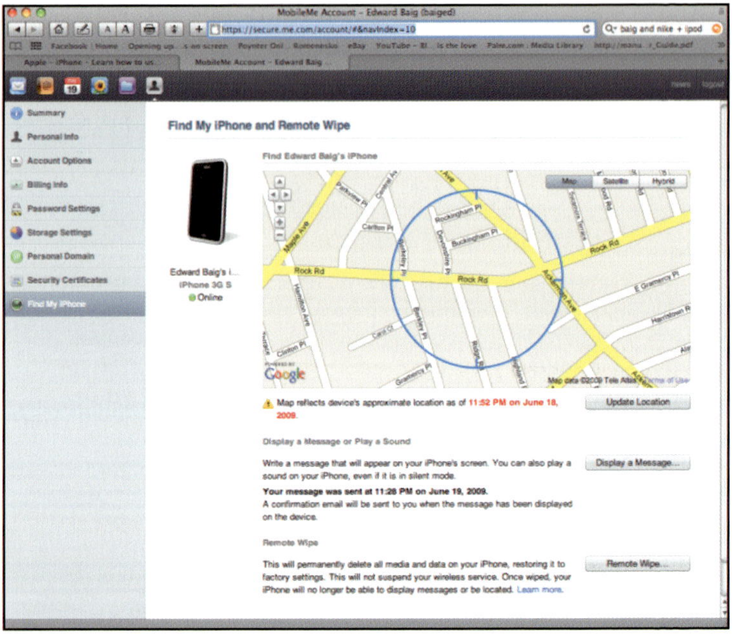

Figure 13.9 : L'iPhone égaré se trouve là.

Pour attirer l'attention de la bonne âme, vous pouvez configurer une alarme qui sonne pendant deux minutes, même si l'iPhone est en mode Silencieux. Commode s'il se trouvait tout bêtement sous les draps, dans votre lit…

Si après toutes ces manœuvres, l'iPhone semble avoir disparu pour de bon, cliquez sur Effacer à distance, sur le site MobileMe, afin de supprimer toutes les données personnelles qu'il contient et le rétablir tel qu'il était à la sortie de l'usine (*NdT* : Eh non, il n'y a pas d'option Autodestruction qui grillerait l'iPhone). Mais si vous récupérez l'iPhone par la suite, il vous sera toujours possible de restaurer toutes les informations à partir de la sauvegarde sur Mac ou sur PC réalisée avec iTunes.

14

Bon app' : des applications pour l'iPhone

Dans ce chapitre :

- Trouver des applications sympa.
- Rechercher des applications.
- Installer des applications dans l'iPhone.
- Gérer les applications de l'iPhone.
- Mettre les applications à jour afin de les améliorer.
- Exprimer votre opinion sur des applications.
- Signalez des misères avec des applications.

L'un des progrès les plus appréciables avec les nouveaux iPhone est la possibilité de télécharger et d'installer des applications tierces, c'est-à-dire ne provenant en premier lieu ni d'Apple, ni en second lieu de vous. Il existe actuellement des centaines d'applications, appelées « apps » en jargon d'iPhone, ce qui tombe bien, « app » étant à la fois le diminutif de

« application », mais aussi de « Apple ». Certaines sont gratuites, d'autres sont vendues. Certaines sont utiles, d'autres nulles. Et enfin, certaines fonctionnent sans problème, d'autres non.

Des applications peuvent être obtenues et installées de deux manières :

- En passant par l'ordinateur.
- Directement depuis l'iPhone.

Pour accéder à l'App Store – la boutique des applications, bien sûr – *via* l'iPhone, il doit évidemment être connecté à l'Internet. Et si vous téléchargez des apps sur votre ordinateur, elles ne seront pas disponibles pour votre iPhone tant que ces deux équipements n'ont pas été synchronisés.

Mais, avant de pouvoir farfouiller fébrilement dans l'App Store, au travers de votre ordinateur ou de votre iPhone, vous devez ouvrir un compte sur iTunes Store.

TRUC

Que ce soit dit une fois pour toutes : sans un compte à l'iTunes Store, impossible d'installer la moindre application dans l'iPhone.

Trouver des apps avec l'ordinateur

Commençons par trouver des applications iPhone à l'aide de iTunes :

1. **Démarrez iTunes.**
2. **Dans le volet de gauche, cliquez sur iPhone Store.**
3. **Cliquez sur le lien App Store.**

   La boutique App Store apparaît, comme à la Figure 14.1.

Figure 14.1 : L'App Store dans toute sa splendeur.

Rechercher des apps avec l'ordinateur

L'App Store étant ouvert sur votre ordinateur, vous avez le choix entre deux options pour parcourir ses rayonnages virtuels. Explorons ceux que montre l'écran principal.

Parcourir l'App Store

Les rayons principaux se trouvent au milieu de l'écran, et les rayons annexes de part et d'autre. Commençons par le milieu :

- **Nouveautés :** Ce département affiche huit icônes. Il présente les applications les plus récentes.

  TRUC

  Huit icônes seulement sont affichées, mais le rayon Nouveautés en comporte bien davantage. Remarquez le bouton Tout afficher, en haut à droite. Cliquez sur la flèche entourée d'un cercle, juste à côté, pour voir la totalité des nouveautés. Ou alors, cliquez sur l'une des flèches sur les côtés pour afficher d'autres icônes. Quant aux minuscules cercles en haut au milieu du panneau Nouveautés, ils indiquent le nombre d'écrans que ce rayon contient (quatre dans la Figure 14.1). Ces boutons de navigation sont utilisés dans la plupart des autres rayons.

- **Actualités :** Ce rayon propose les apps les plus appréciées des autres utilisateurs d'iPhone.
- **Recommandés :** Vous trouverez ici les apps vivement recommandées par l'équipe de l'iTunes Store.

ATTENTION

Comme dans les grands magasins, Apple change souvent la déco de ses rayons. Il se peut que dans quelque temps, la présentation des applications ne soit plus tout à fait la même que celle décrite ici.

Deux autres rayons se trouvent à droite de l'écran : Classement apps payantes et, l'un de nos préférés, Classement apps gratuites.

Enfin, à gauche de l'écran se trouve le rayon Catégories, où les apps sont classées par genres. Cliquez sur un lien pour rechercher thématiquement des apps.

Utiliser le champ Rechercher

Fureter dans les rayons boutique, c'est bien, mais si vous savez exactement ce que vous cherchez, nous avons une bonne nouvelle et une mauvaise. La bonne nouvelle est que c'est le moyen le plus rapide de trouver : tapez un mot ou une phrase dans le champ Recherche iTunes Store, en haut à droite de l'interface, comme à la Figure 14.2. Appuyez ensuite sur la touche Retour ou Entrée pour démarrer la recherche.

TRUC

NdT : Pourquoi avoir effectué la recherche sur Paname et non sur Paris ? D'abord, pour éviter Paris Hilton qui est vraiment trop envahissante. Ensuite parce que plusieurs applications font référence à Paname, dont celle-ci. Encore fallait-il le savoir…

Figure 14.2 : Comme je voudrais utiliser l'iPhone pour faciliter mes déplacements à Paris, j'ai effectué une recherche sur les mots « Paname ».

La mauvaise nouvelle est que la recherche porte sur la totalité de l'iTunes Store : morceaux, séries télévisées et tout le reste, parmi lesquels se trouve peut-être l'application recherchée.

Mais il y a quand même une autre bonne nouvelle : les résultats sont aussi classés par catégories, dont une nommée Applications, visible dans la Figure 14.2. Deux apps seulement sont proposées. Pour les voir toutes, cliquez sur le bouton à droite de Tout Afficher. Vous découvrirez ainsi l'ensemble des apps correspondant à votre recherche.

En savoir plus sur une application

Maintenant que vous savez trouver des apps dans iTunes Store, allons un peu plus loin et voyons comment en apprendre plus sur une application qui vous intéresse.

Afficher les détails sur l'ordinateur

Pour en savoir plus sur une application, ou sur un lien textuel figurant dans une page de l'iTunes Store, cliquez dessus. Un écran comme celui de la Figure 14.3 apparaît.

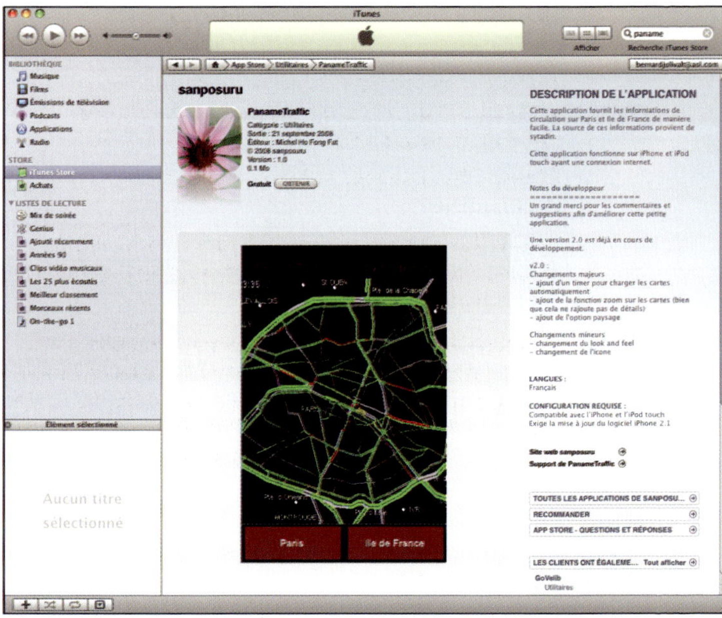

Figure 14.3 : Basé sur le célèbre site Sytadin, Paname Traffic affiche l'état de la circulation en Île-de-France.

Le descriptif vous informe sur l'essentiel des fonctionnalités de l'application et la configuration requise. Parfois, plusieurs écrans montrent divers aspects du produit.

TRUC

La description de l'application a été écrite par son programmeur et vise évidemment à mettre le produit en valeur. Mais à la prochaine section, nous vous expliquerons où trouver les avis de ceux qui l'ont utilisée.

Notez que certaines applications, notamment les jeux vidéo, reçoivent une classification indiquant l'âge minimal recommandé. Par exemple, la mention Classé 4+, sous le pavé avec l'icône de l'application et son prix, signifie qu'elle n'est appropriée que pour des enfants d'au moins quatre ans.

Trois autres classifications sont utilisées :

- **Classé 9+ :** L'application peut contenir de la violence réaliste, des scènes d'horreur ou des scènes suggestives qui ne sont pas appropriées à des enfants de moins de neuf ans.
- **Classé 12+ :** Langage vulgaire, violence, scènes déshabillées.
- **Classé 17+ :** Langage cru, violence, nudité, contenu sexuel. Scènes montrant des prises d'alcool, de tabac ou de drogue.

Dans chaque descriptif d'une application, des liens, en bas à droite, pointent vers d'autres apps gratuites ou payantes, selon l'application actuellement affichée. Le lien Recommander permet d'envoyer un courrier électronique à quelqu'un qui pourrait être intéressé par l'app en question.

Les avis des utilisateurs

Les appréciations laissées par des utilisateurs se trouvent en bas de l'illustration. Chaque avis est accompagné d'un nombre d'étoiles (jusqu'à cinq). En faisant défiler l'écran montré à la Figure 14.3, vous découvrirez un certain nombre d'avis. Consultez-les systématiquement, surtout quand l'application est payante. Une note moyenne est calculée d'après le nombre d'avis et d'étoiles.

Télécharger une application

Rien n'est plus simple : si l'application vous plaît, cliquez sur le bouton Acheter (la somme vous sera automatiquement débitée par iTunes Store) ou, si l'application est gratuite, sur le bouton Obtenir.

N'OUBLIEZ PAS

Pas d'affolement si pendant le téléchargement d'une application gratuite, iTunes affiche « Achat de... » dans la barre titre. Rien ne vous sera débité.

L'application est aussitôt téléchargée dans la bibliothèque Applications, comme le montre la Figure 14.4.

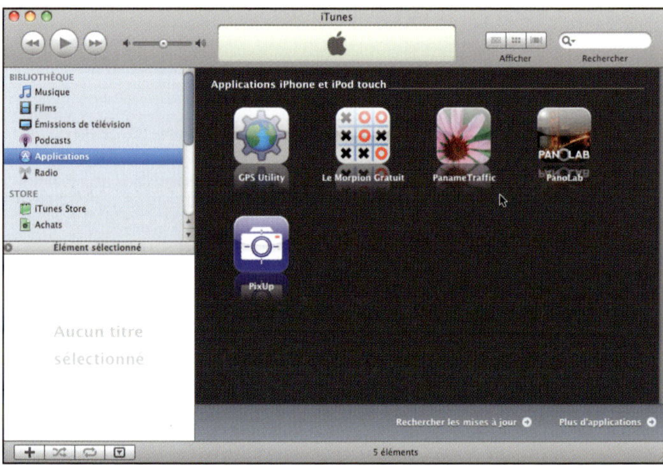

Figure 14.4 : Les applications téléchargées apparaissent dans la bibliothèque Applications d'iTunes.

N'OUBLIEZ PAS

Le téléchargement d'une application dans la bibliothèque d'iTunes n'est que la première phase de l'opération. Il va falloir à présent synchroniser l'ordinateur et l'iPhone pour procéder au transfert et à l'installation, et pourvoir utiliser l'application.

Mettre une application à jour

De temps en temps, le programmeur d'une application propose une mise à jour qui ajoute des fonctionnalités nouvelles, corrige un bogue, ou fait les deux. C'est pourquoi il est recommandé de les rechercher régulièrement. Pour ce faire, démarrez iTunes puis cliquez sur le lien Rechercher les mises à jour, en bas à gauche de la fenêtre Applications (voir Figure 14.4).

Cliquer sur le lien Plus d'applications, au même endroit, donne accès à l'écran principal de l'App Store (celui de la Figure 14.1).

Trouver des apps avec l'iPhone

Trouver des applications à partir de l'iPhone n'est pas plus compliqué qu'avec iTunes. La seule exigence est de disposer d'une connexion Internet, par la Wi-Fi ou par l'un des réseaux EDGE, 3G ou 3G+. Ensuite, il suffit de parcourir, télécharger et installer.

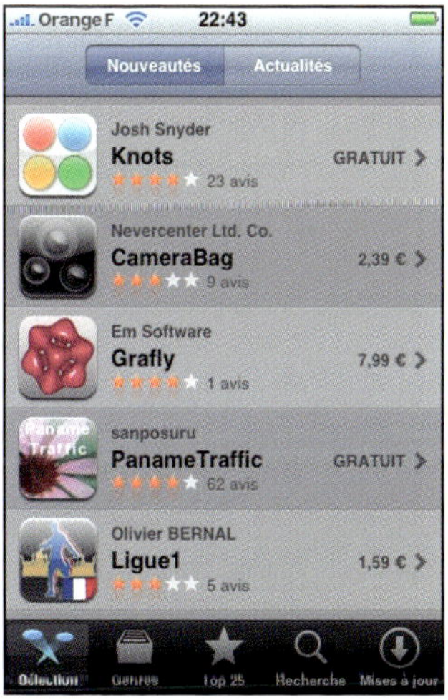

Figure 14.5 : Les icônes en bas de l'écran donnent accès à diverses parties de l'App Store.

Pour commencer, touchez l'icône App Store, dans l'écran d'accueil de l'iPhone.

Cinq icônes apparaissent en bas de l'écran (voir Figure 14.5), qui sont autant de moyens d'interagir avec l'App Store.

Rechercher des apps avec l'iPhone

Les trois premières icônes en bas de l'écran, Sélection, Genre et Top 25, offrent trois moyens de parcourir les rayonnages virtuels de l'App Store.

Parcourir l'App Store avec l'iPhone

La partie Sélection arbore deux onglets en haut de l'écran : Nouveautés (affiché à la Figure 14.5) et Actualités. Ces deux pages sont pleines d'applications.

C'est pareil pour la partie Top 25, sauf que les deux onglets filtrent les applications selon les critères Payantes et Gratuites.

Chaque page contient de 20 à 25 applications, mais cinq seulement sont affichées en même temps. N'oubliez pas de faire défiler une page pour découvrir les autres.

La partie Genres est un peu différente. Elle ne contient ni onglet ni application, mais une liste de catégories comme Actualités, Divertissement, Économie et entreprise, etc. Touchez l'une d'elles pour accéder à une page pleine d'applications de ce genre.

Utiliser l'icône Recherche

Si vous savez exactement ce que vous voulez, touchez plutôt l'icône Recherche, en bas de l'écran, puis saisissez un mot ou une phrase.

En savoir plus sur une application

Vous savez à présent comment trouver une application. Voyons maintenant comment en savoir plus sur elle.

Afficher les détails sur l'iPhone

Touchez l'icône d'une application, dans l'App Store, et un écran explicatif comme celui de la Figure 14.6 apparaît.

La description vise évidemment à mettre le produit en valeur. Ne manquez pas de lire les avis des utilisateurs.

Les avis des utilisateurs

Pour y accéder, faites défiler la page de la description. La moyenne des avis ainsi que leur nombre sont affichés sur un bouton sous l'illustration. Touchez-le pour accéder à la page contenant toutes les appréciations.

Télécharger une application

Pour télécharger une application directement dans l'iPhone, touchez le bouton en haut à droite (il porte la mention Gratuit ou le prix d'achat). Il se peut que l'iPhone vous demande de taper votre mot de passe iTunes Store avant que l'App Store disparaisse et soit remplacé par une page contenant l'icône de la nouvelle application (voir Figure 14.7). Elle apparaît, légèrement assombrie, avec le mot Chargement dessous et une petite barre de progression.

S'il se trouve que l'application est classée « +17 », un écran d'alerte apparaît après que vous avez saisi votre mot de passe. Pour poursuivre le téléchargement, vous devrez cliquer sur le bouton OK pour confirmer que vous avez plus de 17 ans (*NdT* : Fastoche. C'est à la portée d'un enfant de huit ans).

L'application est maintenant dans votre iPhone, mais elle ne sera copiée dans votre ordinateur qu'à l'occasion de la prochaine synchronisation. Si la mémoire de l'iPhone est soudainement vidée – il y a peu de chances que cela se produise – ou si vous avez effacé l'application de l'iPhone avant la synchronisation, elle sera à tout jamais perdue.

Après avoir téléchargé une application dans l'iPhone, elle sera transférée dans la bibliothèque Applications de iTunes lors de la prochaine synchronisation.

Figure 14.6 : Ceci est la page explicative de Orange spot'finder, un détecteur de réseaux Wi-Fi (pas uniquement ceux d'Orange).

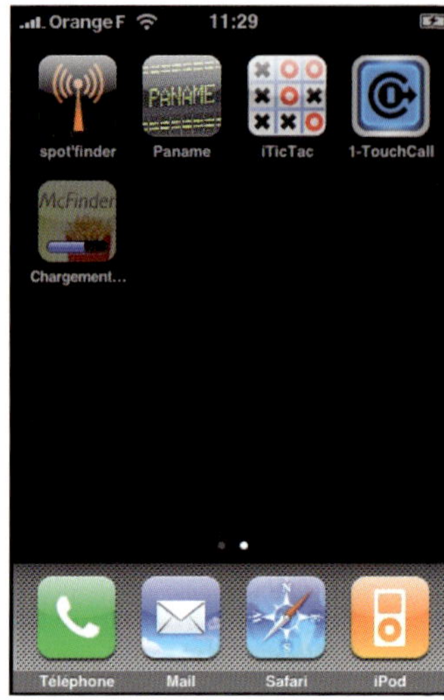

Figure 14.7 : Parcourez la page pour tout savoir de cette application.

Au fait, la boîte de dialogue fait allusion à un «élément acheté» même s'il est gratuit.

NOTE TECHNIQUE

Si une application occupe moins de 10 méga-octets, vous pouvez la télécharger directement dans l'iPhone au travers du réseau 3G/3G+ ou par la Wi-Fi. Les programmes plus volumineux ne peuvent l'être que par la Wi-Fi ou par une synchronisation avec l'ordinateur.

Mettre une application à jour

Comme nous l'avons déjà mentionné précédemment dans ce chapitre, les programmeurs des applications iPhone procèdent à des mises à jour. Pour vérifier s'il en existe pour vos applications, touchez le bouton Mises à jour, en bas à droite de l'écran.

Si un message Aucune mise à jour est affiché, cela signifie qu'elle n'a pas lieu d'être. Si une application en nécessite une, son icône apparaît, accompagnée d'un bouton Mise à jour. Touchez-le pour exécuter l'opération. Si plusieurs applications ne sont plus à jour, touchez le bouton Tout mettre à jour, en bas de l'écran.

Si vous tentez de mettre à jour une application achetée à l'aide d'un autre compte iTunes Store que le vôtre, vous devrez entrer son identifiant et son mot de passe. Si vous ne pouvez pas les fournir, vous ne pourrez pas procéder à la mise à jour.

Utiliser les applications

Vous savez à peu près tout sur l'installation d'applications tierces dans votre iPhone. Il peut cependant s'avérer utile de savoir comment supprimer, donner votre avis ou signaler un problème.

Supprimer une application

Une application peut être supprimée de deux manières : sur votre ordinateur dans iTunes, ou directement dans l'iPhone.

Pour supprimer une application dans iTunes, cliquez sur Applications, dans le volet de gauche, puis effectuez l'une de ces deux actions :

- Cliquez sur l'icône de l'application pour la sélectionner, puis choisissez Edition > Supprimer.
- Cliquez du bouton droit (ou Ctrl+Clic avec une souris à un seul bouton) sur l'icône de l'application et choisissez Supprimer.

Dans les deux cas, une boîte de dialogue vous demande de confirmer la suppression de l'application sélectionnée. Si vous cliquez sur Supprimer, l'application est effacée de la bibliothèque iTunes, mais aussi de l'iPhone lors de la prochaine synchronisation.

Voici maintenant comment supprimer une application de l'iPhone :

1. **Touchez continûment une icône – n'importe laquelle – jusqu'à ce que toutes commencent à se trémousser.**
2. **Touchez le petit x cerclé, en haut à gauche de l'icône de l'application à supprimer.**

   Une boîte de dialogue vous informe que la suppression de cette application supprimera également toutes ses données.
3. **Touchez le bouton Supprimer (voir Figures 14.8).**

Figure 14.8 : Touchez le x cerclé d'une application, puis touchez le bouton Supprimer pour l'effacer de l'iPhone.

ATTENTION

Si l'iPhone a été synchronisé depuis que vous avez téléchargé l'application et qu'elle a été transférée dans la bibliothèque d'iTunes, la suppression dans l'iPhone n'est pas définitive. Dès la prochaine synchronisation, elle sera en effet réintégrée dans l'iPhone en catimini. Pour l'éliminer pour de bon vous devrez aussi la supprimer de la bibliothèque iTunes.

Critiquer une application

Parfois, vous êtes à ce point emballé par une application, à moins que vous en veniez à la détester, que le monde entier se doit de le savoir. Au lieu de beugler votre bonheur au soleil ou de hululer votre infortune sous la lune, il vaut mieux écrire une critique qui fera sans doute autant de bruit. Vous avez le choix entre deux moyens : depuis votre ordinateur avec iTunes, ou directement depuis l'iPhone.

Procédez comme suit depuis iTunes sur Mac ou PC :

1. **Naviguez jusqu'à la page du descriptif de l'application, dans l'App Store d'iTunes.**
2. **Faites défiler la page jusqu'à la rubrique Avis des utilisateurs, puis cliquez sur le lien Donner votre avis.**

   Il vous sera peut-être demandé de vous identifier.
3. **À la rubrique Classer cette application, cliquez sur le bouton d'option correspondant au nombre d'étoiles à attribuer (de 1 à 5).**
4. **Dans le champ Titre, donnez un titre à votre critique. Indiquez aussi un pseudonyme, dans le champ à droite.**
5. **Dans le champ Critique, tapez frénétiquement votre critique, qu'elle soit dithyrambique ou incendiaire.**
6. **Cliquez sur le bouton Extrait.**

   Ce bouton est l'équivalent d'un bouton Aperçu. Si la critique vous convient, cliquez sur le bouton Envoyer. Sinon, cliquez sur Modifier. Et si finalement, vous renoncez à critiquer l'application – c'est *too much,* les mots vous manquent –, cliquez sur Annuler.

Procédez comme suit pour publier votre critique directement depuis l'iPhone :

1. **Touchez l'icône App Store afin d'accéder à la boutique des applications.**

2. **Accédez à la page du descriptif de l'application.**
3. **Faites défiler la page jusqu'au bouton Avis, sous l'illustration, puis touchez-le.**
4. **À la page Critiques, touchez l'icône Nouveau document, en haut à droite.**

   Le mot de passe de iTunes peut éventuellement vous être demandé.

5. **Dans la page Soumettre l'avis, touchez le point correspondant au nombre d'étoiles à attribuer à l'application.**
6. **Dans le champ Titre, donnez un titre à votre critique. Indiquez aussi un pseudonyme.**
7. **Dans le champ Critique, tapez votre critique.**
8. **Cliquez sur le bouton Envoyer, en haut à droite de l'écran.**

Quelle que soit la manière dont vous envoyez une critique, Apple en prendra connaissance. Si elle n'enfreint pas la loi ni les règles de bonne conduite, elle est publiée un ou deux jours plus tard sur l'App Store, dans la rubrique des avis de l'application en question.

Signaler un problème

De temps en temps, vous tombez sur une application tordue, une horreur qui ne fonctionne pas comme prévu, plante l'iPhone ou sème la pagaille. Dans ce cas, vous devriez signaler le problème afin qu'Apple et le programmeur puissent prendre connaissance de ce dysfonctionnement, et peut-être y remédier.

Cette action aussi peut être effectuée soit depuis iTunes, soit depuis l'iPhone.

Voici comment procéder depuis l'ordinateur, avec iTunes :

1. **Touchez l'icône App Store pour accéder à la boutique des applications.**
2. **Naviguez jusqu'à l'écran fournissant les détails de l'application.**

3. **Cliquez sur le bouton Signaler un problème, en bas de l'écran d'achats.**

   Le mot de passe de iTunes peut éventuellement vous être demandé.

4. **Touchez l'un des trois boutons correspondant au type de problème que vous avez rencontré : cette application comporte un bogue, Le contenu de cette application est offensant. Mon problème n'est pas répertorié ici.**

5. **Décrivez le problème dans le champ Annotations.**

6. **Touchez le bouton Signaler, en haut à droite de l'écran, pour envoyer votre rapport.**

Et voilà, vous savez tout pour rechercher, installer, supprimer et critiquer des applications, et signaler des problèmes.

Au Chapitre 16, dans la célèbre partie « Les dix commandements », vous trouverez une sélection de dix applications utiles, et de dix qui ne sont pas si nulles que cela.

15

Quand l'iPhone vous fait des iMisères

Dans ce chapitre :

- Corriger les petits problèmes de l'iPhone.
- Les problèmes de réseau et d'appel.
- Les problèmes de synchronisation et d'ordinateur.
- Chercher de l'aide sur les forums.
- S'en remettre à Apple.

D'après notre expérience, l'iPhone est plutôt fiable. La plupart des utilisateurs que nous avons rencontrés n'ont pas signalé de problèmes majeurs. Notez bien les mots « la plupart », car il arrive qu'un iPhone parfaitement opérationnel vous fasse de temps en temps des petites misères. Dans ce chapitre, nous aborderons les types de problèmes auxquels vous pourriez être confronté, avec leur solution.

© iStockPhoto.com/Jonathan Maddock

Quels sont ces problèmes ? Ce sont notamment ceux concernant :

- Le téléphone.
- L'émission ou la réception d'appels.
- Le réseau sans fil.
- La synchronisation avec l'ordinateur (Mac ou PC) ou avec iTunes.

Si l'iPhone est rétif

Nos premières catégories de dépannage concernent un iPhone qui ne veut plus fonctionner. La procédure à suivre est celle des six « R », comme dans Grrrrrr ! Que sont ces six « R » ? C'est une bonne question, merci de l'avoir posée. Les six « R » sont :

- Recharger.
- Redémarrer.
- Réinitialiser l'iPhone.
- Retirer tout le contenu.
- Rétablir les réglages et le contenu.
- Restaurer.

Donc, si votre iPhone vous fait des misères – il se bloque, ne quitte pas l'état de veille, refuse d'exécuter une tâche courante, etc. –, cette section explique ce que vous devez faire, dans l'ordre recommandé par Apple.

Recharger

Quand l'iPhone ne fonctionne pas correctement, la première action à effectuer est une recharge complète de la batterie.

N'OUBLIEZ PAS

Ne branchez pas le câble USB de la station d'accueil au port USB d'un clavier, d'un moniteur ou d'un répartiteur. Branchez-le directement à l'un des ports de l'ordinateur, car son alimentation électrique est plus puissante.

Vous pouvez aussi utiliser l'adaptateur secteur-USB pour recharger l'iPhone directement depuis une prise électrique plutôt qu'à partir d'un ordinateur.

Redémarrer

Si le dysfonctionnement subsiste malgré une batterie rechargée, redémarrez l'iPhone. C'est souvent suffisant pour corriger un petit problème. Un redémarrage fait parfois des merveilles.

Pour cela :

1. **Maintenez le bouton Marche/Veille enfoncé.**
2. **Tirez le curseur rouge Éteindre pour éteindre l'iPhone et attendez quelques secondes.**
3. **Maintenez de nouveau le bouton Marche/Veille enfoncé jusqu'à ce que le logo Apple apparaisse.**
4. **Si l'iPhone de première génération ou l'iPhone 3G est toujours bloqué, se conduit bizarrement ou refuse de démarrer, maintenez le bouton principal (sous l'écran) enfoncé pendant 6 à 10 secondes afin d'obliger toute application figée à quitter, puis appliquez de nouveau les Étapes 1 à 3. Si votre iPhone est un modèle 3GS, maintenez le bouton Marche/Veille enfoncé jusqu'à ce que le curseur rouge Éteindre l'iPhone apparaisse. Relâchez le bouton Marche/Veille puis maintenez le bouton principal enfoncé.**

Si cela ne résout pas le problème, passez au troisième « R » (Grrr !) celui de la réinitialisation.

Réinitialiser

Pour réinitialiser l'iPhone, il suffit de maintenir la touche Marche/Veille enfoncée tout en appuyant sur le bouton principal, sous l'écran. Relâchez ces deux boutons dès l'apparition du logo Apple.

La réinitialisation de l'iPhone est identique à celle d'un ordinateur qui se serait bloqué. Les données ne devraient en rien être affectées par cette opération qui, dans bien des cas, vient à bout de bon nombre de problèmes. N'hésitez pas à réinitialiser chaque fois que le comportement de l'iPhone vous paraît anormal.

Pensez à maintenir la touche Marche/Veille enfoncée *avant* d'avoir appuyé et maintenu le bouton principal. Car si vous appuyez sur les deux en même temps, vous effectuez une capture d'écran – une photo de l'écran, si vous préférez – au lieu de réinitialiser l'iPhone. Soit dit en passant, ces captures d'écran sont stockées dans la Pellicule de l'appareil photo. Nous y reviendrons à la fin du Chapitre 18.

Malheureusement, la réinitialisation ne résout pas toujours un problème. Il faudra alors recourir à des mesures plus drastiques.

Retirer tout le contenu

Aucune des opérations effectuées jusqu'à présent ne devrait prendre plus d'une minute ou deux. Ce n'est hélas ! pas le cas de la manipulation qui suit, lors de laquelle vous supprimerez tout ou partie des fichiers engrangés dans l'iPhone, pour vérifier si l'un d'eux ne serait pas à l'origine du dysfonctionnement.

Pour cela, vous devrez synchroniser l'iPhone et le reconfigurer afin que tous les fichiers ou certains d'entre eux ne soient pas synchronisés, ce qui les effacera de l'iPhone. Le problème peut résider parmi les contacts, les données de calendrier, les morceaux de musique, les vidéos ou les podcasts. Si vous suspectez un certain type de données – par exemple, des photos parce que l'iPhone se bloque chaque fois que vous touchez l'icône Photos, sur l'écran d'accueil –, commencez par supprimer ce type de données.

Ou alors, si vous n'avez pas la moindre idée quant au type de données incriminé, décochez chaque élément puis synchronisez. À la fin de l'opération, l'iPhone devrait être vide de toute donnée.

Si l'opération a corrigé le problème, restaurez les données type par type. Si le problème se manifeste de nouveau, vous saurez ainsi quel type de fichier est en cause, et vous devrez procéder par élimination pour localiser le fichier fautif.

Si le problème subsiste, passez à la prochaine étape : la réinitialisation des réglages de l'iPhone.

Réinitialiser les réglages et le contenu

Cette étape comporte deux phases : la première – la réinitialisation des réglages – remet tous les paramètres de l'iPhone à leur état par défaut, tels qu'ils étaient à la sortie de l'usine. La réinitialisation de l'iPhone ne supprime aucune donnée ni fichier. Le seul inconvénient est que vous devrez parcourir tous les réglages afin de rétablir votre configuration personnelle. Touchez l'icône Réglages, sur l'écran d'accueil, puis Généraux, Réinitialiser, Réinitialiser tous les réglages.

ATTENTION

Veillez à ne surtout pas toucher l'option Effacer contenu et réglages, du moins pas maintenant. La restauration de l'iPhone serait en effet beaucoup plus longue, car la synchronisation porterait sur l'ensemble des fichiers.

Si la réinitialisation ne ramène toujours pas l'iPhone à de meilleurs sentiments, vous devrez vous résoudre à tout effacer. Touchez l'icône Réglages, sur l'écran d'accueil, puis Généraux, Réinitialiser, puis Effacer contenu et réglages.

ATTENTION

Cela effacera tout dans l'iPhone : toutes vos données, tous vos fichiers multimédias et tous les réglages personnalisés. Comme tous ces éléments se trouvent également dans votre ordinateur – en principe du moins –, vous devriez les récupérer lors de la prochaine synchronisation. Vous perdrez en revanche tous les photos, listes de lecture On-The-Go, contacts, rendez-vous et événements du calendrier créés ou modifiés depuis la dernière synchronisation.

Vérifiez le fonctionnement de l'iPhone après avoir effacé tout le contenu et les réglages. Il fait toujours des siennes ? Il ne reste alors plus qu'à appliquer le « R » final, comme celui de « dernier » : Restaurer l'iPhone à partir d'iTunes.

Restaurer

Avant de conclure hâtivement que votre iPhone a rendu l'âme, vous pouvez encore essayer une ou deux manips de dernier recours. Connectez-le à l'ordinateur comme si vous alliez le synchroniser. Mais, lorsque l'iPhone apparaît dans le volet de gauche d'iTunes, cliquez sur le bouton, sous l'onglet Résumer. Cela effacera tous vos fichiers et données, et réinitialisera aussi tous les réglages.

N'OUBLIEZ PAS

Comme tous vos données et fichiers multimédias existent aussi dans l'ordinateur – excepté les photos, listes de lecture On-The-Go, contacts, rendez-vous et événements du calendrier créés ou modifiés depuis la dernière synchronisation –, vous ne devriez pas perdre grand-chose lors de la restauration. La prochaine synchronisation sera plus longue que d'habitude, et vous devrez reconfigurer vos réglages personnalisés, mais hormis ces quelques inconvénients, la restauration ne devrait vous causer aucun problème supplémentaire.

Nous avons fait le tour des interventions à votre portée face à un iPhone rétif. Si rien n'a résolu le problème, poursuivez la lecture de ce chapitre, à la recherche d'autres manières d'aborder le problème. Si rien n'est concluant, il faudra sans doute faire réparer l'appareil.

TRUC

Ne désespérez pas. L'iPhone a beau être mal en point, quelques astuces peuvent encore y remédier.

Problèmes d'appels et de réseau

Si vous avez des problèmes pour envoyer ou recevoir des appels téléphoniques, des SMS ou avec les réseaux de données Wi-Fi et EDGE, cette section vous sera peut-être utile. Les techniques décrites précédemment ici sont brèves et faciles à mettre en œuvre, excepté la dernière, Restauration, car elle exige un effacement total des données personnelles suivi de leur rétablissement.

Voici d'autres étapes simples qui peuvent s'avérer efficaces. Là encore, nous vous suggérons de les appliquer dans l'ordre préconisé par Apple.

1. **Vérifiez l'icône du signal de réception, en haut à gauche de l'écran.**

   Si au moins une ou deux barres ne sont pas visibles, les fonctions de téléphone et de SMS risquent d'être inutilisables.

2. **Assurez-vous d'avoir désactivé le Mode avion (décrit au Chapitre 13).**

   Lorsque le Mode avion est actif, toutes les fonctions dépendant d'un réseau sont inhibées. Il vous est impossible d'envoyer ou de recevoir des appels téléphoniques ainsi que des SMS, ou d'utiliser les applications exigeant une connexion Wi-Fi ou de réseau, autrement dit Mail, Safari, Plans, Météo et Bourse.

3. **Déplacez-vous un peu.**

   Se déplacer de deux ou trois mètres seulement peut faire la différence entre quatre barres et aucune, ou pouvoir se connecter ou non au réseau. Si vous êtes à l'intérieur d'un local, essayez en extérieur. Si vous êtes dehors, marchez de dix ou vingt pas dans n'importe quelle direction tout en gardant un œil sur le signal de cellule. Arrêtez-vous dès que le nombre de barres augmente.

4. **Activez le Mode avion en touchant l'icône Réglages, sur l'écran principal, puis le commutateur de l'option Mode avion. Attendez 15 à 20 secondes puis désactivez-le.**

Activer et désactiver ainsi le Mode avion réinitialise à la fois les connexions Wi-Fi et EDGE, 3G/3G+ et GPRS. Si la connexion était déficiente, cette manipulation peut la rétablir.

5. **Redémarrez l'iPhone.**

   Si vous avez oublié comment, reportez-vous à la section « Redémarrer », précédemment dans ce chapitre. Comme nous l'avons mentionné, un redémarrage a souvent un effet bénéfique sur l'iPhone.

6. **Assurez-vous que la carte SIM est bien insérée.**

   Une carte SIM (*Subscriber Identity Module*, module d'identification de l'abonné) est une carte flash amovible qui identifie un téléphone mobile. Elle permet à son détenteur de changer facilement de téléphone.

   Pour extraire la carte SIM de l'iPhone, introduisez l'extrémité du petit outil d'éjection chromé fourni avec l'iPhone 3G. Si vous ne l'avez pas, un bon vieux trombone redressé fera l'affaire. Enfoncez l'outil ou le trombone doucement dans le petit orifice du tiroir de la carte, comme le montre la Figure 15.1.

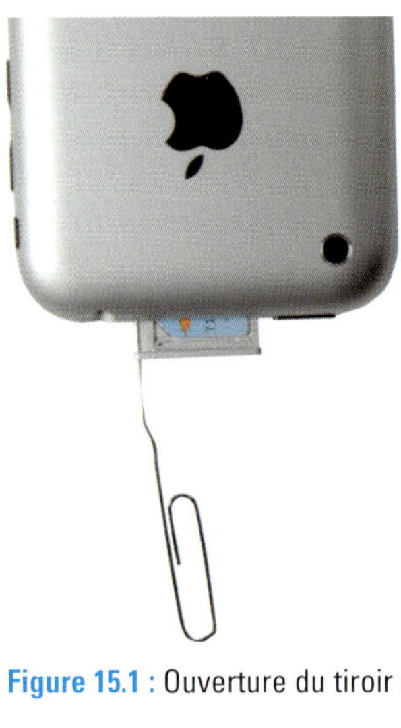

Figure 15.1 : Ouverture du tiroir de la carte SIM.

Le tiroir étant ouvert, soulevez délicatement la carte SIM, puis replacez-la en vous assurant qu'elle est fermement maintenue dans son logement, avant de repousser le tiroir.

Si aucune de ces manipulations n'a résolu le problème de votre iPhone, essayez de le restaurer comme nous l'avons expliqué précédemment.

Une restauration efface toutes vos données et tous vos réglages. Les fichiers qui existent aussi dans l'ordinateur sont récupérables. En revanche, tout ce qui est postérieur à la dernière synchronisation sera perdu.

Problèmes de synchronisation, d'ordinateur ou d'iTunes

La dernière catégorie de dépannages concerne les problèmes de synchronisation, d'ordinateur ou ceux liés à iTunes. Essayez les manipulations suivantes si votre ordinateur ne reconnaît pas ou plus votre iPhone.

Là encore, nous vous suggérons d'appliquer ces procédures dans l'ordre présenté ici.

1. **Rechargez l'iPhone.**

   Si vous ne l'avez pas fait auparavant, c'est le moment. Reportez-vous à la section « Si l'iPhone est rétif », au début de ce chapitre, et relisez ce que nous écrivions à propos du rechargement de la batterie.

2. **Branchez l'iPhone à un autre port USB ou utilisez un autre câble USB, si vous en avez un sous la main.**

   Ce n'est pas fréquent, mais il arrive cependant qu'un port USB ne s'accommode pas d'un câble. Il se produit alors inévitablement des problèmes de connexion et de synchronisation. Commencez toujours par vous demander si un port ou un câble USB n'est pas en cause.

Rappelez-vous qu'à la section Recharger nous avons recommandé de ne brancher l'iPhone qu'à un port USB directement placé sur l'ordinateur, et non à un port déporté ou à un répartiteur.

3. **Redémarrez l'ordinateur et tentez de nouveau une synchronisation.**

   Le redémarrage est décrit en long, en large et en travers à la section « Redémarrer », précédemment dans ce chapitre.

4. **Réinstallez iTunes.**

   Même si vous avez conservé le fichier d'installation d'iTunes dans l'ordinateur, il est préférable d'aller sur le site d'Apple (`www.apple.com/fr/itunes/download`) et de télécharger la version la plus récente.

De l'aide sur le site d'Apple

Ne renoncez pas si tout ce que vous avez essayé jusqu'à présent s'est avéré vain, car voici quelques emplacements où vous trouverez de l'aide. Visitez ces sites avant de faire de votre iPhone un presse-papiers très design ou une cale à armoire, voire – qui l'eût cru ? – le renvoyer à Apple afin qu'il le répare.

Le site `www.apple.com/fr/support/iphone` (voir Figure 15.2) est une précieuse ressource en cas d'incident. Les divers éléments susceptibles d'être en panne sont classés par catégories. Vous pouvez aussi effectuer une recherche par mots-clés ou en utilisant l'Assistant de maintenance en ligne. Vous trouverez aussi, en bas de la page Web, plusieurs liens concernant votre compte Orange (forfaits, zone couverture, facturation, problèmes de réseau…).

Ne comptez quand même pas trop sur l'Assistant de maintenance en ligne du site Apple. Si vous avez essayé tout ce que nous avons préconisé dans les pages précédentes, vous avez sans doute déjà fait tout ce que l'assistant vous proposera. Mais comme un site Web est plus facilement mis à jour qu'un livre, l'Assistant de maintenance en ligne propose peut-être aujourd'hui des manipulations qui n'y figuraient pas lors de la rédaction de ce livre…

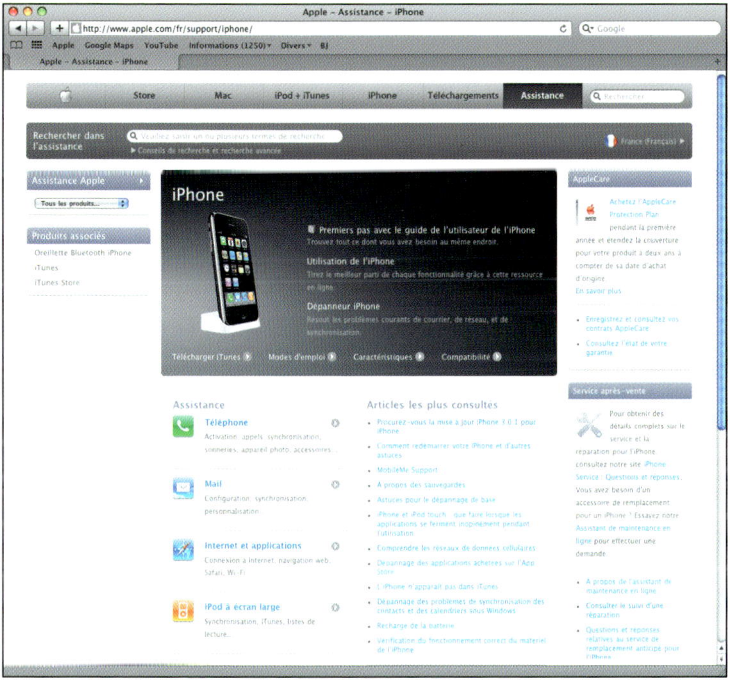

Figure 15.2 : La page de support technique de l'iPhone contient de nombreuses aides et informations.

Apple héberge aussi un groupe de discussion, mais uniquement anglophone, à l'adresse `http://discussions.apple.com`. Vous y trouverez parfois une réponse à un problème épineux résolu par d'autres utilisateurs de l'iPhone.

Il existe cependant quelques sites francophones consacrés à l'iPhone :

- `http://aide-iphone-faq.blogspot.com/`
- `http://forum.frenchiphone.com/`

- `http://www.forum-iphone.fr/`
- `http://www.iphon.fr/`
- `www.iphonefr.com/`

Les forums étant surtout fréquentés par des bidouilleurs – généralement bons techniciens –, ils pourront sans doute vous dépanner.

Et si vraiment plus rien ne va...

Si vous avez essayé toutes les manipulations que suggère ce livre, et que l'iPhone ne fonctionne toujours pas correctement, il va peut-être falloir le confier au service après-vente d'Apple. La réparation est évidemment gratuite si l'appareil est encore sous garantie.

Voici quelques points importants à connaître avant de porter votre iPhone au service après-vente :

- *Le contenu de votre iPhone sera effacé.* Vous devez donc, si c'est possible, le synchroniser avec iTunes. Si ce n'est pas possible, et si vous avez entré des données depuis la dernière synchronisation, comme des contacts ou des rendez-vous, vous ne les retrouverez plus au retour de votre iPhone.
- Conservez chez vous les accessoires supplémentaires, comme une housse ou une protection d'écran.
- Retirez la carte SIM de l'iPhone et conservez-la en lieu sûr.

  ATTENTION

  N'omettez en aucun cas cette formalité car Apple ne garantit pas que votre carte SIM vous sera retournée après une réparation. Vous seriez alors obligé de contacter votre opérateur de téléphonie pour obtenir une nouvelle carte SIM avec les informations de compte appropriées. Et ça, ce n'est pas facile.

Bien que vous puissiez confier votre iPhone à une boutique de téléphonie ou l'envoyer par courrier, il est préférable de s'adresser directement au revendeur agréé le plus proche pour deux raisons :

- Il connaît parfaitement les produits Apple, et sera peut-être capable de corriger un dysfonctionnement sans même devoir envoyer l'iPhone au service après-vente.
- Ce n'est que dans une boutique Apple Store que l'on vous proposera un téléphone de courtoisie pendant la période de garantie de l'iPhone, moyennant quelques dizaines d'euros et selon les conditions stipulées à l'adresse www.apple.com/legal/terms/iphonerental/iphonerentalfr.html.

Sixième partie

Les dix commandements

Dans cette partie...

Les « dix commandements » sont une véritable institution dans la collection *Pour les Nuls*. Nous ne dérogerons évidemment pas à cette tradition. Vous trouverez donc dans cette partie une liste de dix applications – et même un peu plus si l'on compte les doublons – découvertes en farfouillant dans l'App Store, de l'application qui transforme l'iPhone en radio Internet, à celles qui permettent de trouver un Vélib, en passant par une application qui permet de retrouver sa voiture (é)garée n'importe où.

Puis vous découvrirez dix applications dignes des Nuls, car parfaitement inutiles, mais non dénuées d'intérêt par l'imagination – ou le manque d'imagination – dont elles font parfois preuve.

Nous conclurons par l'un de nos sujets préférés : les trucs, astuces et raccourcis qui facilitent l'existence avec l'iPhone. Vous découvrirez différents moyens de vérifier la capacité du petit joujou, comment partager des pages Web et comment mieux utiliser son clavier virtuel.

16

Dix applications utiles

Dans ce chapitre :

- Ici radio Internet.
- Au millimètre près.
- Elle est où, la voiture ?
- L'iPhone polyglotte.
- Le métro, mais c'est trop !
- Dans Paris à vélo.
- C'est la panique sur le périph.
- Pong Attack !
- Retouche photo.
- iMalbouffe.

©iStockphoto.com/David Spieth

Apple ne tarit pas d'éloges sur l'iPhone. C'est indubitablement un formidable appareil, exceptionnel et innovant. Il est tout simplement fabuleux car il sait faire plein de choses : téléphoner bien sûr, se connecter à l'Internet, échanger du courrier électronique et des SMS, prendre des notes et des photos, etc.

Mais avec l'avènement de la seconde version de l'iPhone, et des applications qu'il est désormais possible, l'iPhone est capable de faire plus encore, comme en témoignent les dix applications qui suivent. Elles ont été choisies au *feeling*, selon le coup de cœur du moment. Ce ne sont probablement pas les dix meilleures, ni forcément les dix plus utiles – cela dépend des goûts et des activités de chacun – et d'autres applications sont créées tous les jours.

C'est pourquoi, après que ces pages vous ont donné un aperçu de la diversité des applications, nous ne saurions trop vous recommander de démarrer iTunes et de visiter la boutique App Store. Elle est bien fournie, et le seul reproche – léger – que nous pourrions lui faire est de ne pas disposer d'un lien pour chacune des pages de chaque catégorie. Beaucoup d'internautes ne sont pas disposés à parcourir une à une vingt ou trente pages pour trouver, ou ne pas trouver, leur bonheur.

Voici donc les applications qui méritent d'être essayées. Une petite confidence en passant : Edward C. Baig et Bob Levitus, les auteurs de ce livre, n'ont commis ni ce chapitre ni surtout le suivant, « Dix applications (pas si) nulles ». Je leur rends la main pour le dernier chapitre. Car il faut quand même que ce *Pour les Nuls* s'achève sur une note sérieuse.

TRUC

Pour télécharger ces applications, tapez leur nom dans le champ Recherche d'iTunes, comme expliqué au chapitre précédent. Cela vous évitera de parcourir des dizaines et des dizaines de pages dans l'App Store.

allRadio

- Genre : Radio sur Internet
- Auteur : Jeremie Engel
- Langues : Anglais, français, allemand, espagnol
- Prix : 0,79 euro

L'application allRadio permet d'écouter des radios du monde en entier avec l'iPhone. Les stations françaises comme France Inter, FIP, France Musique, RTL, BFM, Europe 1 et d'autres ne sont pas oubliées.

Pour en savoir plus, visitez le site de l'éditeur, visuamobile, sur `http://www.visuamobile.com/`. Vous y découvrirez non seulement allRadio, mais aussi une autre application intéressante, gratuite celle-là : iGuideTV, une application qui fournit les programmes des chaînes hertziennes, de la TNT, du câble satellite et de Canal Sat.

Figure 16.1 : Écoutez la radio en balade.

Caliper

- Genre : Mesure
- Auteur : Scott Su
- Langue : Anglais
- Prix : 0,79 euros

Que ce soit dans un magasin de bricolage ou dans une bijouterie, il vous est sans doute arrivé de devoir mesurer des petits objets, comme le diamètre d'un tube ou d'une bague, ou la section d'un tasseau.

Si vous n'avez pas en permanence sur vous un mètre à ruban, Caliper – « pied à coulisse », en anglais – vous permettra de mesurer tous ces petits objets, jusqu'à 75 mm. Déposez-les contre la vitre de l'iPhone ou appliquez l'iPhone contre eux. Caliper mesurera leur taille en centimètres et en pouces.

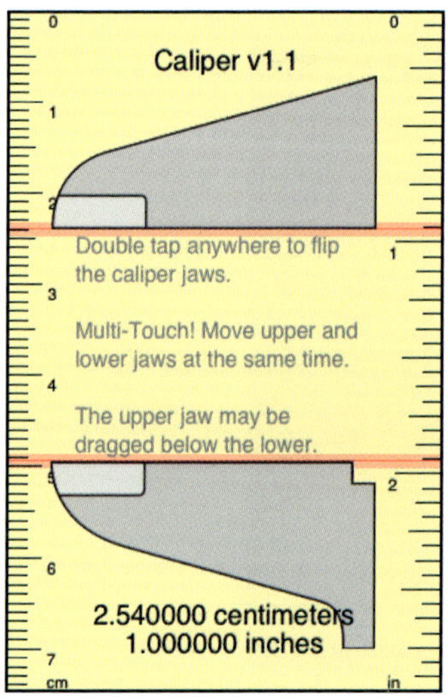

Figure 16.2 : Quel est le diamètre de cet objet ?

G-Park

- Genre : Navigation
- Éditeur : in2itiveMinds
- Langue : Français
- Prix : 0,79 euro

Vous êtes du genre à ne jamais vous rappeler l'endroit où vous avez garé la voiture ? Au lieu de flipper comme une bête (« Le parking est immense, je ne la retrouverai jamais ! »), de virer parano (« On me l'a volée, où est le commissariat de police »), de sombrer dans la déprime (« C'est la quatrième fois que j'en égare une ! Je n'achèterai plus jamais une autre voiture »), pensez à la géolocaliser avant de la laisser sur le parking.

Vous pourrez même prendre une photo des lieux (« Ma deudeuche ? Elle est entre la Rolls-Rolls Corniche et la Lamborghini Gallardo) et prendre des notes (« Travée à la sortie B, porte gauche, tout au fond »).

Au moment de partir, au lieu de flipper, virer parano ou déprimer (ou les trois à la fois), il vous suffira de sortir l'iPhone de votre poche, mine de rien… L'iPhone ? Il est resté dans la voiture ! Le parking est immense et il n'y a pas une Rolls et pas une Lamborghini en vue !

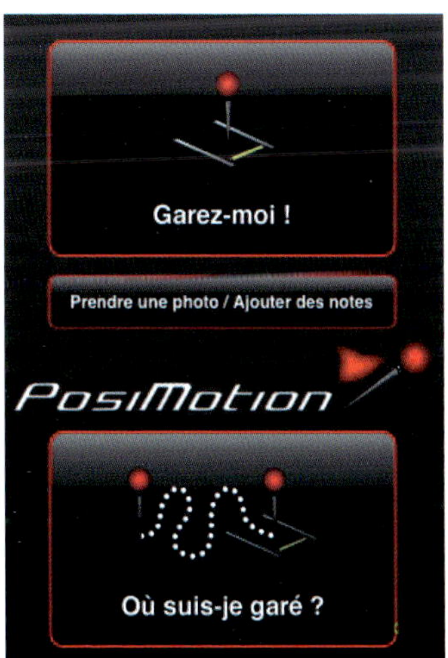

Figure 16.3 : Où c'est que j'ai encore laissé cette foutue voiture ?

Collins Pro French-English Translation Dictionary

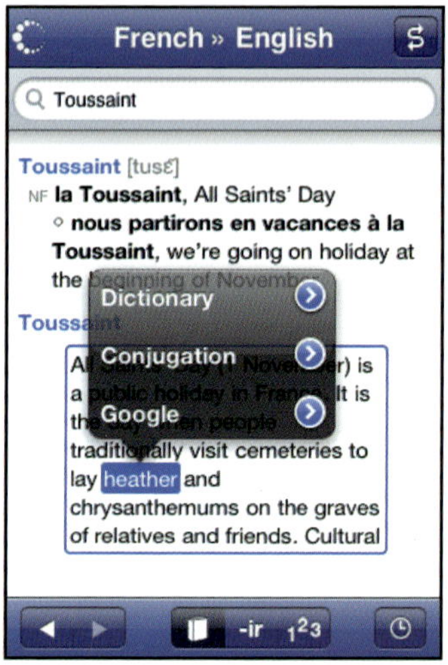

Figure 16.4 : Sprechen Sie un poco of some of all these distintas lenguas do mundo ?

- Genre : Dictionnaire de langue
- Éditeur : Ultralingua
- Langues : Anglais/Français
- Prix : 19,99 euros

Les Collins Pro Translation Dictionary sont édités en plusieurs couples de langues, mais où l'anglais est toujours la langue de base (anglais-français, anglais-italien, anglais-espagnol ou anglais-allemand), ce qui est un peu normal, la société Ultralingua se trouvant aux Etats-Unis. La signature Collins est évidemment un gage de qualité.

Le dictionnaire Français-anglais comporte plus 84 500 entrées, y compris des locutions et des termes techniques ou argotiques. Notons au passage qu'il existe une application de langue purement technique nommée French-English Medical Translation Dictionary, également éditée par Ultralingua, qui s'adresse au monde de la santé, mais aussi aux voyageurs.

Ultralingua propose aussi une application pour iPhone similaire à Collins Pro French-English Translation Dictionary, mais plus limitée et un peu moins chère (15,99 euros) nommée Collins French-English Translation Dictionary.

Métro Paris

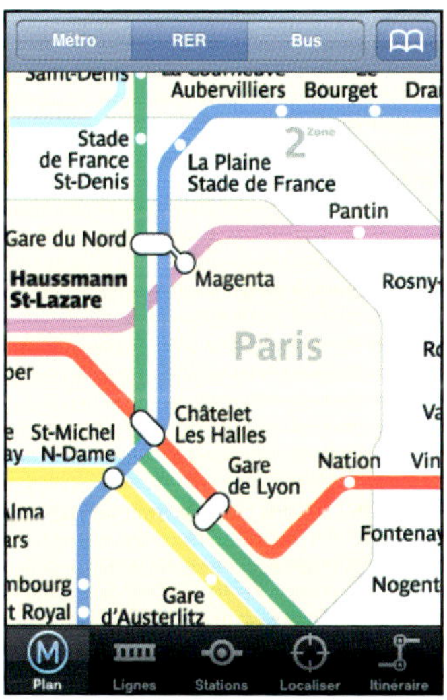

Figure 16.5 : Les transports publics à Paris.

- Genre : Cartographie
- Éditeur : Presselite
- Langue : Français (et aussi anglais, allemand et espagnol)
- Prix : 0,79 euro

Un peu perdu parmi les 200 kilomètres du métro de Paris et ses 300 stations ? Cette application vous guidera dans cet immense dédale de souterrains, fournit les horaires et calcule même l'itinéraire le plus rationnel, avec une estimation de la durée.

En plus des lignes de métro, vous y trouverez les plans officiels du RER, des autobus et des tramways, et celui du Transilien (SNCF). Pour le repérage des stations souterraines, Métro Paris s'appuie sur Google Map. La connexion réseau n'est indispensable que pour la géolocalisation des stations les plus proches de l'endroit où vous vous trouvez.

Bref, cette application vous permettra d'utiliser au mieux tous les moyens de transport public dans Paris et sa banlieue.

A Velib'

- Genre : Navigation
- Auteur : Paul Guyot
- Langues : Français
- Prix : 1,59 euro

Si vous avez l'habitude de louer des Vélib' dans Paris, cette application vous sera fort utile. Elle indique, en fonction du lieu où vous êtes, les cinq stations de Vélib' les plus proches.

Pour chaque station, il est possible de connaître le nombre de vélos et de places disponibles.

Si vous voyagez beaucoup ou si vous habitez dans une autre ville où des vélos sont à disposition, comme Aix-en-Provence (v'hello) Amiens (Vélam), Besançon (Vélocité), Cergy-Pontoise (VélO2), Lyon (velo'v), Marseille (le vélo), Nancy (VélOstan), Mulhouse (Vélocité), Nantes (bicloo), Rouen (Cy'clic), Toulouse (VelôToulouse) et bien sûr Paris (Vélib'), mais aussi Bruxelles (villo), Luxembourg (Vel'oh) et Séville (Sevici), vous devrez recourir à une autre application, Velo, de Samuel Toulouse, vendue 2,39 euros.

Figure 16.6 : Où trouver un vélo disponible ?

Paname Traffic

- Genre : Cartographie
- Auteur : Michel Ho Fong Fat
- Langue : Français
- Prix : Gratuit

Cette application, déjà mentionnée au Chapitre 14, transfère sur l'iPhone le site Web Sytadin (`www.sytadin.fr`), fort apprécié des Franciliens. Ils peuvent ainsi connaître l'état de la circulation sur les grands axes routiers, essentiellement Paris intra muros, le boulevard périphérique et les autoroutes. Indispensable pour tous ceux qui circulent beaucoup en voiture dans et autour de Paris.

Les axes dégagés sont représentés en vert, les ralentissement et les bouchons en rouge. Les zones en gris sont celles pour lesquelles Sytadin ne dispose pas d'informations. La distinction est parfaitement faite entre les deux sens de circulation.

Il est à espérer que des produits analogues apparaissent pour d'autres régions et villes de France, en reprenant par exemple les cartes et informations de sites comme Bison Futé (www.bison-fute.equipement.gouv.fr/diri/Accueil.do) ou Infotrafic (www.infotrafic.com/).

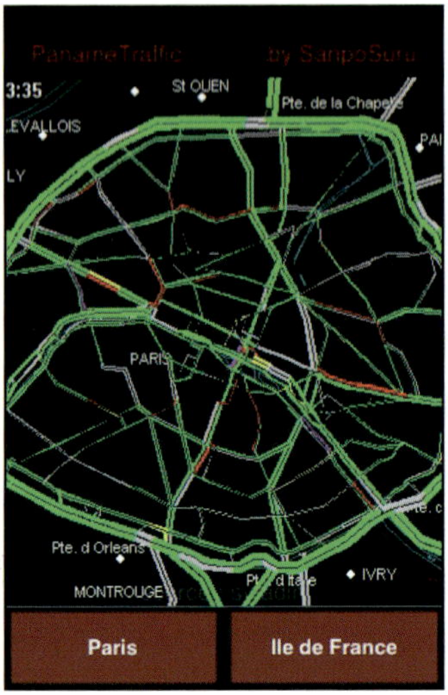

Figure 16.7 : Comment est le périph ?

Retro Game Pack

- Genre : Jeu vidéo
- Éditeur : István Csanády
- Langue : Anglais
- Prix : 0,79 euro

La catégorie Jeux de l'App Store regorge de jeux en tout genre (Échecs, Sudoku, jeu de patience, d'adresse…) mais nous avons flashé sur cette petite compilation de quatre jeux qui furent d'immenses succès il y a quelques décennies :

- Pong : Apparu en 1972. Il faut monter ou descendre une raquette pour renvoyer la balle. Graphisme minimaliste pour un jeu resté dans l'histoire de la vidéo.
- Space Invaders : Un jeu très rapide. Il faut déplacer le vaisseau spatial horizontalement, en bas de l'écran, tout en tirant sur les vagues d'extraterrestres qui déferlent de plus en plus vite.
- Tank Wars : En réglant l'angle d'un canon à tir courbe, il faut toucher le char voisin perché en haut d'une colline. Les tirs manqués grignotent peu à peu la colline.
- Tetris : Jeu d'adresse d'origine soviétique, consistant à créer des rangées complètes avec des briques de différentes formes tombant du haut de l'écran. Apparu d'abord sur PC, il a coûté des millions d'heures de travail à cause de son succès auprès des employé(e)s de bureau.

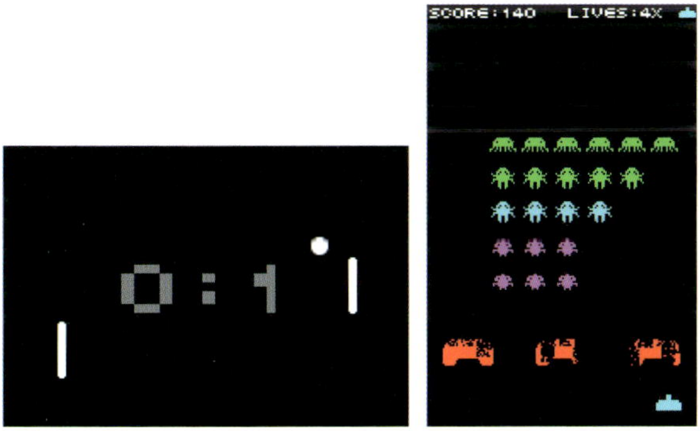

Figure 16.8 : À gauche, Pong, le tout premier jeu vidéo. À droite : Space Invaders.

Signalons pour clore cette rubrique « nostalgie » que Pong a aussi fait l'objet d'une adaptation assez fidèle sous le nom Qong, programmée par Joshua Brobuck, et que Namco Networks propose une application à l'identique de son célébrissime Pac-Man, dont le seul reproche serait le prix : à 5,99 euros, c'est une application ludique de luxe!

Photogene

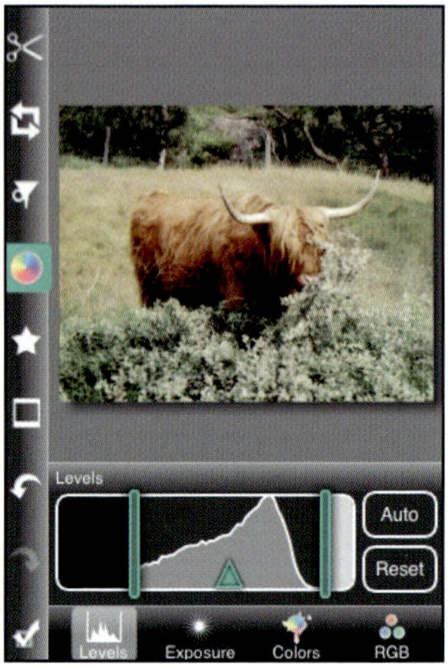

Figure 16.9 : Retouchez vos photos ?

- Genre : Photographie
- Auteur : Omer Shoor
- Langue : Anglais
- Prix : 2,39 euros

Photogene apporte les outils qui manquent à l'appareil photo de l'iPhone. Il permet notamment de recadrer les images, les contraster, modifier leur gamma, corriger la balance des blancs, accentuer leur netteté, redresser un horizon incliné, etc.

Les fonctions sont nombreuses et, si cette application ne vise pas à rivaliser avec Photoshop, elle permettra sans doute de donner plus de vigueur et de claquant à des photos qui sont souvent un peu plates.

Des bulles permettent même d'ajouter des textes amusants aux photos.

Cette application primée par plusieurs magazines américains s'avérera vite indispensable aux utilisateurs d'iPhone féru de photo. Notez qu'elle exploite la pleine résolution des photos au standard QXGA, soit 2048 × 1536 pixels.

iFastFood

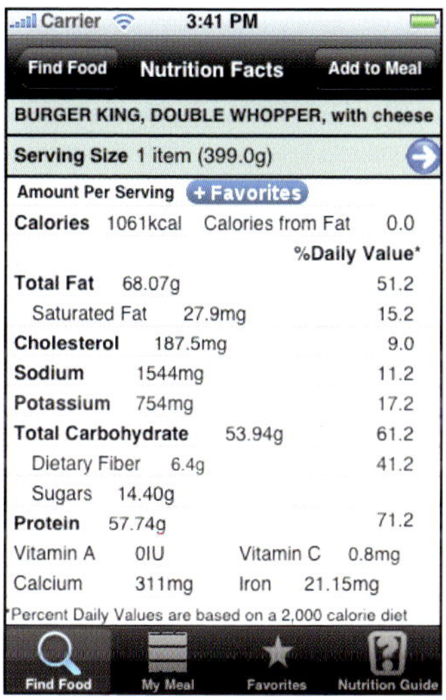

Figure 16.10 : Bon app' !

- Genre : Diététique
- Éditeur : iHealth Venture LLC
- Langue : Anglais
- Prix : 0,79 euro

Contraint ou forcé car il n'y a pas d'autre cantine dans la zone industrielle où vous travaillez , vous vous empiffrez de burgers et de pizzas chez McDonald's, Burger King, Pizza Hut et quelques autres lieux. Sur le plan diététique, ce n'est pas le top.

Cette app' – avec « app » comme « application », pas forcément comme « appétit » – vous indique en effet tout ce que vous vous apprêtez à ingérer, pendant que vous êtes dans la file d'attente devant les caisses, l'iPhone à la main : calorie, graisses saturées, cholestérol, potassium, glucides… La recette de tous ces « burgers » et pizzas étant à peu près la même dans le monde entier, l'application est internationalement utilisable.

Et si vraiment les chiffres annoncés vous épouvantent, il vous reste la ressource de renoncer à ces lieux et préférer quelques radis et carottes pour votre déjeuner, sans sel bien sûr et accompagnés d'eau fraîche.

17

Dix applications (pas si) nulles

Dans ce chapitre :

- Meuh non qu'elles sont pas nulles!
- Pile tu perds, face je gagne.
- Du mariage au divorce.
- Qui fait la vaisselle?
- Vol aux instruments.
- Éloignez les moustiques.
- T'as du feu?
- Saute-mouton.
- Le pied sur l'accélérateur.
- Pile poil chrono!

Un chapitre entier consacré à des applications nulles? Mais pourquoi? D'abord, parce que cet ouvrage s'intitule « *iPhone G3 pour les Nuls* ». Une application pour les nuls, mais forcément « par des nuls » y trouve donc tout naturellement sa place.

© iStockPhoto.com/Missing35mm

Ensuite, parce que ces applications ne sont pas si nulles que cela. Certaines font même preuve d'une indéniable imagination et susciteront sans doute, de votre part, des « il fallait y penser » admiratifs. Et aussi, parce que l'inutile est un excellent antidote à l'indispensable (ne me demandez pas d'approfondir cette lumineuse maxime, elle m'est venue comme ça en catimini, alors que je n'y pensais même pas).

Comme pour les applications utiles du chapitre précédent, celles-ci ont été choisies un peu au hasard. Il en existe sans doute d'autres encore plus inutiles, ou encore beaucoup plus farfelues. À temps perdu – c'est le cas de le dire –, parcourez l'App Store, lisez les descriptifs et regardez les captures d'écran pour vous faire une idée de l'application.

Pour télécharger les applications qui suivent, tapez leur nom dans le champ Recherche d'iTunes, comme expliqué au chapitre précédent. Vous éviterez ainsi de parcourir des dizaines de pages dans l'App Store, pour les trouver.

Boîte à meuh

Figure 17.1 : À gauche, Boîte à meuh. À droite, iBoîte à meuh.

- Genre : Divertissement
- Auteur : Christian Trotobas
- Langues : Français, allemand, anglais, chinois, espagnol et japonais
- Prix : 0,79 euro

Qui ne connaît pas la boîte à meuh ? Pour simuler ce vieux jouet qui connaît un regain de popularité, les auteurs de boîtes à meuh ont exploité la fonction qui, dans l'iPhone, détecte le changement de sens de l'appareil. Il suffit donc de renverser l'iPhone pour qu'il se mette à meugler. Effet garanti dans une salle de classe, au travail ou dans un conseil d'administration.

L'application Boîte à meuh contient pas moins de douze boîtes : boîte à bêlement, boîte à hennissement, boîte à cocorico…, avec pour chacune le bruitage approprié.

L'application iBoîte à meuh de Benjamin Seillier ne fait que meugler – c'est vache, ça… –, mais l'unique photo est celle d'une véritable boîte à meuh.

iHandy Coin Flip Pro

- Genre : Financier hasardeux
- Éditeur : iHandySoft
- Langue : Anglais
- Prix : 0,79 euro

On peut jouer à pile ou face avec l'iPhone en affichant le portrait de quelqu'un avec l'application Photo, mais c'est très risqué sur du carrelage. C'est pourquoi de nombreux programmeurs ont décidé de proposer des simulateurs de « pile ou face ».

iHandy Coin Flip Pro – un nom sacrément ronflant pour une application somme toute assez légère – permet de jouer avec plus de 50 pièces de monnaie et de médailles commémoratives américaines, ce qui en fait une application intéressante pour les numismates. Le résultat est déterminé à l'aide de la fonction de calcul aléatoire présente dans tous les ordinateurs et appareils apparentés. Le hasard n'est donc qu'apparent, mais suffisamment aléatoire pour être crédible.

Figure 17.2 : Vous aurez toujours un sou en poche.

Pour faire pivoter la pièce, il faut secouer l'iPhone. Plus vous le malmenez, plus la pièce tournera avant de s'arrêter du côté pile ou face. Le son accompagnant le lancer peut être changé par un autre.

Les concurrents de iHandy Coin Flip Pro sont plus rudimentaires. FlipJudge, de Christian Bader, par exemple se contente d'afficher Yes ou Non en lettres blanches sur fond noir.

Wedding Day, Days To Divorce

- Genre : Inévitable
- Auteurs : Darren Andes (WD) et David Gewitz (DTD)

- Langue : Anglais
- Prix : 1,59 euro (WD) et 0,79 (DTD)

Figure 17.3 : À gauche, Wedding Day, le jour du mariage. À droite, Days To divorce, les jours avant la quille, oups… le divorce.

Bien que programmés par deux auteurs différents et qui ne se connaissent probablement pas, Days To Divorce (le nombre de jours avant le divorce) n'est que l'inévitable pendant à Wedding Day (le jour du mariage) car les statistiques sont sur ce point irréfutables et font frémir : tous les divorcés sans exception étaient mariés.

Après avoir saisi la date et l'heure du « oui » forcément fatidique, Wedding Days calcule à la seconde près la durée écoulée depuis. En revanche, dans Days of Divorce, il faut entrer la date prévue de la notification du divorce, cette échéance étant limitée à 365 jours : on voit que l'auteur ne connaît pas les lenteurs de la justice française.

Il est intéressant de noter que l'application Days To Divorce est plus de deux fois meilleur marché que Wedding Day. Il est vrai que si chacun, dans le couple, achète sa propre version de Days to Divorce, l'auteur rentre quand même dans ses sous.

Signalons qu'il existe une application intermédiaire à Wedding Day et Days To Divorce, utilisable à maintes reprises dans la joie et l'euphorie : Days To Baby (Nombre de jours avant le bébé), programmé par David Gewitz, l'auteur de Days To Divorce. Gageons qu'il travaille actuellement avec acharnement sur une application Calcul de pension alimentaire.

Detectomatic

Figure 17.4 : Détection de volontaire en cours…

- Genre : Harcèlement domestique
- Auteur : Steve Weintraut
- Langue : Anglais
- Prix : 0,79 euro

L'application Detectomatic apporte une réponse définitive, qui ne se discute pas, à des questions aussi existentielles que : Qui fait la vaisselle aujourd'hui ? Qui paye au restaurant ? Qui prépare le café ? Et si d'aventure la question qui se pose ne figure pas dans la liste, vous pouvez la saisir dans le champ au-dessus du sélecteur. Par exemple : Qui promène la poubelle ? Qui sort le chien ? Ou inversement.

La question choisie, il suffit de s'arranger pour que le ou les volontaires soient à proximité, puis incliner l'iPhone. Il se met à biper tandis qu'une bille dans scope radar tourne, puis s'arrête en direction d'une personne, qui ne pourra évidemment pas se soustraire à la tâche (si l'iPhone l'a décidé, cela ne se discute pas).

Notez que ce volontaire peut être vous-même si la petite bille est vers vous. Dans ce cas, rien ne vous empêche de relancer le Detectomatic jusqu'à ce qu'il trouve la bonne personne, c'est-à-dire n'importe qui sauf vous.

Air Navigation Free

Figure 17.5 : En léger virage pour prendre la radiale du VOR de Genève Cointrin.

- Genre : Navigation aérienne
- Auteur : Johann Huguelin
- Langue : Anglais
- Prix : Gratuit

Cette application s'adresse aux passionnés d'aéronautique, qu'ils soient pilotes ou férus de simulation de vol. Elle reproduit en effet plusieurs instruments de vol bien connus des aviateurs, à savoir :

- Un radiocompas (ADF).
- Un gyrocompas
- Un simulateur de radioborne VOR-DME avec son indicateur de déviation (CDI). N'importe laquelle des 8 000 radiobornes (VOR et NDB) de la base de donnée peut être sélectionnée.

Un indicateur de glissement latéral – la bille renseignant sur la coordination des actions sur le manche et les palonniers – figure sous chaque instruments.

Comme le module de navigation utilise le GPS, un iPhone 3GS est vivement recommandé.

Anti Moustique !

- Genre : Gadget sympa
- Éditeur : DWORLD Services
- Langue : Français, anglais, allemand, italien, espagnol
- Prix : 0,79 euro

Plutôt que de recourir à de nauséabonds produits chimiques pour repousser le minuscule assaillant assoiffé de sang, allumez votre iPhone. Eh non, il ne s'agit pas de le brandir devant l'infect diptère comme une croix devant un vampire pour le faire reculer, mais de choisir l'une des douze fréquences de 8 kHz à 22 kHz. C'est généralement la plus faible que le moustique déteste. Si d'aventure vous percevez les ultrasons à 8 kHz, essayez une fréquence plus élevée, jusqu'à trouver celle qui ne vous gênera plus tout en repoussant néanmoins les moustiques.

Figure 17.6 : Bzzzzzzzz !

Et si cela ne marche pas, il reste la solution ultime : Attendez que le moustique se soit posé contre un mur, puis paf ! Écrabouillez-le d'un bon coup d'iPhone bien à plat. Nettoyez ensuite soigneusement l'écran dégoulinant de sang.

Notez que le même éditeur propose l'application Sifflet pour Chien : Même look général, mais avec une gamme de fréquences de 12 kHz à 22 kHz pour donner des ordres à votre toutou.

Lighter

- Genre : Article pour fumeur
- Auteur : Curtis Renshaw

- Langue : Anglais
- Prix : 0,79 euro

Figure 17.7 : Un briquet, ça peut toujours servir.

Lighter montre une flamme de briquet animée et multicolore. Vous n'allumerez évidemment rien avec, et l'auteur destine uniquement ce gadget à ceux qui veulent se faire remarquer en boîte ou lors d'un concert. C'est en effet moins risqué que de brandir son Zippo ou son briquet jetable.

La flamme peut être éteinte en passant le doit dessus (comme dans la réalité, on ne se brûle pas en faisant ce geste rapidement). Au prix où est vendu ce gadget, l'auteur aurait pu donner une recharge d'essence gratuite ou au moins une pierre à briquet.

Sheep Count

Figure 17.8 : A force de compter les moutons qui sautent dans mon lit, J'ai un immense troupeau qui se promène dans mes nuits (Barbara).

- Genre : Article pour fumeur
- Auteur : Curtis Renshaw
- Langue : Anglais
- Prix : 0,79 euro

Vous avez du mal à vous endormir la nuit ? Compter les moutons qui sautent la barrière vous aidera sans doute à trouver le sommeil. L'application fonctionne en mode manuel – il faut toucher l'écran pour qu'un mouton saute – ou automatique. Dans ce cas, les moutons franchissent la barrière à un rythme définissable dans les options.

La prairie est montrée de jour ou, comme sur l'illustration, de nuit. La longueur de ces jours et de ces nuits est aussi paramétrable.

Speedster

Figure 17.9 : Le pied sur l'accélérateur.

- Genre : Pressé
- Auteur : John Jacobs
- Langue : Anglais
- Prix : 0,79 euro

Vous connaissez la définition de la nanoseconde ? Pas celle du scientifique (un milliardième de seconde), mais celle de l'automobiliste : c'est la durée qui sépare le passage du feu au vert du coup de klaxon rageur de la voiture derrière vous.

Pour vous éviter ce désagrément, Speedster vous propose tout simplement d'exercer vos réflexes : dès que le feu passe au vert, appuyez aussitôt du doigt sur l'accélérateur. En raison de la cadence d'horloge de l'iPhone, la nanoseconde ne peut pas être calculée. Mais le millième de seconde, oui.

C'est pourquoi l'auteur lance un concours : le premier qui passe sous la barre des 100 millisecondes – 1/10e de seconde, pfff… – gagne un bon d'achat de 50 dollars (même pas des euros, pfff…) sur iTunes. À en croire le nombre de fois que ça klaxonne derrière moi, ils doivent être nombreux à se presser au portillon.

Stop it!

Figure 17.10 : Évaluez une durée de cinq secondes, au centième près.

- Genre : Réflexe temporel
- Éditeur : Tenda
- Langue : Anglais
- Prix : Gratuit

Dans le même esprit que l'application précédente, Stop It! propose à l'utilisateur d'évaluer une durée. Après avoir touché l'écran pour démarrer le décompte, il doit le retoucher sitôt qu'il estime la durée écoulée, en tâchant évidemment qu'elle soit aussi proche que possible du temps imparti, soit 5 secondes.

Le concept de cette application d'origine japonaise est simple, mais le jeu très prenant (il existait cependant dans les années 1960 un jeu radiophonique organisé par la bière « 33 » où il fallait indiquer le top à exactement 33 secondes). Tomber juste à 5 secondes au centième de seconde près n'est pas évident. Espérons qu'une prochaine version permettra de paramétrer la durée, car elle n'est subjectivement pas la même pour 1 seconde, 5 secondes, 33 secondes ou une minute. Simple question de relativité, comme aurait dit le grand Albert (Einstein).

18

Dix trucs, astuces et raccourcis

Dans ce chapitre :

- Accélérer la saisie en glissant.
- Accélérer la saisie avec la correction automatique.
- Visualiser la capacité de l'iPhone.
- Régler la vitesse du curseur de défilement.
- Exploiter les liens.
- Partager des pages Web.
- Simuler une page de démarrage.
- Stocker des fichiers.
- Créer des sonneries avec GarageBand
- Effectuer des captures d'écran.

© iStockPhoto.com/Skip ODonnell

En tripotant l'iPhone dans tous les sens, nous avons fini par trouver bon nombre de trucs, d'astuces et de raccourcis. Dans ce chapitre, nous vous livrons ceux que nous préférons.

Glisser pour mieux saisir

L'astuce qui suit accélérera vos saisies à deux niveaux : la commodité d'abord, car vous ne ferez plus de fautes de frappe, et la saisie plus rapide de la ponctuation et des chiffres.

Au fil des pages de ce livre, vous avez appris le toucher, le double-toucher et même le double-toucher à deux doigts. Vous allez maintenant découvrir la glisse.

Pour cela, vous commencez comme pour un toucher, sauf que vous laissez le doigt sur l'écran. Sans perdre le contact, vous amenez le doigt jusqu'à la touche à saisir. Au fur à mesure que le doigt glisse sur les touches, elles s'agrandissent. Relevez le doigt lorsque vous avez ainsi sélectionné celle que vous désirez saisir.

Essayez d'abord avec une saisie comme normalement : touchez une lettre et, si ce n'est pas la bonne, glissez le doigt jusqu'à celle que vous vouliez effleurer. Quand vous vous y serez fait, vous constaterez que cette technique fait économiser énormément de temps tout en améliorant votre précision.

Voici à présent le meilleur : cette technique fait aussi gagner du temps avec les chiffres et la ponctuation. Procédez comme suit la prochaine fois que vous devrez saisir un nombre ou un signe de ponctuation :

1. **Démarrez un glisser en posant le doigt sur la touche 123 (en bas à gauche du clavier virtuel).**

   Nous effectuons un glisser. Laissez le doigt sur l'écran.

2. **Quand le clavier des chiffres et de la ponctuation apparaît, glissez le doigt jusqu'à la touche voulue.**

3. **Relevez le doigt.**

Ce qui est sympa avec cette technique est que le clavier des chiffres et signes de ponctuation disparaît aussitôt sans que l'on soit obligé d'effleurer la touche ABC.

Adoptez cette technique et en quelques jours vos saisies seront rapides et précises.

Oubliez les apostrophes

Quand vous saisissez des notes, ne vous laissez pas ralentir par les apostrophes, car la correction automatique de l'iPhone s'en charge. Elle corrige aussi des contractions. Bref, laissez autant que possible l'iPhone travailler pour vous.

Par exemple, au lieu de taper *C'est l'été*, tapez tout bonnement *cest lete*. Chaque fois que vous toucherez la barre Espace, l'iPhone convertira *c'est* en *c'est* et *lete* en *l'été*.

Vous venez de découvrir une nouvelle forme grammaticale : la grammaire concise et évolutive de l'iPhone.

Trois moyens de connaître la capacité de l'iPhone

Quand l'iPhone est sélectionné dans le volet de gauche d'iTunes, une jauge multicolore s'affiche en bas de son écran. Elle indique l'utilisation de l'espace de stockage par les différents types de fichiers et autres données.

Par défaut, la jauge montre l'espace occupé par les fichiers audio, les fichiers vidéo, les photos et les fichiers autres, en mégaoctets ou en gigaoctets. Mais ça, vous le savez. En revanche, ce qui vous est peut-être inconnu, c'est la possibilité d'afficher plusieurs versions de la jauge. Le premier clic remplace l'espace occupé par le nombre d'éléments, le second clic indique le nombre d'éléments stockés dans l'iPhone et le troisième clic affiche la durée totale de lecture des fichiers audio et vidéo, comme le montre la Figure 18.1.

Figure 18.1 : Cliquez sur la jauge, dans iTunes, et elle libellera différemment ce qui se trouve dans l'iPhone.

Longue vie à la batterie

Ce chapitre étant consacré à des trucs et astuces, et comme il nous paraît important que vous ne tombiez jamais en panne de batterie, nous nous en voudrions de ne pas vous indiquer quelques moyens d'étendre son autonomie.

D'abord et avant tout : si vous avez placé l'iPhone dans une housse, le charger pendant qu'il se trouve dedans empêche la déperdition de la chaleur, qui s'accumule dangereusement. Une surchauffe est préjudiciable à la fois pour la capacité et pour la durée de vie de la batterie. Ôtez toujours la housse de l'iPhone avant de le charger, surtout s'il chauffe.

Les réseaux Wi-Fi, EDGE, 3G/3G+ et la connexion Bluetooth consomment de l'électricité même quand ils ne sont pas utilisés. Si vous ne vous en servez pas, désactivez-les au travers de l'écran Réglages.

Le réglage Luminosité ajuste la luminosité de l'écran en fonction de la lumière ambiante. C'est une option plus respectueuse de la batterie que de pousser la luminosité de l'écran au maximum. Pour activer cette fonctionnalité, touchez l'icône Réglages, sur l'écran d'accueil, puis Généraux, puis Luminosité, et mettez le commutateur sur Actif.

Enfin, l'égaliseur évoqué au Chapitre 7 améliore le rendu sonore, mais il oblige aussi le processeur à travailler davantage. Le désactiver augmentera l'autonomie de la batterie. Si vous avez égalisé des morceaux dans iTunes au travers de la commande Obtenir des infos, et que vous désirez conserver l'égalisation dans iTunes, mettez celle de l'iPhone sur Plat. Comme l'égalisation n'a pas été désactivée, la batterie sera un peu mise à contribution, mais vous entendrez le morceau exactement comme l'avez voulu. Pour modifier les paramètres d'égalisation, touchez l'icône Réglages, sur l'écran d'accueil, puis iPod et enfin Egaliseur.

Selon Apple, une batterie d'iPhone correctement maintenue retient jusqu'à 80 % de sa charge après 400 cycles de déchargement et rechargement complets. Elle peut toutefois être remplacée à tout moment si vous l'estimez nécessaire.

La garantie d'un an inclut le remplacement d'une batterie défectueuse. Si vous avez opté pour l'extension de garantie de deux années supplémentaires AppleCare Protection Plan – qui n'est pas encore proposée en France à l'heure où ces lignes sont traduites –, Apple remplacera la batterie si sa charge ne peut plus excéder 50 % de sa charge originale.

Si l'iPhone n'est plus sous garantie, le remplacement de la batterie est payant. Apple se débarrassera de la défunte batterie d'une manière écologique.

Accélérer le curseur de défilement

Supposons que vous écoutiez un podcast ou un livre audio, et que vous essayiez de trouver le début d'une partie en actionnant le curseur de défilement vers la gauche ou vers la droite. Le problème est qu'il n'est pas très précis, et que si vous avez de gros doigts boudinés, il partira rapidement vers l'une ou l'autre extrémité de la barre. Il se trouve que l'OS 3.0 est doté d'une fonction remarquable – mais quelque peu cachée – destinée à corriger ce problème. Appuyez le doigt sur le curseur ovale mais, au lieu de tirer vers la droite ou vers la gauche, tirez vers le bas, comme à la Figure 18.2. En procédant ainsi, la vitesse de défilement du curseur, mentionnée au-dessus de la barre, change. Par défaut, elle est rapide, mais en faisant glisser le doigt vers le bas, elle passe à mi-vitesse puis au quart de la vitesse, et enfin au réglage fin.

Figure 18.2 : Faites glisser le doigt vers le bas pour ralentir la vitesse de défilement.

Tout en faisant glisser le doigt, gardez un œil sur la durée écoulée et la durée restante, car ces deux indications, de part et d'autre de la barre de défilement, donnent une idée précise du défilement du curseur.

Essayez cette astuce. Elle est plus rapide à mettre en œuvre qu'à l'expliquer.

Liens et numéros de téléphone

L'iPhone réagit lorsqu'il rencontre des numéros de téléphone ou des adresses Internet (URL) dans des courriers électroniques ou des SMS. Par exemple, il considère comme un numéro de téléphone toutes les séquences de chiffres aux formats classiques (dix paires de chiffres, en France, mais les présentations étrangères sont aussi reconnues). Il en va de même pour les URL comme `http://www.siteweb.nom.com` ou `www.siteweb.fr`. Ces informations apparaissent sous forme de liens, en bleu. Touchez-en un et l'iPhone démarre l'application Téléphone et compose le numéro, ou alors démarre Safari et y ouvre le site Web.

C'est pratique, mais cela ne surprend pas. Ce qui l'est plus, c'est la manière dont Safari gère les numéros de téléphone et les URL.

Commençons par les numéros de téléphone. Touchez-en un dans une page Web. Une petite boîte de dialogue apparaît au milieu de l'écran et propose deux actions : Annuler ou Appeler. Tapez le premier bouton si vous n'aviez pas l'intention d'appeler ou le second pour démarrer l'application Téléphone qui compose le numéro.

Voici une autre astuce sympa de Safari, mais cette fois pour les liens hypertextes : maintenez le doigt deux ou trois secondes sur un lien, et un cartouche indique l'URL à laquelle ce lien est associé.

TRUC

Le même effet se produit lorsque vous touchez longuement une URL dans Courrier ou Texte. C'est commode car cela permet de détecter des liens douteux avant d'y aller réellement.

Et pour finir, une astuce pour Safari : quand vous maintenez le doigt appuyé sur une image, le bouton Enregistrer l'image apparaît. Touchez-le, et l'image est enregistrée dans la Pellicule de l'application Photos.

Faire connaître une page Web

Vous êtes tombé sur une page Web que vous aimeriez bien faire connaître à quelqu'un d'autre ? Rien de plus facile avec l'iPhone. Depuis le site en question, touchez le signe « plus » en bas du navigateur. Dans le menu qui apparaît, choisissez Envoyer cette adresse URL. Ce faisant, un message apparaît avec, dans le champ Objet, le nom du site Web déjà inscrit, et son adresse Internet (l'URL, qui commence par http) mentionnée. Complétez éventuellement le message par un commentaire de votre cru puis touchez le bouton Envoyer.

Choisir une page de démarrage pour Safari

Vous avez sans doute remarqué que, contrairement aux versions sous Mac OS et Windows de Safari, la version iPhone est dépourvue de page de démarrage. Quand vous touchez l'icône Safari, c'est la dernière page visitée qui s'affiche.

L'astuce, pour créer une page de démarrage, consiste à recourir à ce que l'on appelle *un clip Web* de la page en question. Voici comment procéder :

1. **Ouvrez la page Web dont vous désirez faire la page de démarrage puis touchez le bouton « plus ».**

2. **Touchez le bouton Ajouter à l'écran d'accueil.**

   Une icône ouvrant cette page Web sera placée dans l'écran d'accueil de l'iPhone (ou dans l'un d'entre eux si vous avez plusieurs écrans).

3. **Touchez cette nouvelle icône, au lieu de celle de Safari, chaque fois que vous désirez ouvrir Safari directement sur le site en question.**

TRUC

Vous pouvez même redisposer les icônes afin que ce soit l'icône de votre site perso qui se trouve à la place de celle de Safari, comme à la Figure 18.3. Reportez-vous au Chapitre 1 pour savoir comment redisposer les icônes de l'écran d'accueil.

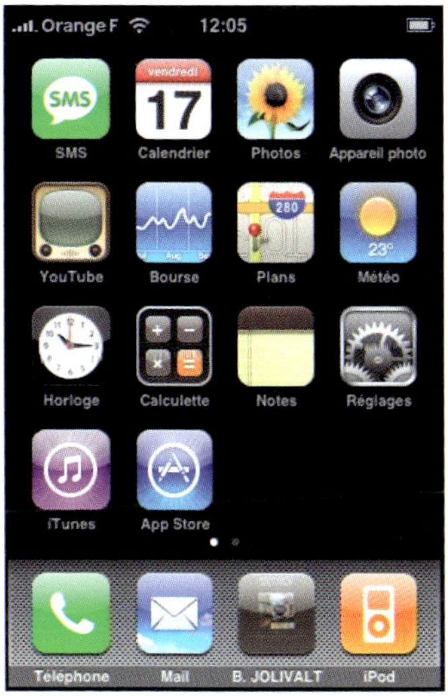

Figure 18.3 : L'icône du site perso (la troisième à partir de la gauche, tout en bas) a remplacé celle de Safari.

Stocker des fichiers

Un petit éditeur de logiciels du Massachusetts, Ecamm Network, vend pour 19,95 dollars un petit programme pour Mac OS X nommé iPhoneDrive permettant de copier des fichiers de votre ordinateur vers l'iPhone, et inversement. Il n'existe pas de version pour Windows. Une version d'évaluation limitée à une semaine est disponible à l'adresse `www.ecamm.com`.

Voici en deux mots comment il fonctionne : Après avoir téléchargé le logiciel dans le Mac, double-cliquez sur son icône pour le démarrer. Pour transférer tous les fichiers et dossiers vers l'iPhone, cliquez sur le bouton Copy to iPhone, dans la barre d'outils, puis cliquez sur les fichiers à copier. Ils sont copiés dans le dossier approprié de l'iPhone. Vous pouvez aussi tirer des fichiers ou des dossiers depuis le Bureau du Mac ou le Finder jusque sur le gestionnaire PhoneView.

Pour exécuter la manœuvre inverse et copier ainsi des fichiers de l'iPhone vers l'ordinateur, sélectionnez les fichiers et dossiers en question puis cliquez sur le bouton Copy from iPhone. Sélectionnez la destination dans le Mac puis cliquez sur Save. Les fichiers et dossiers peuvent aussi être glissés et déposés du gestionnaire PhoneView jusque dans une fenêtre du Finder ou sur le Bureau. Ou alors double-cliquez sur un fichier pour le placer dans le dossier Documents du Mac.

Des sonneries gratuites avec GarageBand

Il est relativement facile de créer des sonneries avec GarageBand, une application iLife livrée avec tous les Mac. Commencez par démarrer GarageBand et cliquez sur Créer un nouveau projet musical. Ensuite :

1. **Cliquez sur le bouton Navigateur multimédia pour afficher le panneau du même nom.**
2. **Cliquez sur le triangle d'accès à iTunes afin d'accéder à ses bibliothèques.**
3. **Cliquez sur la bibliothèque Musique d'iTunes.**
4. **Cliquez sur le morceau que vous désirez utiliser comme sonnerie (« Camions sauvages », à la Figure 18.4), et tirez-le jusque dans la timeline.**

ATTENTION

Vous ne pouvez pas utiliser, pour confectionner des sonneries, les morceaux achetés sur iTunes Store car ils sont protégés contre la copie.

TRUC

En avril 2009, Apple a cessé de protéger les morceaux de musique contre la copie. Pas de problème donc pour les morceaux achetés après cette date. Mais pour les sons achetés antérieurement, vous pourrez les convertir, moyennant un surcoût de 30 centimes par fichier, au format iTunes Plus, le nouveau format d'Apple non protégé, de meilleure qualité.

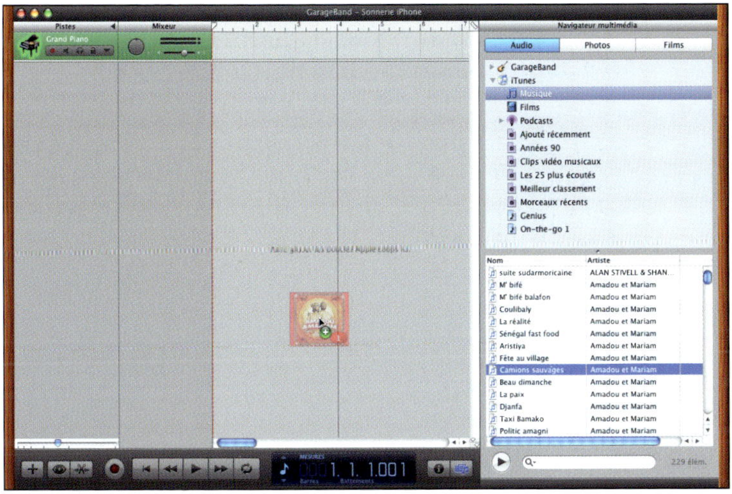

Figure 18.4 : Création d'une sonnerie téléphonique. Phase 1.

La règle est que vous ne pouvez convertir en sonnerie que les morceaux que vous avez vous-même extraits d'un CD audio ou les morceaux téléchargés, dépourvus de protection ou de système de gestion de droits (c'est le cas des fichiers MP3 d'Amazon ou de ceux au format iTunes Plus).

5. **Cliquez sur le bouton Séquence en boucle afin d'activer la mise en boucle.**

6. **Cliquez dans la zone de boucle pour placer le début de la partie à conserver pour la sonnerie, puis tirez la barre jaune jusqu'à la fin de la partie.**

7. **Améliorez le positionnement du début et de la fin de l'extrait en cliquant sur chacune des extrémités et en la faisant glisser, comme à la Figure 18.5.**

Lors de la prochaine synchronisation, la sonnerie sera disponible sur votre iPhone. Pour l'utiliser, touchez Réglages, puis Son, puis Sonnerie, puis choisissez la sonnerie dans la liste de celles existant déjà. Pour l'associer à un contact, recherchez-le, soit dans l'application

Contacts, soit dans l'icône Contacts de l'application Téléphone. Touchez Modifier, puis touchez le bouton Sonnerie et faites votre choix dans la liste des sons.

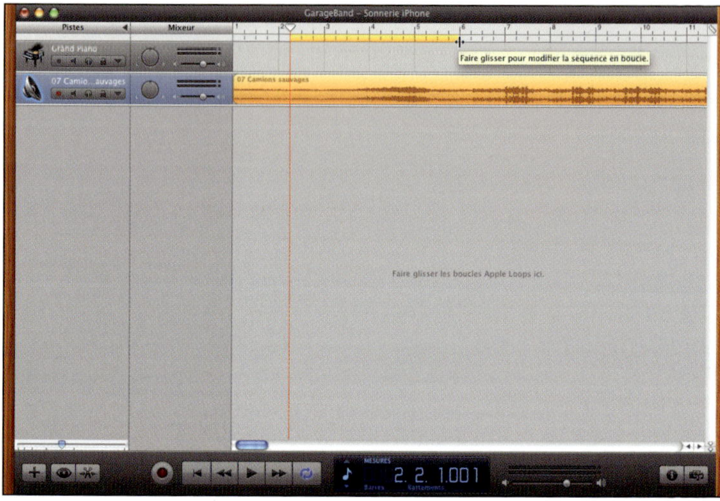

Figure 18.5 : Création d'une sonnerie téléphonique. Phase 2.

Réaliser une capture d'écran

Un aveu : nous avons placé cette astuce tout à la fin car elle aide surtout les gens comme nous : auteurs, traducteurs, journalistes et webmestres. Tous ces gens ont besoin d'illustrer leurs livres – dont celui-ci – avec ce que l'on appelle des « captures d'écran », un anglicisme pour les recopies d'écran.

Pour obtenir une photo de ce qui se trouve à l'écran, maintenez la touche Arrêt/veille enfoncée et appuyez brièvement sur le bouton principal. L'iPhone enregistre aussitôt un instantané de ce qui se trouve à l'écran.

Cet instantané est stocké dans la Pellicule de l'application Photos. Vous pourrez la transférer dans votre ordinateur avec toutes les autres photos, lors d'une synchronisation. Vous en ferez ensuite ce que vous voudrez.

Index

N

O

P

R

S

T

U

V

W

Y

Z